ROSA MAYREDER

Mein Pantheon

Lebenserinnerungen

Nach Rosa Mayreders handschriftlichem Konzept
Vorwort von Susanne Kerkovius

Rudolf Geering Verlag

Mit 16 Abbildungen

Diese Lebenserinnerungen von Rosa Mayreder eröffnen eine Reihe «Zeitgenossen im Lebensgang Rudolf Steiners – biographische und autobiographische Schriften».

Im Zusammenhang mit dem vorliegenden Buch ist eine Neuausgabe von Friedrich Ecksteins Lebenserinnerungen in Vorbereitung.

Einbandgestaltung von Walther Roggenkamp

Gesamtherstellung Clausen & Bosse, Leck

ISBN 3-7235-0453-1

INHALT

EINLEITUNG

Eine «bürgerliche Revolutionärin»
Zum 130. Geburtstag von Rosa Mayreder

1988 bringt ein doppeltes Jubiläum für Rosa Mayreder – am 30. November jährt sich ihr Geburtstag zum 130. Male, am 19. Januar ihr Todestag zum 50. Mal. In Wien, damals Metropole europäischer Kultur und europäischen Geistes, ist sie geboren, aufgewachsen und gestorben. Zum 70. Geburtstag, im November 1928, würdigt die Vaterstadt ihre verdienstvolle Tochter mit einer Feier und der Verleihung des Ehrenbürgerrechtes. Rosa Mayreders Verlag, der Eugen Diederichs Verlag in Jena, bringt zu diesem Anlaß eine Ehrengabe dar, die Festschrift «Der Aufstieg der Frau» mit vielen Widmungen bekannter Persönlichkeiten, darunter Selma Lagerlöf, Lou Andreas-Salomé, Ina Seidel, Stefan Zweig, Felix Braun und Friedrich Eckstein. 1988 wird nun in Wien eine Straße nach Rosa Mayreder benannt werden; eine Ausstellung über ihr Leben und Werk ist in Vorbereitung.

«Der Einfluß ihrer Persönlichkeit reicht weit über den engen Rahmen ihrer Vaterstadt und ihres Vaterlandes hinaus. Die ganze Auswirkung vollzieht sich noch gar nicht in unseren Tagen, sondern wird auch noch auf kommende Generationen fortwirken und der ganzen Menschheit zum Segen gereichen.» Diese Worte aus der Festschrift, von Alfred Forstner, einem Zeitgenossen, sind bei allem Pathos doch bedeutungsvoll und berühren uns heute ganz besonders, da die vorausgeahnte Entwicklung nun langsam für uns sichtbar zu werden beginnt. Eine neue Generation, mißtrauisch geworden gegen jegliche Ideologie, auf der Suche nach ganzheitlichen Gedanken und authentischen Persönlichkeiten, die diese Gedanken leben, beginnt Rosa Mayreder gerade neu zu entdecken. Gerade daß sie, die Bürgerliche, Feministin, Pazifistin, Goetheanistin, Individualistin, nicht so ohne weiteres sich von irgendeiner Partei vereinnahmen läßt – so wie sie auch trotz allen Engagements und aller Loyalität für die Wiener Frauenbewegung von ihr nicht vollständig in Besitz zu nehmen war – gerade das macht ihren Reiz aus, weist es doch auf ihre unerschöpfliche geistige und seelische Vielseitigkeit hin. Rosa Mayreder sagt eben nur das, «was die Natur ihr zu sagen auferlegt hatte» («Die Kritik der Weiblichkeit»).

Wer Rosa Mayreder liest, wird auf sich selbst verwiesen – unermüdlich ist sie damit beschäftigt, in den vielfältigsten Formen den Zusammenhang zwischen geistig-seelischer Trägheit, sozialer Unehrlichkeit und gesellschaftlich-politischen Mißständen und Katastrophen aufzudecken, und für sie steht «hinter den Miseren, in die die Mehrheit schlittert... nicht die Macht des Schicksals, sondern die Macht des common sense nicht hinterfragter Gewohnheiten und Konventionen» (Hanna Bubeniček). Soziale Mißstände und Ungerechtigkeiten sind für Rosa Mayreder keine Tatsachen per se – es sind Ausdrucksformen eines geist-losen Denkens, das sich nicht mit der Welt in eins bringen kann. Ihre Voraussetzung ist aber, daß unter der Oberfläche der Dinge die geheime Verbindung zu finden ist, wenn man nur tief genug eindringt. Der in unserem Jahrhundert als quälend empfundene Zwiespalt in jedem Menschen, der sich auch als ein gegenseitiges Nichtverstehen der Geschlechter zeigt, wurde von Rosa Mayreder ganz durchlebt. In ihren literarischen Werken schildert sie die daraus entstehenden individuellen und sozialen Nöte und Deformationen. In der Art der Darstellung wird jedoch erlebbar, daß zum Beispiel der Geschlechterkampf letztlich doch nur ein Schritt auf dem Wege zum wieder ganz werdenden Menschen ist, den sie den «synthetischen» nennt. Dieses gleichzeitige Gegenwärtigsein und Doch-nicht-am-Augenblick-Haften ist wohl Bedingung dafür, daß Werk und Wesen eines Menschen auch über seine Zeit hinaus für andere etwas bedeuten können. Es wird auch als charakteristisch für Rosa Mayreders persönliche Ausstrahlung beschrieben: «Sie haftet nicht im Augenblick, nicht des eben scheinenden Kalender-, nicht des eben herrschenden Zeit-Tages, sondern nachwirkender Reichtum lebendiger Überlieferung ist gleichsam um sie und in ihrem Wesen versammelt und durchdringt sich mit der Macht der Gegenwart, in der sie lebt. Und zugleich, und eben darum, ist sie ‹voller Gegenwart›, wie das den starken, zeitlosen Naturen vor allem eigentümlich ist: jeder eben Anwesende hat den Eindruck, daß sie ihm die vollen Breitseiten ihres Wesens zukehrt, und eben diese Kraft der Gegenwart strahlt in jene Aura und... ist... jene Aura» (Ernst Lissauer).

Diese Liebe zum Gegenwärtigen im nicht-äußerlichen Sinne bewahrt Rosa Mayreder davor, «soziale Kampfdichtung» (R. Steiner) zu verfassen, Zukunftsideale hinzustellen oder anzuklagen. Auch ihre Autobiographie kann nicht als eine Anklage gegen die Unterdrückung der Frau verstanden werden. Viel wichtiger ist die gegenwärtige innere Regsamkeit des Lesers, die in Gang kommt. «Sie hat nicht den Glauben, daß die Kunst über die Natur hinausgehen müsse, um eine höhere Wahrheit... darzustellen. Sie ist voll des Glaubens, daß innerhalb der Natur allein die Wahrheit zu suchen sei» (R. Steiner, «Rosa Mayreder», in: «Die Gesellschaft» 1900, 16. Jg. Bd. II, Heft 2).

«Aus dem Werke Rosa Mayreders spricht das weckende sittliche Bewußtsein einer starken Persönlichkeit zu uns, die organisch gewachsene Überzeugung – die darum als eine Selbstverständlichkeit sich äußert –, daß jede starke schöpferische Persönlichkeit, sei es Weib oder Mann, in sich den Maßstab sittlicher Kraft trage... Sie erhebt nicht die pathetische Forderung des ‹Du sollst›, die der Menschheitsentwicklung bestimmte Bahnen weisen, sie zur Erfüllung eines bestimmten Ideals in ferner Zukunft hinführen will. Ihre überschauende Gerechtigkeit, welche die ganze Fülle des Lebens umfaßt, glaubt vorwiegend an die Kraft sich immer neu gebärender Ideale» (G.-Marie Arthur).

In der vorliegenden Autobiographie, dem zweiten Teil ihrer Lebenserinnerungen, entfalten sich die Grundmotive von Rosa Mayreders Leben und Denken. Beeindruckend und erstaunlich ist es, mitzuverfolgen, wie früh – schon als Dreizehnjährige – und mit welcher Intensität und Bewußtheit sie mit dem Problem ringt, wie der Gegensatz zwischen Verstand und Gefühl zu überwinden sei, und intuitiv geht sie daran durch unablässiges schöpferisches Tun. Es wird hier nicht eine Kindheit und Pubertät in der Kaiserzeit erzählt – vergleichbar mit Wedekinds, Hesses, Thomas

Manns Pubertätsdramen und -erzählungen –, vielmehr entfalten sich die im Kern immer gleichbleibenden und schon früh erkannten Grundmotive in immer weiter werdenden Kreisen: das Ich bleibt sich immer treu, und so stark wird es erlebt, daß die äußere Umgebung, trotz aller Einschränkungen, die sie bringt, als fast schemenhafter Hintergrund erscheint.

Rudolf Steiner schätzte in Rosa Mayreder, wie dem Briefwechsel zu entnehmen ist, die Künstlerin, die Persönlichkeit mit umfassend ausgebildeten Seelenfähigkeiten, die Individualistin, und er schrieb ihr, sie beide hätten dieselbe geistige Konstitution, was die Voraussetzung für wirkliches Verständnis sei (siehe Rudolf Steiner, Briefe II 1890–1925, GA 39, Dornach 1987). Nach einer Phase innigen Austausches und häufigen Kontaktes kühlte die Beziehung jedoch ab, Rosa Mayreder distanzierte sich und blieb distanziert, obwohl immer noch Begegnungen stattfanden. Sie verübelte Steiner seine Wendung zur Theosophie, die sie doch einst gemeinschaftlich kritisiert hatten, sie konnte den alten Freund, den sie als Suchenden und Ringenden geschätzt hatte, nicht akzeptieren als geliebten Meister einer immer wachsenden Anhängerschaft, wie ihr alle Meister- und Schülerschaft verdächtig war.

In Rosa Mayreders Schicksal gab es keine großen Erfolge und öffentlichen Anerkennungen – erst ganz am Ende ihres Lebens; es hielt ein eher zähes Vorwärtskommen mit vielen Hindernissen bereit, ein Leben der Zurückgezogenheit über viele Jahre hinweg. Selten hat sie eine Rede gehalten, und ihre Bücher wurden zwar gelesen, aber sie hatte wohl nie eine «Anhängerschaft», sie hätte damit auch nichts anfangen können, denn wie kann ein Mensch eines anderen Anhänger sein, wenn doch *jeder* nach ihrer Überzeugung einen geistigen Auftrag hat? Trotzdem bleibt es im dunkeln, warum Rosa Mayreder sich, wie aus ihren jetzt veröffentlichten Tagebüchern (im Insel Verlag) hervorgeht, derart skeptisch und ablehnend über den alten und früher so geschätzten Freund äußert. Es ist eines jener Geheimnisse, die in menschlichen Begegnungen als tragische Hindernisse dastehen und vom Außenstehenden zwar gesehen, aber nicht ergründet werden können.

Susanne Kerkovius

Zu Rosa Mayreders «Erinnerungen»

Rosa Mayreder beabsichtigte ihre Jugenderinnerungen in zwei Teilen zu publizieren – den ersten Teil als «Die äußere Welt» und den zweiten Teil als «Die innere Welt». Der erste Teil wurde 1948, zehn Jahre nach ihrem Tod, unter dem Titel «Das Haus in der Landskrongasse» mit Einschluß einiger Abschnitte, die in den zweiten Teil gehörten, von ihrer Freundin Käthe Braun-Prager herausgegeben, während der zweite Teil ihrer Erinnerungen bis heute unpubliziert verblieb. Dieser zweite Teil wird hier nach Rosa Mayreders handschriftlichen Aufzeichnungen vollständig vorgelegt.

«Das Haus in der Landskrongasse» enthielt Rosas Eindrücke bis zu ihrem 14. Lebensjahr, die nun im zweiten Teil der Erinnerungen bis um 1900, ihrem 42. Lebensjahr, fortgesetzt werden. Die Bezeichnung «Jugenderinnerungen» hatte sie beibehalten.

Rosa Mayreder hat ihre Erinnerungen nicht datiert; nach Aussage von Käthe Braun-Prager schrieb sie die erste Fassung 1907, in ihrem 49. Lebensjahr. Später nahm die Autorin erhebliche Änderungen und Ergänzungen vor, so daß der wesentliche Teil des zweiten Bandes der Erinnerungen in ihrer handschriftlichen Fassung nicht vor Ende 1917 abgeschlossen war.

In der Wiener Nationalbibliothek fand sich in der Handschriftensammlung ein maschinengeschriebenes und datiertes Manuskript, das weitgehend mit dem handschriftlichen Konzept identisch ist. Es enthält handschriftliche Anmerkungen von Rosa Mayreder. Wir haben unserem Text einige nur dort enthaltene Anekdoten beigefügt und diese durch kleinere Schrift kenntlich gemacht.

MEIN PANTHEON
LEBENSERINNERUNGEN

Ein Tagebuch

Der Weg der Emanzipation

Das Idol

Mein Pantheon

Ein Tagebuch

Ich habe in dem ersten Teil dieser Erinnerungen hauptsächlich die Personen meiner Umgebung geschildert, das Milieu, in dem ich aufgewachsen bin. Der ganze Abstand, der mein Innenleben davon trennte, kann erst sichtbar werden, wenn ich es nunmehr in seinen Ursprüngen zu beleuchten versuche. Unvermeidlicherweise muß ich dabei von mir selbst eingehend reden. Das erscheint mir durch den Umstand gerechtfertigt, daß in meiner geistigen Entwicklung die bestimmenden Ideen vermöge ihrer Spontaneität eine über meine Person hinausreichende Bedeutung besitzen. In dieser ursprünglichen Kraft, wie in der Übereinstimmung meines inneren Erlebens mit den Vorgängen in anderen, fernen und fremden Seelen, die das Gleiche in der gleichen Zeit aus sich in die Welt stellten, ohne daß irgendeine Verbindung zwischen ihnen bestanden hätte, liegt das Bedeutsame meines Werdeganges im Verhältnis zur Epoche, der ich angehöre. Das gilt vornehmlich von jener Lebenserscheinung, die man die Frauenemanzipation nennt, denn ich habe ihre Anschauungen und Forderungen aus mir selbst hervorgebracht, ohne Nötigung durch äußere Verhältnisse, ja im stärksten Gegensatz zu den Einflüssen, die von meiner Umgebung ausgingen.

Meine geistige Entwicklung fällt in eine Zeit, in der die bürgerliche Familie noch völlig unter der Herrschaft unangetasteter Traditionen stand. Die Auflehnung dagegen bildet im Bereich meines persönlichen Schicksals das entscheidende Erlebnis. Kraft meiner Wesensart, dem alten Ideal der Weiblichkeit entgegengesetzt, aber zugleich durch die äußeren Umstände seinen Gesetzen ausgeliefert, nahm ich den Kampf gegen seine Übermacht als ein ganz isoliertes, ganz auf sich selbst gestelltes Einzelwesen auf, ohne

Anleitung von außen, ohne Gemeinschaft mit Gleichgesinnten, aber dennoch mit dem unbeirrbaren Bewußtsein, im Rechte zu sein und etwas Höheres zu verteidigen. Und so klingt die innere Stimme, die den Menschen zu seinem individuellen Schicksal beruft, aus meinem Jugenderleben mit besonderer Deutlichkeit.

Die Aufrollung eines solchen Werdeganges mit seinen Auswüchsen der Unreife, seinen begründeten und unbegründeten Leiden bringt etwas von dem Unerquicklichen mit sich, das der Adoleszenz des nach geistigen Zielen ringenden Menschen gewöhnlich anhaftet. Daher wird nun eine andere Einstellung des Lesers erforderlich. War es die Schilderung von außen gesehener Personen und Verhältnisse, die dem ersten Teil meiner Erinnerungen Heiterkeit verlieh, so sind es jetzt die inneren Umstände der jugendlichen Psyche mit ihrem Lebensernst, die Anspruch auf die gleiche Stimmung des Lesers erheben.

Bis in mein dreizehntes Lebensjahr war ich ein Wesen mit kindlichen Vorstellungen und kindlichen Wünschen, das sich nicht viel von anderen seines Alters unterschied. Zum mindesten trat ihnen gegenüber keinerlei Gegensatz in mein Bewußtsein. Ich lebte wie alle Kinder in den Tag hinein; meine Vorliebe für leibliche Genüsse war so groß, daß sie mir öfters den Spott meiner Umgebung einbrachte. Ein Ausspruch, an den ich selbst mich nicht erinnern kann, wurde mir jahrelang vorgehalten: «Wenn ich nur essen kann, bin ich schon froh». Da die Anlässe dazu bei dem freien Verfügungsrecht der Kinder über die Nahrungsmittel und dem Mangel einer strengen Aufsicht reichlich genug waren, könnte man eine sonnige Kindheit erwarten. Dennoch war sie eher eine bewölkte. Die Ursache lag in meiner Überempfindlichkeit gegenüber äußeren Berührungen; kleine Vorfälle aus sehr früher Zeit haben ihre Eigenschaft als Erinnerungen durch diese Überempfindlichkeit erhalten. Immer war es ein Zustand innerer Freudigkeit, der an der Außenwelt zerschellte, weil er in keinem angemessenen Verhältnis zu ihr stand. Der Zusammenstoß traf mich so stark, daß ich schon in einem Alter, in dem andere Kinder kleine Blamagen, Zurechtweisungen und selbst Strafen leicht verschmerzen, oft lange nicht ins Gleichgewicht kommen konnte. Ich erinnere mich eines Tadelwortes, das mich, ohne daß ich es verstand, mehr verletzte, als seinem Sinn entspricht. Wenn ich etwas nicht recht gemacht hatte oder wenn ich etwas tun sollte, was ich als ungerechte Zumutung empfand, ging ich die längste Zeit mit einer tief gekränkten Miene umher; dann hieß es gewöhnlich: «Bist du schon wieder ganz Mater Dolorosa?» Da ich dachte, Materdolo Rosa sei eine herabsetzende Entstellung meines Namens, haßte ich diese Bezeichnung wie einen Schimpf.

Schon früh hatte ich übrigens das Gefühl, daß ich und mein Name nicht recht zusammenpaßten. Ein anderer Umstand trug dazu bei, ihn mir zu verleiden. In unserem Hetzendorfer Landhaus gab es einen kleinen, häßlichen griesgrämigen Hund, der den damals verbreiteten Hundenamen Asor führte. Meine älteren Geschwister fanden heraus, daß Asor die Umkehrung von Rosa sei, und neckten mich damit. Diese Gemeinschaft mit Asor, der ein recht widerwärtiges Geschöpf war, erschien mir als etwas Entwürdigendes und entzweite mich mit meinem Namen noch mehr. Für mein ganzes späteres Leben ist die Überempfindlichkeit gegenüber der Außenwelt bezeichnend geworden, wenn auch nicht in dem Maße wie in der ersten Jugend. Der Glanz, den die Phantasie den Dingen leiht, so lange sie in ihr leben, erlosch immer rascher, als es der kindlichen Gemütsverfassung entspricht, hingegen blieb die Ernüchterung mit einer der Beschämung ähnlichen Betonung dauernd bestehen.

So erging es mir beispielsweise mit dem alten Werkelmann[1], der in Begleitung seiner Frau allwöchentlich nach Hetzendorf zu kommen pflegte. Wenn er seinen Rundgang beendigt hatte, stellte er sich bei unserem Gartengitter auf und brachte der alten Fanni ein Ständchen, das mit einem Gespräch über die Tagesneuigkeiten und einem kleinen Silberstück beschlossen wurde. Das ganze Repertoire der wenigen Walzen konnte man in unzähligen Wiederholungen näher und näher hören, wie er spielend durch den Ort zog. Es schien mir eine wundervolle Beschäftigung, so immer Musik zu machen und sich an den lieblichen Melodien, die aus dem Kasten kamen, unersättlich zu ergötzen. Etwas von dieser Anziehung übertrug sich in meinen Augen auch auf die Person des Werkelmannes und ließ ihn mir trotz seines kupfrigen aufgedunsenen Gesichtes, das gewöhnlich von einem unbestimmten Weinhauch umweht war, als eine romantische Figur erscheinen.

Im Winter kam jeden Sonntag ein alter Tanzlehrer mit einem

Klavierspieler – er war Mitglied des Hof-Opernballets und in Wirklichkeit keineswegs alt –, um meinen älteren Geschwistern und einigen Kindern anderer Familien, die er gesammelt hatte, die Anfangsgründe der Quadrille und der Rundtänze beizubringen. Die gebundene Grazie seiner Bewegungen, seine heisere schwache Stimme und der Geruch von schwarzem Kaffee, der von ihm ausging, sind mir lebhaft gegenwärtig. Ich befand mich in einem Alter, in dem das Tanzen noch nicht zu den obligaten Lehrgegenständen gehört, und wurde nur wegen meiner großen Lust daran zugelassen. Der Lust am Herumspringen entsprach aber nicht mein rhythmisches Gefühl – ein Mangel an musikalischem Gehör, der mir später beim Gesangsunterricht eine ähnliche Beschämung bereitet hat –; der Begriff des Taktes existierte gar nicht für mich, und ich war auch ganz ahnungslos über die Folgen dieser Unwissenheit beim Tanzen zu zweit. So geschah es, daß ich mit einem schönen schwarzäugigen Knaben, der den poetischen Namen Robert von Leyden trug, zu einem Walzer zusammengegeben wurde. Ich dachte, die Sache ginge herrlich, wie wir so kreuz und quer durch den Saal gaukelten; indes staunte ich doch, warum unter den erwachsenen Zusehern in der Fensternische eine immer lautere Heiterkeit um sich griff. Erst als die Hand des Tanzlehrers jählings unseren Walzer unterbrach und seine heisere Stimme ungehalten etwas über eine unglaubliche Abwesenheit von Takt murrte, ward ich inne, daß ich und mein schöner Tänzer der Gegenstand des Gelächters waren. Das beschämte mich so tief, daß mir von Stund an das Tanzen verleidet war und ich auch als erwachsenes Mädchen, als ich längst eine gute Tänzerin geworden war, eine Abneigung dagegen behielt.

Durch diese Überempfindlichkeit erhielt mein Wesen den Anschein der Launenhaftigkeit; man konnte natürlicherweise die jähen Übergänge von ausgelassener Fröhlichkeit zu Insichgekehrtheit oder Gekränktheit nicht anders auslegen, umsoweniger, als ich selbst darüber keine Auskunft hätte geben können, da mir noch die Fähigkeit fehlte, die Vorgänge des eigenen Innern zu verstehen. Eine allgemeine Empfindung, daß man mich ungerecht behandle, bildete deshalb den Grundton meines Verhältnisses zur Umgebung in der Kindheit. Vielleicht war etwas wie Persönlichkeitsbewußtsein in mir schon wach, bevor ich mich als Einzelwesen von meiner Umgebung zu unterscheiden mochte, vielleicht kam es aber nur daher, daß ich, wenn auch ohne besonderen Eifer, doch das Bestreben hatte, ein braves, folgsames Mädchen zu sein, weil das nun einmal als das Höchste hingestellt wurde, was man im Leben erreichen sollte.

Mein Musterhaftigkeitsstreben scheint allerdings beträchtlichen Schwankungen ausgesetzt gewesen zu sein. Denn mit dem Schreiben- und Lesenlernen trat sehr häufig eine peinliche Begebenheit ein, die in der Verurteilung zu fünf Stricktouren unter gleichzeitiger Nötigung zum Stillsitzen bestand. War es diese Nötigung, oder war es die Handarbeit an sich – das Stricken erschien mir als eine wahre Strafe Gottes; und als im folgenden Jahr die fünf Touren sich auf zehn erhöhten, war ich wie vom Donner gerührt. Das überstieg doch alle menschliche Gerechtigkeit! Wenn man jeden Augenblick von einem solchen Schicksalsschlag erreicht werden sollte, konnte man sich ja nicht mehr des Lebens freuen!

Nichtsdestoweniger behauptete sich die angeborene Lebhaftigkeit, ja Ausgelassenheit ungehemmt weiter. Ich überstand im Laufe der nächsten Jahre zahllose Stricktouren; ein ganzes Paar Strümpfe, von Schmutz- und Tränenspuren gemustert, entstand auf diese Weise.

Zum Spiel mit Puppen habe ich nie ein rechtes Verhältnis gehabt. Meine früheste Puppe trug noch einen Porzellankopf auf einem Lederkörper; als die ersten Puppen mit Lockenhaar und Augenaufschlag zu uns gelangten, teilte ich zwar das Entzücken aller meiner kleinen Zeitgenossinnen, aber auf die Dauer wußte ich doch nichts mit dem Miniaturkind anzufangen. Unerschöpflich an Lust – auch im wörtlichen Sinn – war hingegen mein Lieblingsspielzeug, ein Brunnen. Er bestand aus Blech; das spannenlange Brunnenrohr ragte aus einem kleinen Becken auf, in das die geschöpfte Wassermenge immer wieder zurückfloß. So konnte man stundenlang schöpfen und das wonnige Geplätscher in vielfältiger Geschäftigkeit genießen, bis man sich und die nähere Umgebung so gründlich angefeuchtet hatte, daß die alte Hanni mit dem Aufschrei: «Das ist doch der Welt ungleich!» den Brunnen in Beschlag nahm und auf der unzugänglichen Höhe eines Schrankes verschwinden ließ.

Der geheimnisvollen Anziehung, die das Spiel mit Wasser, Feuer und Erde auf die Kindesseele ausübt, war ich überhaupt sehr zugänglich. Wenn auch hinter dem Ofentürchen das «Feuermandl» wohnte, das bei jeder Annäherung herauszufahren drohte, und in den Bottichen das «Wassermandl», das nur darauf lauerte, Menschenkinder in die Tiefe zu ziehen, so vermochten diese dämonischen Geschöpfe aus dem Fabelreich der alten Hanni trotz allen Schauders, doch nicht auf die Dauer, vom «Zündeln» und «Pritscheln» abzuschrecken. Eine der größten Daseinsfreuden aber, der man sich ohne heimliche Furchtgefühle hingeben konnte, bestand darin, im Garten eine Grube zu graben und sie mit Wasser zu füllen, indem man ungezählte Gießkannen voll herbeischleppte. Die so entstandene Pfütze stellte einen richtigen Teich vor und war der Schauplatz wunderbarer Begebenheiten in der Nacht, wenn niemand zusah; auch konnte das Wassermandl darin Aufenthalt nehmen, dessen Geneigtheit man durch diese Gastfreundschaft zu erwerben hoffte.

Schlimmer als die Furcht vor Geistern, die ein beneidenswertes Leben in so herrlichen Elementen wie Feuer und Wasser führten, war später die Furcht vor Gespenstern, die um mein zehntes Jahr herum durch ein Stubenmädchen gezüchtet wurde. Sie kannte eine Unzahl Gespenstergeschichten und erzählte sie gern in der Dämmerung den Kindern, von denen sie täglich darum bestürmt wurde. Zusammengekrümmt vor Angst saßen wir eng beieinander und lauschten atemlos den unheimlichen Vorgängen, zitternd, ob uns nicht jetzt und jetzt eine unsichtbare Hand eiskalt in den Nacken fahren oder ein spukhafter Hauch die Kerze verlöschen würde. Der Zauber des Gruselns aber war stärker als der Schauder der Furcht, zu dem sich noch der Reiz des Verbotenen gesellte. Denn als die Mutter von diesen Abendunterhaltungen erfuhr, untersagte sie sie auf das strengste; das Stubenmädchen kam auch bald aus dem Hause. Aber es war zu spät. Ich litt eine Zeitlang so sehr an Gespensterfurcht, daß ich nicht wagte, ein finsteres Zimmer zu betreten. Ja ein leises Unbehagen bei dem Alleinsein in nächtlicher Finsternis bin ich mein ganzes Leben nicht losgeworden.

Mit sieben Jahren, als ich schon von meiner um zwei Jahre älteren Schwester Madeleine mit dem Lesen und Schreiben vertraut gemacht worden war, trat ich meine Laufbahn als Schülerin in dem Institut Hanausek an. Ich bewahre zwar noch mehrere mit einem Bienenstock und anderen Sinnbildern des Fleißes geschmückte Prämien, die man, wenn man zwölf «Fleißzettel» beisammen hatte, in Austausch erhielt, muß also eine ganz erkleckliche Anzahl solcher Dokumente ergattert haben – aber es ist mir nicht in Erinnerung geblieben, daß ich mich durch besonderen Eifer ausgezeichnet hätte. Man ging in die Schule, weil man mußte, ohne Widerstand, aber auch ohne Begeisterung. Ein erschwerender Grund war nur das damit verbundene Frühaufstehen; in den ersten Jahren dürfte ich öfter Versuche gemacht haben, mich «schulkrank» zu stellen, was aber bei meiner unstörbaren Gesundheit gewöhnlich nicht von Erfolg gekrönt war. Um mich aus den Federn zu jagen, mußte anfangs sogar die Drohung mit einer Intervention des Vaters angewendet werden – das sicherste Mittel, um jedem von uns eiligst auf die Beine zu helfen.

Ein anderer Übelstand der Schule war, daß so vieles vorgebracht wurde, was man nicht verstand. Vielleicht war ich in den ersten Jahren des Unterrichtes verhältnismäßig wenig aufgeweckt, oder der Unterricht war tatsächlich der kindlichen Auffassung nicht recht angepaßt. Ein kleiner Vorfall ist mir aus dieser frühen Zeit erinnerlich, der eher auf das Letztere schließen läßt.

Es war in der zweiten Klasse, als wir eines Tages beim Unterricht in der Naturgeschichte die uns bereits bekannten Fische nennen sollten. Ich meldete den Walfisch an, der aber mit dem Bedeuten abgewiesen wurde, daß er nicht zur Gattung der Fische gehöre. Auf meine erstaunte Frage, warum denn nicht, bekam ich zur Antwort: «Das wirst du in einer höheren Klasse schon erfahren.»

Die Sache ging mir im Kopf herum; aber auch zu Hause wollte mir niemand darüber Aufschluß geben; es hieß nur: «Was geht denn dich der Walfisch an!» – eine jener Abfertigungen, die man zwar schweigend, aber keineswegs innerlich überzeugt hinnahm. Ich vermute, die Prüderie in der Mädchenerziehung war damals so groß, daß man sich scheute, den Walfisch als Säugetier zu bekennen, um nicht der Frage zu begegnen, was denn ein Säugetier sei.

Mit einer anderen Schulweisheit erlitt ich eine empfindliche Niederlage. Es dürfte im selben Jahre und bei demselben Unterrichtsgegenstand gewesen sein, daß uns mitgeteilt wurde, der Schnee halte die Erde warm und schütze die Saat vor dem Erfrieren. Das war eine überaus angenehme Nachricht. Alle die lieben Wiesenblumen hatten also an dem schönen weißen Schnee eine Art Federbett und brauchten nicht Kälte zu leiden! Wenn ich mir auch nicht recht vorstellen konnte, wieso der kalte Flaum Wärme spenden sollte, bemächtigte sich diese freundliche Einrichtung der Natur so stark meiner Phantasie, daß ich ein Gedicht darauf machte. Es war mein erstes; ich schilderte darin die Unbilden, mit denen der Winter die Blumen bedroht, bis sich der Schnee einstellt. Unter dem Schnee aber sei es so warm, behauptete ich im Überschwang der behaglichen Stimmung, als hätte das Christkind für alle die Würzlein und Kräuter einen Ofen geheizt. Allein ich erntete für diese dichterische Leistung unter meinen Geschwistern keinen Beifall, sondern ein ungeheures Gelächter. Umsonst berief ich mich auf die Mitteilung in der Schule. «Na wart, wir werden dich nächstens in den Schnee eingraben, da wirst du schon sehen, wie das Christkind einheizt», entgegneten sie unter immer neuen Ausbrüchen der Heiterkeit. Gekränkt und blamiert zog ich mit meinem Gedicht ab; und so endete schon das allererste Auftreten auf jenem Gebiet, das für mich die Welt bedeuten sollte, mit einem Mißerfolg.

Es scheint, daß ich mich dem Schulbetrieb nie mit Fügsamkeit unterordnete. Als in der dritten Klasse der Unterricht in der deutschen Grammatik zu den Vorwörtern gelangte, sollte ich wie meine Mitschülerinnen die Vorwörter nach dem Kasus, den sie regieren, auswendig lernen: «an, auf, hinter, über» u.s.w. Das widerstrebte mir derart, daß ich in offener Widersetzlichkeit beim Aufruf die Erklärung abgab, so sinnloses Zeug könne ich nicht auswendig lernen. Ungehalten fuhr mich der Lehrer an: «Wie willst du denn dann wissen, welchen Kasus ein Vorwort regiert?» Im Gefühl erwachender Sprachsicherheit antwortete ich: «Das weiß man doch von selbst.» Ich mußte mich setzen und erhielt einen Sechser in deutscher Sprache, die einzige schlechte Note, die mir je in der Schule zuteil wurde. Wie tief ich auch niedergeschmettert war, die Reihe der Vorwörter habe ich doch nie auswendig gelernt.

Nachdem ich die ersten drei Klassen zurückgelegt hatte, wechselten wir aus unbekannten Gründen das Institut. Statt auf den Hof gingen wir von nun an in die Spiegelgasse und später in die Bräunerstraße, wo sich das Institut Paulus befand. Das war im Grund der ganze Unterschied. Mein Verhältnis zur Schule als Einrichtung der äußeren Welt blieb ein gleichgültiges, wenn nicht fast ein gegnerisches. Ich kann dafür keine zureichende Erklärung geben; hatte ich doch im übrigen eine wahre Leidenschaft für das Lernen. Es kann sein, daß ich in den höheren Klassen durch meine ungewöhnliche, das vorgeschriebene Maß der Weiblichkeit durchbrechende Begabung ein Gegenstand der Verlegenheit für die Lehrer war. Zugleich dürften sie wohl die Beweglichkeit und Leichtigkeit der Auffassung, der sie bei mir begegneten, geschätzt haben. Denn je rascher die Auffassung des Schülers, desto leichter die Aufgabe des Lehrers. Doch war es nicht gern gesehen, daß ich mich mit den Lehrgegenständen nur wie mit einem Spiel abfand und die schriftlichen Aufgaben gewöhnlich in den Zwischenpausen erledigte; bei den mündlichen Aufgaben vollends genügte es, wenn ich vor Beginn der Stunde den Gegenstand überlas, so daß ich zu Hause fast nie etwas für die Schule zu arbeiten hatte. Dadurch entfesselte ich andauernde Kämpfe mit der Gouvernante, die meiner Behauptung, ich hätte nichts auf, immer Mißtrauen entgegensetzte, weil meine Schwester Madeleine im verflossenen Jahr, als sie meine Klasse besuchte, doch reichlich mit Schulaufgaben beschäftigt gewesen sei.

So leicht mir der geistige Teil des Unterrichtes fiel, so wenig genügte ich den Ansprüchen, die durch körperliche Übungen an die Schülerinnen gestellt wurden. Das war der Turnunterricht. Zwar war ich von den Übungen an den Geräten wie meine Schwester Madeleine befreit; die Freiübungen aber erschienen mir dermaßen langweilig und zwecklos, daß ich mir nicht die geringste Mühe gab, sie genau auszuführen und während des Unterrichtes unaufmerksam und schwerfällig dahertrottete. Nicht einmal in Reih und Glied blieb ich, so daß die Hand des Lehrers mich zuweilen unsanft anfassen mußte. «Wie ein Mehlsack!» sagte er einmal unwillig. Das entfesselte meinen Spott; und als er kurz darauf fragte: «Wie heißen Sie denn eigentlich?» antwortete ich frech: «Sacca farina». Daß er mich daraufhin wirklich Saccafarina nannte, ohne die Anspielung zu bemerken, vermehrte als Zeichen seiner Unbildung nur noch meine Respektlosigkeit.

Später, als im Garten auf der «Hohen Warte» Turngeräte errichtet wurden, hätte ich wohl Lust gehabt, mich auf diesem Gebiete hervorzutun. Ich schaffte mir ein regelrechtes Turngewand an; aber ich erntete mit meiner Turnhose nur den Spott der Brüder, da meine Gestalt mit den breiten Hüften sich in der Hose lächerlich weiblich ausnahm. Und bald stellte es sich heraus, daß im Verhältnis zu meinem Körpergewicht meine Muskeln viel zu schwach waren. Saccafarina taugte in der Tat nichts, so weit es sich um körperliche Leistungen handelte.

Am meisten schadete mir in der Schule, daß ich bei allen aufständischen Unternehmungen Rädelsführerin war. Der Schülergeist, der für den Lehrer, wenn er als aufgedrungene Autorität wirkt, immer Gegenstand der Auflehnung bleibt, machte sich auch bei mir geltend. Und da der Schüler keine Machtmittel gegen den Lehrer besitzt, rettet er seine Selbstherrlichkeit in den Spott. Bei der weiblichen Jugend kommt zu der Auflehnung wider die Autorität noch das Bedürfnis, auf den gezwungenen Ernst des Schulbetriebes durch Lachen zu reagieren – möglicherweise auch unter der Schwelle des Bewußtseins ein sexuelles Moment gegenüber einem männlichen Lehrer.

Eben dieses Moment gestaltete einige Zeit hindurch in unserer Klasse das Verhältnis der Schülerinnen zu den Lehrern ganz bösartig. Ein Wolf hatte sich in den Lämmerstall eingeschlichen und hauste dort ziemlich gewissenlos. Er gestattete sich nicht nur unanständige Blicke, sondern auch Handgreiflichkeiten; irgend etwas Unsagbares sollte er im Vorzimmer mit einem Mädchen aus der nächsten Klasse getrieben haben. Da er überdies ein unangenehmer, mephistophelisch aussehender Mensch war, verwandelte sich die Spottsucht unter uns in Empörung, die zum unverhohlenen Widerstand gegen alles wurde, was er sagte und tat. Und als er eines Tages, um die Ordnung wieder herzustellen, diejenigen, die dem Unterricht nicht das nötige Interesse entgegenbrächten, hämisch aufforderte, «sich zu absentieren», stand ich auf und verließ das Zimmer.

Die Vorsteherin, erstaunt, mich in einer anderen Klasse zu finden, wollte mich zurückführen; aber ich weigerte mich, indem ich gestand, daß ich hinausgewiesen worden sei. Dennoch mußte ich ihr folgen; und in meiner Gegenwart fragte sie dann den Lehrer nach dem Anlaß seines Vorgehens. Er sagte, er habe nicht gerade mich gemeint, es herrsche in der ganzen Klasse ein impertinentes und widersetzliches Betragen, das er nicht länger dulden könne.

Mit dem üblichen Verweis an unsere Adresse zog sich die Vorsteherin für den Augenblick aus der Sache. In der Pause aber nahm sie einige von uns nochmals vor. Nach langem Sträuben und trotzigem Schweigen fanden sie den Mut, Andeutungen vorzubringen und sich auf die kleine Heldin des unnennbaren Vorzimmerabenteuers zu berufen, die noch ganz andere Dinge erzählen könnte. Das scheint sie in der Tat getan zu haben; denn der mißliche Lehrer verschwand kurze Zeit später auf Nimmerwiedersehen.

Einigen meiner Lehrer habe ich aber viel zu verdanken, besonders dem verheirateten Geistlichen, der zuerst der Gegenstand unseres Spottes war. Er entpuppte sich als trefflicher Lehrer, der es meinetwillen durchsetzte, daß im letzten Schuljahr Logik und Psychologie dem Lehrplan eingefügt wurden – zwei Gegenstände, die meiner kunterbunten intellektuellen Ausbildung doch ein etwas festeres Rückgrat gaben. Daß er bei diesem an einer Töchterschule bis dahin nicht dagewesenen Versuch hauptsächlich mich im Auge hatte, konnte ich daraus schließen, daß er mich allein von meinen sechs Mitschülerinnen aus diesen Gegenständen zu prüfen pflegte.

Das bedeutsamste innere Ereignis während dieser Zeit war die Abwendung vom Kirchenglauben, die in mein zwölftes Jahr fällt. Es bildete aber keineswegs einen Wendepunkt in meiner geistigen Entwicklung, sondern vollzog sich geräuschlos, wie etwas Selbstverständliches. Eine zunehmende Lauheit als Folge einiger Zweifel mußte wohl den bewußten Abfall vorbereitet haben. Vorher hatte ich alles, was über das Verhältnis des Menschen zum Himmel gelehrt wurde, einfach hingenommen; höchstens, daß ich eine Art Befremdung empfand, wenn es hieß: «Pfeife nicht; wenn ein Mädchen pfeift, weint die Mutter Gottes». Es schien mir doch übertrieben, daß eine göttliche Person wegen eines so geringfügigen Vergehens gegen das Gesetz des weiblichen Anstandes Tränen vergoß. Die Gebete, die man abends, wenn man schon vor Schläfrigkeit die Augen nicht mehr offen halten konnte, noch schnell hersagen mußte, waren mir zum Teil ganz unverständlich. Zuerst hielt ich den englischen Gruß, der mit den fremdartigen Worten «Gegrißt zeistdu» begann und in einem sonderbaren Tonfall hergeleiert wurde, seiner Bezeichnung wegen für ein Gebet in englischer Sprache; denn ich konnte nicht den geringsten Sinn mit Stellen wie «gebenedeit unter den Weibern» oder gar «die Frucht deines Leibes» verbinden. Da Fragen darüber sehr unwirsch aufgenommen wurden, begnügte ich mich, die Tatsache, daß man ausgerechnet auf englisch beten mußte, während man doch nur französisch zu lernen brauchte, als eine der wunderlichen Ungereimtheiten zu betrachten, mit denen die Erwachsenen die Kinder plagen.

So wenig wie die ersten häuslichen Anleitungen bildete der schulmäßige Religionsbetrieb unter Leitung der komischen Katecheten einen Anreiz zu besonderer Frömmigkeit. Dennoch war ich eine Zeitlang tiefgläubig, sogar so sehr, daß ich vor einem goldenen Kruzifix, das unter einem Glassturz auf einem Kasten im Schlafzimmer stand, täglich abends, wenn ich mich unbeobachtet wußte, knieend eine Anzahl Vaterunser betete. Doch war es nicht eine reine Anbetung Gottes aus dem Bedürfnis der Andacht, sondern eine Bitte um gnädige Vermittlung in einer mir nahegehenden Angelegenheit. Es gab damals in der Familie fortwährend aufregende und unbehagliche Szenen, weil meine Schwester Mitzi und die im Hause lebende jüngere Schwester meiner Mutter Beziehungen zu zwei Offizieren angeknüpft hatten, die der Vater durchaus nicht dulden wollte, angeblich, weil er grundsätzlich gegen das Militär eingenommen war. Einen Offizier, hieß es, betrachte er als einen Nichtstuer, der nur darauf ausgehe, sich zu unterhalten und auf Kosten des Bürgerstandes zu leben. Daher mußten diese Beziehungen vor ihm verborgen gehalten werden. Die Vorbereitung der Zusammenkünfte erforderte eine umständliche Geheimniskrämerei, in die wir jüngeren Geschwister teilweise eingeweiht waren.

Sooft der Vater durch irgendwelche Zufälle Wind davon bekam, entlud sich eines jener Donnerwetter, vor denen das ganze Haus zitterte. Dieser Zustand bewegte mich zur innigsten Teilnahme an den verfolgten und bedrängten Liebenden; und da über den allgewaltigen, unbeugsamen Vater höchstens der liebe Gott Macht besaß, flehte ich ihn täglich auf den Knien an, daß er dessen harten Sinn wenden möge. Ich hatte gehört, ein Gebet in den Wochen vor Weihnachten sei von besonderer Kraft; so dürfte diese Periode ausnehmender Frömmigkeit wohl in eine Adventszeit gefallen sein. Wann sie endete, weiß ich nicht mehr genau; jedenfalls überdauerten die Liebeshändel meinen Abfall vom kirchlichen Glauben. Die Unzugänglichkeit Gottes, der meine Gebete völlig unbeachtet ließ, hat aber dazu nicht beigetragen. Vielmehr war es eine rein verstandesmäßige Erwägung, die den letzten Anstoß gab. Eines Tages fiel mir eine Nummer der «Gartenlaube» mit einem geologischen Artikel in die Hand, der auch einiges über das vermutliche Alter der Erde enthielt. An die Stelle der 6000 Jahre, die nach Angaben der Bibel seit ihrer Erschaffung vergangen waren, traten Zeiträume von so ungeheurer Ausdehnung, daß die biblische Überlieferung zu einem kläglichen Irrtum zusammenschrumpfte. Und täuschte sie sich über das Alter der Erde, dann verloren auch ihre Aussagen über den, der sie erschuf, die Glaubwürdigkeit. Ohne Erschütterung, wie etwas, das ich heimlich kommen gefühlt hatte, vollzog sich in diesem Augenblick der Übergang zu einer neuen Weltanschauung in mir. Ein Umstand war mir schon seit einiger Zeit an dem Gott der Bibel unangenehm aufgefallen: sein Verhältnis zu Adam und Eva. Da er allwissend war, mußte es ihm ja im voraus bekannt sein, daß sie die Probe, die er ihnen auferlegte, nicht bestehen würden, und noch mehr: da er allmächtig und Schöpfer der ersten Menschen war, fiel da nicht die Schuld an ihrer sündigen Beschaffenheit auf den zurück, der sie gemacht hatte?

Mit diesen Bedenken, die ich niemand mitzuteilen wagte, weil ich weder die Fähigkeit besaß, sie klar auszudrücken, noch den Mut, mich zu einer solchen Gotteskritik zu bekennen, hatte ich mich in ein peinvolles Labyrinth verirrt, das keinen Ausweg zu haben schien. Ich konnte die Zweifel weder lösen noch loswerden; sie bedrückten mein Gewissen, ohne daß der Glaube mächtig genug gewesen wäre, sie zu verscheuchen. Jetzt aber wurde es mit einem Schlage Licht: Jehovah entschwand ins Land der Fabel, um fortan in Gesellschaft von Zeus und anderen verflossenen Gottheiten ein bloß historisches Dasein zu führen – freilich auf einem Weg, der nicht so glatt war, als ich mir im Überschwang der neuen Erkenntnis vorstellte.

Es ist immerhin erstaunlich, daß der Abfall vom hergebrachten Glauben, der sich bei den meisten modernen Menschen mit dem Eintritt der Adoleszenz einstellt, in dem noch halb kindlichen Bewußtsein nicht als Verlust auftritt. Und was für ein unermeßlicher Verlust ist er doch! Keine allgegenwärtige, göttliche Macht mehr im Weltgetriebe, die jeden Einzelnen mit Gerechtigkeit hält und führt, die sein Innerstes kennt und seine Leiden belohnen wird! Kein Jenseits mehr, wo die Seele, von ihrer Unvollkommenheit geläutert, ein ewiges freudvolles Leben empfängt. Kein Gebet mehr, das den Druck des Irdischen von ihr nimmt und sie zur Gemeinschaft mit dem Höchsten erhebt! Aber erst der ältere Mensch besitzt einen Maßstab dafür, um wieviel kälter, leerer, härter das Leben ohne diesen Glauben ist; bei dem Jugendlichen überwiegt das Gefühl der Befreiung so sehr, daß eine Reflexion über das, was man eingetauscht hat, nicht aufkommen kann.

Der hergebrachte Glaube hat eben für den in der Entwicklung begriffenen Geist kein wirkliches Leben mehr; er wirkt als Zwang – und je kraftvoller die Antriebe der Selbständigkeit in der erwachenden Persönlichkeit sind, desto unerträglicher gerade die Vergewaltigung des intellektuellen Gewissens, wie sie die Nötigung zu einem äußerlich gewordenen Glaubensbekenntnis bedeutet.

In der ersten Zeit fühlte ich noch eine gewisse Bangigkeit und Unsicherheit – nicht aber, weil die Welt ohne den alten Bibelgott mir Furcht einflößte, sondern weil ich mit der Möglichkeit rechnete, daß er doch vielleicht die Welt regiere und meine Abtrünnigkeit bestrafen würde. Je mehr sich aber allmählich meine Kenntnisse der modernen Weltanschauung erweiterten, wuchs auch mein Selbstgefühl, der Stolz, aus eigener Kraft die Fesseln abgestreift und den Weg in das Gebiet der freien Erkenntnis gefunden zu haben.

Aus dieser eigenen Kraft, in voller Freiheit des eigenen Geistes, wollte ich einige Zeit später, nachdem ich mit dem alten Glauben endgültig fertig geworden war, einen neuen in mir gründen, der das moderne Wissen auf den von Gott geräumten Thron setzte. Es erschien mir ausgemacht, daß man nur die rechte Einsicht in diesem Punkt brauchte, um auch sogleich die ganze Welt zu verstehen; und daß ich die zu dieser Einsicht erforderlichen Fähigkeiten besaß, empfand ich als unmittelbar gewiß.

Freudig aber trat ich den Weg nicht an; der Abstand zwischen der Sorglosigkeit des Kindesalters und dem herannahenden Übergangsalter war mir deutlich bewußt. An meinem vierzehnten Geburtstag lag ich lange schlaflos im Bett und nahm weinend Abschied von der Kindheit. Ganz ausdrücklich Abschied: «Lebwohl, du glückliche Zeit. Jetzt kommt das unbekannte Leben und nimmt mich mit sich fort.» Es war die Vorahnung der schweren Erschütterungen, die an der Schwelle standen. Der Übergang von der Kindheit zur Erwachsenheit an sich ist eine schwierige Periode, die man eigentlich von dem Alter der «goldenen Jugend» abrechnen sollte. Denn gegen alles Schwere, das den erwachsenen Menschen trifft, vermag er die Kraft einer entwickelten Persönlichkeit zu setzen, während der Adoleszent an seiner erst im Werden begriffenen Persönlichkeit noch keinen Rückhalt gegen die von innen und außen auf ihn eindringenden Lebensmächte hat.

Ich war von Gott abgefallen – aber Gott nicht von mir. Er regierte weiter in mir als der allmächtige Geistwille, der seit Anbeginn die menschliche Seele antreibt, den Kampf gegen seinen Erbfeind und Widersacher aufzunehmen, um ihm die Alleinherrschaft zu gewinnen. Ja! Das uralte Spiel, das Gott und Teufel um die menschliche Seele aufführen, erneuerte sich in meinem Innenleben mit wachsender Gewalt, obwohl Gott und Teufel in meiner Vorstellungswelt nicht mehr bestanden.

Ganz wie es seit altersher üblich ist, nannte ich die zwei feindlichen Richtungen Geist und Körper. Ich als Person identifizierte mich völlig mit den Interessen des Geistes und betrachtete jede Niederlage, die er durch die Ansprüche des Körpers erfuhr, als eine Schmach und Demütigung dieser Person. Die nächste Folge war eine asketische Anspannung der Willenskraft zugunsten der geistigen Ansprüche, bei der ich jeden Maßstab für das, was ich wirklich vermöge meiner Anlagen leisten konnte, außer acht ließ. Was mir schön, groß, begehrenswert am menschlichen Wesen erschien, das dachte ich mit Hilfe des Willens durch «Selbstbeherrschung» erreichen zu können. Diese Entzweiung hatte ihre guten Gründe. Sie war auf zwei Ursachen zurückzuführen: im Geistigen auf die gewaltsame Überspannung des Intellektes zu Leistungen, denen er noch nicht gewachsen war; im Körperlichen auf die sexuellen Anfechtungen, die ich als eine schmachvolle Befleckung meiner Person betrachtete, ohne daß ich vorerst ihrer Herr werden konnte. Sie haftete mir von so früher Kindheit her an, daß ich mich keiner Zeit entsinnen kann, wo ich davon frei gewesen wäre. Aber erst nach meinem dreizehnten Jahre begann ich sie als etwas Unwürdiges und Herabsetzendes zu empfinden. Von da an entspann sich jener Kampf zwischen Gott und Teufel, der nach vier Jahren verzweifelten Ringens mit der Niederlage des Teufels endete. Als siebzehnjähriges Mädchen hatte ich mich aus seinen Klauen dauerhaft befreit, allerdings um den Preis einer so strengen Askese, daß ich aus Angst vor Rückfällen auf einem harten Lager schlief und mich auch anderen Kasteiungen unterwarf, freiwilligem Hungerleiden, Selbstpeinigung durch langes Stehen oder Erdulden unangenehmer Empfindungen und ähnlicher in dem Ringen um die Oberhoheit des Geistes bewährter Übungen.

In diesem inneren Kampf mußte ich mir selbst die geistigen Waffen schmieden, mit denen ich ihn führen konnte. Ich errichtete drei höchste Gottheiten, oder besser gesagt Ideen, denen ich die Herrschaft über mein Tun und Trachten übertrug. Sie hießen Erkenntnis, Selbstbeherrschung und Willensfreiheit und waren untereinander in Wechselwirkung verbunden, so daß Erkenntnis die Voraussetzung der Selbstbeherrschung und Willensfreiheit die Frucht der Selbstbeherrschung bildete.

Auf welche Weise und an welchem Zeitpunkt sie in mir auftauchten, kann ich nicht mehr bestimmt sagen; als ich die ersten Aufzeichnungen begann, die mir als Belege zeitlich so ferner innerer Vorgänge dienen, waren sie schon da und genossen ein über jeden Zweifel erhabenes Ansehen. Es mag sein, daß das, was sich in meinem Bewußtsein als Streben nach Behauptung einer überlegenen Besonnenheit gegenüber der elementaren Leidenschaftlichkeit, als Idee der Selbstbeherrschung spiegelte, umgekehrt nur die Wirkung eines Prozesses in meiner psychophysischen Konstitution war, den man als die mit der sexuellen Reife einhergehende Ausbildung eines Hemmungsmechanismus bezeichnet. Eine ähnliche Auslegung kann man auf alle sittlichen Ideen, insbesondere auf die der Willensfreiheit anwenden, ohne freilich dem Geheimnis ihrer Bedeutung für den Einzelnen wie für die menschliche Gattung als treibende Kraft näher zu kommen. Ihre Entstehung aus mir selbst aber ist in meinem Leben unzweifelhaft, weil ich zu jener Zeit völlig abgeschlossen in einer Umgebung lebte, die nicht die Eignung besaß, derartiges zu überliefern, und weil meine Fassungsgabe noch zu unentwickelt war, als daß ich sie mir durch Lektüre hätte aneignen können.

Als erste Tat auf meinem neuen Weg, gewissermaßen als Beglaubigung für die absolute Herrschaft des Geistes über den Körper, faßte ich aus freien Stücken den Entschluß, mich dem Zahnarzt zu überliefern. Seit jenem einmaligen Besuch beim Zahnarzt, der mich einen Vorderzahn gekostet hatte, war ich um keinen Preis zu bewegen gewesen, mich nochmals der Gefahr einer zahnärztlichen Behandlung auszusetzen. Lieber erduldete ich alle Schmerzen, die mir zwei schlecht gewordene Stockzähne in immer erneuten Anfällen bereiteten. Von meinem neunten bis zu meinem vierzehnten Lebensjahr hatte ich infolge meiner Feigheit unter Zahnschmerzen sehr viel zu leiden. Jetzt aber empfand ich mit einem Male diesen Zustand als höchst unwürdig. Ohne zu mucksen ließ ich mir die beiden Stockzähne ziehen; und da ich im übrigen ein sehr gutes Gebiß hatte, war von Stund an für mein ganzes Leben Zahnweh nurmehr eine Kindheitserinnerung.

Dieser Akt der Selbstüberwindung, so schwierig er mir vorkam, war aber viel leichter durchzuführen als die beständige Behauptung des seelischen Gleichgewichtes, die ich unter allen Umständen erringen wollte. Da ich überzeugt war, daß dazu nur die richtige Einsicht in die Vorgänge des eigenen Innenlebens gehöre, mußte ich daran gehen, ihnen irgendwie möglichst umfassend beizukommen. Alles Triebhafte hatte etwas Unheimliches, es stieg aus dunklen Tiefen heraus, in die das Licht der Vernunft nicht hinabreichte. Und das Triebhafte war das Unvernünftige, weil es das Dunkle und Undurchschaubare war, dachte ich; wollte man sich selbst in die Gewalt bekommen, dann mußte man da hinunterleuchten. Vielleicht gelang dies am ehesten, wenn man jede Regung und all die wechselnden Stimmungen, denen man unterlag, ohne ihren Grund zu erkennen, festhielt, indem man sie niederschrieb.

Auf diese Weise kam ich dahin, ein Tagebuch anzulegen. Es war nichts weniger als ein Tagebuch im eigentlichen Sinn. Die äußeren Tagesereignisse sollten davon ausgeschlossen bleiben; sie durften nur so weit berührt werden, als sie den Anlaß zu Betrachtungen und Erkenntnissen bildeten. Und auch dann traten sie nur in der Form der Andeutung auf. Niemals erschien der Name einer Person, die konkrete Erzählung eines Geschehnisses; wenn etwas dergleichen in die Feder fließen wollte, so bezichtigte ich mich sogleich der «Profanation» und ermahnte mich selbst, das Feld des Abstrakten nicht zu verlassen.

Daß ich vor einem Tagebuch gewöhnlicher Art Scheu trug, ist auch auf den Spott meiner Umgebung zurückzuführen, in deren Augen, weiß der Himmel warum, die weibliche Wesen, die ein Tagebuch führten, sich lächerlich machten. Vermutlich hing das mit den Vorstellungen über den Blaustrumpf zusammen, jene halb komische, halb verworfene Ausgeburt weiblicher Verirrung, von der in meiner Umgebung nur mit äußerster Geringschätzung gesprochen wurde. Da ich zu der Zeit, als ich das Tagebuch begann, die Anschauungen meiner Umgebung über die echte und rechte Weiblichkeit noch für unumstößlich hielt, vermied ich alles, was mich in den Verdacht der Blaustrümpfigkeit hätte setzen können, und verbarg das Tagebuch auf das sorgfältigste. Denn die Abweichung von der Linie der musterhaften Weiblichkeit, die ich damit beging, schien mir eher verzeihlich, wenn ich es nur für mich allein als unsichtbaren Behelf einer durch meine Mängel gebotenen Selbsterziehung benutzte. Und um diese Aufzeichnungen auch äußerlich von einem gewöhnlichen Tagebuch zu unterscheiden, schrieb ich sie auf einzelne Blätter, denen nichts Buchmäßiges anhaftete. Die strenge Geheimhaltung des Tagebuches und die Arbeit daran war durch die Wohnungsverhältnisse der Familie sehr erschwert.

Bei der großen Anzahl der Kinder ging es nicht anders, als daß zwei oder drei ein Zimmer teilten. Nur die Ältesten genossen den Vorzug, einen eigenen Raum für sich zu haben. Die Jüngeren konnten erst vorrücken, wenn eine Schwester sich verheiratete und aus dem Hause schied. Mir, die ich im Alter so genau in der Mitte stand, daß ich um 15 Jahre jünger als das älteste der Geschwister und um 15 Jahre älter als das jüngste war, wurde dieser Vorzug bis zu meiner eigenen Verheiratung mit 22 Jahren nicht zuteil. Ich bewohnte zusammen mit einer um neun Jahre jüngeren Schwester eines der finsteren Durchgangszimmer im ersten Stock. Es bildete die Verbindung zwischen dem gegen die breite Landskrongasse und dem gegen die Tuchlauben gelegenen Teil der Wohnung, der, als die Familie sich vergrößerte, hinzugenommen worden war. Der Verkehr, der darin herrschte, war ein ganz großstädtischer. Den ganzen Tag standen die beiden Türen nicht still; erst wenn das letzte Stubenmädchen ihre Schlafstelle aufgesucht hatte – was nie vor Mitternacht geschah –, kehrte Ruhe ein. Dann schlüpfte ich hinter der spanischen Wand, die mich von dem rastlosen Getriebe ein wenig absonderte, aus meinem Bett und zog aus der Lade des Nähtischchens, das mir statt eines Nachtkästchens diente, die teuren Papiere hervor, in denen ich mein geistiges Leben führte. Es wurde oft zwei Uhr und später, bis ich ans Schlafen dachte. Da der Durchzugsverkehr schon vor sieben Uhr früh wieder begann, gehörte wohl meine asketische Verachtung aller persönlichen Bequemlichkeiten dazu, um mir über eine solche Unterkunft hinwegzuhelfen.

Allerdings war sie meine freie Wahl. Denn nach der Verheiratung meiner Schwester Mitzi hätte ich zusammen mit meiner um zwei Jahre älteren Schwester Madeleine im zweiten Stock ein nettes Appartement, bestehend aus Schlafkabinett und kleinem Empfangszimmer, bewohnen können. Nur war daran die Bedingung geknüpft, daß wir es selbst aufräumen sollten; und nachdem ich diese häusliche Verrichtung einen Winter lang unter der pedantisch genauen Aufsicht meiner ganz dem alten Ideal der Weiblichkeit ergebenen Schwester Madeleine geübt hatte, zog ich es vor, wieder im Rummel des Familiengetriebes, aber befreit von Abwischtüchern und Rohrbesen hinter meiner spanischen Wand zu hausen.

Auf der Hohen Warte war es anfänglich nicht viel besser; auch hier mußte ich zusammengekoppelt wohnen. Gab aber schon der Garten mit seinen zahlreichen Sitzplätzen die Möglichkeit, sich abzusondern, so fand sich in einem Dachstübchen ein unschätzbares Asyl für mich, in dem ich meine Freizeit ungestört und unbeobachtet verbringen konnte. Vom Dachbodenraum nur durch Bretterwände abgetrennt, die auf der Zimmerseite weiß gekalkt waren, bot es im Hochsommer, wenn die Sonne auf das Dach brannte, nicht gerade einen angenehmen Aufenthalt, und ich kann wohl sagen, daß ich meine geistige Entwicklung buchstäblich im Schweiße meines Angesichtes durchmachen mußte. Trotzdem bildet das Bodenzimmer einen Glanzpunkt meines Jugendlebens. Dort war ich wirklich zu Hause, dort war ich frei, dort stieg aus Büchern und Papieren eine unsichtbare Welt herauf, die ich als meine wahre Heimat empfand.

So gut es ging, stattete ich meine Zufluchtsstätte mit ausgemusterten Möbeln aus, die ich aus dem Gerümpel heraussuchte, mit dem die Kammer vor der Besitzergreifung durch mich angefüllt war. Das Glück begünstigte mich dabei soweit, daß ich einen Eckschrank, zwei Sessel, einen geblümten Fauteuil und einen alten Spieltisch gewann, der, wenn man ihn aufklappte und die eine Hälfte der Platte an die Wand lehnte, mit seinem grünen Tuchbezug fast an einen wirklichen Schreibtisch erinnerte.

Dank dem Umstand, daß zu Weihnachten alle Wünsche, sofern sie nicht unverhältnismäßige Ansprüche an die väterliche Börse stellten, ohne Kritik erfüllt wurden, war ich schon in den Besitz eines abschließbaren Schreines gekommen, der meinem Tagebuch als sicherer Aufenthalt diente. Ich hatte selbst die Maße angegeben, und es scheint, daß ich auf ein sehr bedeutendes Wachstum dieser Blätter rechnete, denn die Mutter fragte erstaunt, als sie meinen Wunschzettel las: «Was willst Du denn mit einer solchen Kiste machen?» Zum Glück ließ sie meine ausweichende Antwort «verschiedenes hineingeben» mit Weihnachtsnachsicht hingehen, und ich erhielt die mächtige Kassette. Sie war ein sehr gemeines

Machwerk aus weichem Holz, außen braun gebeizt, jedoch mit einem guten Schlößchen versehen, das für mich die Hauptsache bildete. Um noch ein Übriges an Sicherheit zu tun und etwaige Einbrecher abzuschrecken, schrieb ich auf die Innenseite des Dekkels die pathetischen Worte: «Wer mich aus Neugier öffnet, der rührt mit Mörderhand an eines Menschen Lebenswerk».

Überhaupt liebte ich in dieser Zeit Inschriften als das sichtbar gewordene innere Leben; ich brachte sie zahlreich auf den Wänden meines Asyles an. Da sie dort von andern gesehen werden konnten, durften sie keine selbstverfaßten sein, die Stellen aber, die mich bei der Lektüre am tiefsten berührten, schrieb ich mir zum Wahrzeichen an die Wand. Sie erfüllten auf diese Weise einen doppelten Zweck; die geweißten Wände hatten von ihrer ursprünglichen Reinheit schon einiges eingebüßt und waren recht fleckig. Ich versuchte mit Wasserfarbe diesem Umstand abzuhelfen; da ich damit nur neue Flecken über die alten machte, kam ich auf die Idee, auf jeden Fleck mit Bleistift eine Inschrift zu setzen. So entstand allmählich ein unregelmäßiges graues Muster, dessen heimliche Bedeutung nur mir bekannt war. Die Zitate stammten größtenteils aus der «Messiade» und aus «Faust». Die Beziehung auf mein eigenes Leben dürfte aber doch den Besuchern nicht ganz verborgen geblieben sein, wenn sie beispielsweise lasen: «Auf, ich beschwöre dich, bei deiner Hoffnung, unsterblich oder bei deiner erschütternden Angst, vernichtet zu werden.» Und daneben: «Dem Wurme gleich ich, der den Staub durchwühlt», oder «Vor mir der Tag und hinter mir die Nacht», oder:

> Der Gott, der mir im Busen wohnt,
> Kann tief mein Innerstes erregen;
> Der über allen meinen Kräften thront,
> Er kann nach außen nichts bewegen.

Und viele andere Verse ähnlichen Sinnes. So eng waren sie mit mir verbunden, daß ich sie abschrieb, als ich von meinem Bodenzimmer Abschied nahm.

In der Fensternische befand sich noch von den früheren Besitzern her, die den Raum als Dienstbotenzimmer benutzt hatten, eine grob gezimmerte hölzerne Stufe, gerade breit genug, um einen Stuhl und ein winziges Tischchen aufzunehmen. Ich schuf mir ein solches aus einem alten rohrgeflochtenen Vogelkäfigständer, dessen Platte, mit Wachstuch bespannt, ein Tintenzeug und ein Blatt Papier tragen konnte. Von diesem Fensterplatz öffnete sich ein herrlicher Rundblick bis in das Marchfeld und die Berge bei Hainburg, wo die Donau, die als Silberstreifen die Ebene durchzieht, das ungarische Land betritt. Im Vordergrund zur Linken war dieses Bild durch die Heiligenstädter Kirche begrenzt, deren Turm über die Baumwipfel in die grünen Hänge des dahinterliegenden Berges stieg; zur Rechten durch die nordöstlichen Bezirke der Stadt und die dunklen Auen des Praters, wo das eben erst erstandene ungeheure Dach der Rotunde aufragte. Unmittelbar unter mir lagen die Dächer der Nachbarvillen in den Bäumen, aus denen ein unermüdlicher Chor von Vogelstimmen erscholl, bis spätabends auf dem First über mir die letzte Amsel sang. Dann verdämmerte die Ebene im Abendlicht, die blauen Berge sanken in den Dunst, aus dem sich der glühende Mond erhob, die Luft war voll von dem Dufte der Rosen, die in blühender Fülle die Wiese vor dem Haus umsäumten. Aus dem Heiligenstädter Tal tönte das Abendläuten herauf; von den Donau-Brücken her trug die Stille das dumpfe Rollen der Eisenbahnzüge, die in die Nacht enteilten, und vollendete ein Weltbild, dessen friedvolle Schönheit an das Erhabene grenzt.

Aber nicht nur die sanfte Seite der Natur genoß ich von meinem hohen Observatorium, auch ihre wilden Krisen erlebte ich hier oben. Ich sah die Gewitter mit getürmten Schichten über der Ebene aufziehen und konnte die unerschöpflich sich wandelnde Welt der Wolken über den ganzen Halbkreis des Horizontes hin beobachten, wie sie gezogen kamen, sich ballten, sich verflüchtigten in hunderterlei bedeutsamen Schattierungen mit dem Lichte spielend, das sie zurückwarfen oder durchscheinen ließen, mit dem Blau des Himmels verwischten oder in ihre eigene Trübe verschlangen. Ich liebte die Wolken als meine besonderen Freunde; sie brachten in dem eintönig blauen Himmel, aus dem die Sonne blendend herunterstach, eine Fülle von Gestaltung, an der ich mich nicht satt sehen konnte. Und wahrlich! Wenn die Natur ein schöpferischer Genius ist, dann hat sie ihr Meisterwerk geleistet, indem sie aus einem bißchen Dunst und Licht eine Formen- und

Farbenwelt erschuf, die an Reichtum ihren anderen, mit so großem konstruktivem Aufwand hergestellten Schöpfungen nicht nachsteht! Es war übrigens nicht das ästhetische Vergnügen allein, das meiner Wolkenfreundschaft zugrunde lag. Die Wolken beschützten meine Zufluchtsstätte vor der brennenden Allgegenwart der Sonne und machten mir den Aufenthalt unter dem Dach erträglich – dafür war ich ihnen dankbar. Und in späteren Jahren, als ich dem alljährlich wiederkehrenden Heufieber verfiel, waren sie immer die tröstlichen Verkünder, daß sich mit dem Eintritt einer Regenzeit die Pein dieses Leidens einige Tage lang mildern werde. Die Wohltat wie nicht minder die Poesie des Regens kann niemand so tief empfinden wie ein Heufieberpatient.

Von meinem Bodenzimmer her habe ich die Gewohnheit behalten, die Vorgänge am Firmament beständig zu beobachten, und dank dem Verhältnis zum unbeschränkten Horizonte, in das ich durch die luftige Höhe gesetzt war, bin ich eine gute Wetterkennerin geworden, die sich nicht mehr Irrtümer zuschulden kommen läßt, als es bei den Meteorologen üblich ist.

Auch dieser Gewinn charakterisiert mein Verhältnis zu den Dingen, wie es durch meine individuelle Anlage bestimmt wurde. Wenn ich auf der einen Seite durch meine Empfänglichkeit für Natureindrücke bis zur überschwenglichen Sentimentalität der Naturschwärmerei ergriffen wurde, so behauptete trotzdem der nicht aus dem Sattel zu werfende Verstand das Feld und sah die Natur unbeirrt als Beobachter an. Da sich überdies das Auge des Malers, der an der Natur noch andere Eigenschaften empfindet, in mir ankündigte, wußte ich an meinem Dachfenster nicht aus noch ein vor dem Reichtum der Eindrücke und weinte manchmal bittere Tränen in dem Gefühl der Unfähigkeit, sie zu fassen und wiederzugeben.

Denn jeder Eindruck trat in mein Bewußtsein zugleich mit dem Bedürfnis, ihn nach außen zu stellen, ihn durch eine sichtbare Form festzuhalten; was immer mich bewegte, es bewegte unmittelbar auch ein anderes in mir, das sich sogleich des Eindrucks als eines Objektes bemächtigte. Aber dieses andere war nicht stark genug, auch die Mittel der Darstellung zu beschaffen. Zudem wurde es in seiner Wirkung immer durch den Zuschauer gestört, der sich mit seinen vermeintlich überlegenen Wie-, Woher-, Warumfragen so breit machte, daß er jede andere Regung alsbald verdrängte.

Zu Beginn meines Tagebuches zählte ich ungefähr vierzehneinhalb Jahre; sein erstes Blatt trägt das Datum 28. April 1873:

«Täglich, stündlich» heißt es auf diesem ersten Blatt, «peinigt mich das Bewußtsein, ich sei Untertan meiner selbst. Es soll die Seele, der Geist herrschen über alle Gebrechen des Körpers – und doch, ich kann das nicht erringen! ... Mich reißt der Augenblick hin; und von diesem Fehler kann ich mich selbst unmöglich korrigieren, da ich Ermahnung brauche in dem Augenblick, wo ich selbst nicht an mich denke.»

Deshalb faßte ich den Plan, mit Hilfe der Selbsterkenntnis mein eigener Erzieher zu werden. Indem ich mir immer wieder die Zeugnisse vergangener Gemütszustände in logischer Abwicklung vor Augen führte, mußte ich, wie ich annahm, ein Urteil über all die verworrenen und unkontrollierbaren Regungen gewinnen, die da in mir herumwogten, und mit dem Urteil auch die Macht, sie zu ordnen und zu beherrschen. Ich wollte die Reflexion auf den obersten Platz in meinem Seelenleben setzen, denn in ihr erblickte ich die Befreierin aus den Banden der elementaren Natur, gegen die ich mich zur Wehr setzte, weil ich die seelische Unordnung, die mit ihren Äußerungen einherging, noch mehr aber die sexuelle Überwältigung des Willens, die ihr Werk war, verabscheute.

So begann ich denn mit allem Fleiß mich zu beobachten und zu begutachten, zu zergliedern und zu beschreiben, zu verurteilen und zu ermahnen, schwankend, zweifelnd, schaudernd, ob ich denn auf dem rechten Wege sei, und das unaufhaltsam.

Am 11. Oktober 1873 schrieb ich: «Meine Menschenliebe wird immer von meiner Eitelkeit zurückgedrängt. Die wenigen lichten Momente beleuchten um so gräßlicher den Abgrund, dem ich zuschreite. Aber es muß sich ändern, es wird sich ändern! Der Mensch bleibt nicht unentschlossen am Kreuzweg des Guten und Bösen stehen.

Walte ein gnädiges Geschick, daß ich den rechten betrete! Ein gnädiges Geschick? Was ist das Geschick anderes als mein eigener Wille? Ich bin ein Mensch; und ist der Mensch auch mit seinem Leib an die Scholle gebunden, ihm gab Natur Vernunft und damit den Schlüssel zur höchsten Macht. Ich will ihn handhaben, diesen

Schlüssel, wie sich's gebührt, ich will mächtig sein, und wär's auch nur über mich selbst: denn mich bindet keine selbstgeschaffene Fessel, kein Glauben an einen Gott, der das Menschenschicksal lenkt – ich bin frei, frei!»

Ja! Freiheit, das war das hohe, unvergleichliche Gut, die Krone des Lebens, die am Ende aller Kämpfe winkte; und je mehr ich äußerlich gebunden war, desto kostbarer erschien mir die innere Freiheit. Sich selbst in der Gewalt zu haben, das war die Hauptsache. Denn was verschlug es, daß man nach außen hin nicht tun konnte, was man wollte, wenn man dafür innerlich sein eigener Herr war. Etwas Berauschendes ging von dieser Vorstellung der Willensfreiheit aus, eine Verheißung von Glück und Gelingen über alle äußeren Hindernisse hinweg. Daß der menschliche Wille nicht frei sei, wie meine Brüder behaupteten, erschien mir als eine ebenso unwürdige wie lächerliche Lästerung. Für mich gab es keine Zweifel, daß ich alles können würde, was ich wollte, und alles wollen könne, was ich als wollenswert erkannte.

Die logische Seite des Problems, von der aus die Willensfreiheit nicht aufrecht zu erhalten ist, entzog sich noch völlig meinem Verständnis; doch ist mir von diesem Jugenderleben die Überzeugung geblieben, daß die psychologische Seite des Problems mit der logischen nicht zusammenfällt und daß die Vorstellung der Willensfreiheit als Sympton für eine bestimmte subjektive Beschaffenheit des Seelenlebens betrachtet werden muß. Willensfreiheit ist eine individuelle Fähigkeit, eine eigentümliche Bewußtseinsfunktion, die bei einzelnen Menschen das Verhältnis zwischen Erkenntnis und Willensantrieben begleitet.

Was ich unter Freiheit verstand, war im Grunde Freiheit des Denkens, d. h. Unabhängigkeit nicht bloß von äußeren Vorurteilen, sondern auch von den inneren Vorgängen des Gefühlslebens. Die Leidenschaft, die den Menschen der Überlegung beraubt und die Klarheit seines Urteils trübt, betrachtete ich als das Böse an sich, das um jeden Preis bekämpft werden müsse.

Neben der leidenschaftlichen Erregbarkeit, die mir alle gedanklichen Äußerungen hemmte und im Gespräch die sachliche Beweisführung so sehr erschwerte, war es meine Rührseligkeit, die ich als arge Behinderung meiner Person empfand. Sobald ich ein Gefühl äußern wollte, überwältigte mich die Rührung dermaßen, daß mir die Tränen in die Augen traten und die Stimme versagte. Diese beiden Eigentümlichkeiten beeinträchtigten mein Auftreten nach außen in empfindlicher Weise und ärgerten mich an mir selbst über die Maßen, weil sie einer beständigen Überwältigung des Geistes gleichkamen, dessen Suprematie ich unbedingt durchsetzen wollte. Es ist übrigens bemerkenswert, daß ich es mit der Zeit dahin brachte, die Leidenschaftlichkeit in der Meinungsäußerung zu beherrschen und in meine Gewalt zu bekommen, nicht aber die Rührseligkeit.

Mein ganzes Leben lang hat sie mich gehindert, meine Gefühle zu zeigen, und mich genötigt, das Schönste, was ich im Verkehr mit anderen Menschen zu geben gehabt hätte, zu unterdrücken oder für mich zu behalten. Und wahrscheinlich war sie es auch, die meine dichterische Produktion sehr ungünstig beeinflußte, indem sie Eindrücke und Regungen in Tränen abfließen ließ, statt sie innen zu jener Stärke zu verdichten, die sich die Ausdrucksmittel dienstbar macht, um sich eine Form der Äußerung zu schaffen.

Das Verfahren, das ich mit Hilfe des Tagebuches mir selbst gegenüber anwandte, zeigt vielleicht am besten eine Stelle vom 19. Dezember 1873: «Ich brauche nur einzusehen, daß der Grund einer meiner Stimmungen schlecht ist, alsbald sie sich ändert. Das klingt vielleicht – oder vielmehr klingt wirklich arrogant, trifft auch nicht immer zu; aber ich hatte eben jetzt Gelegenheit, mich von der Wahrheit des Gesagten zu überzeugen. Gestern war ich in ‹Othello›; da ist es selbstverständlich bei meiner Gemütsart, daß ich wieder sehr aufgeregt war, was den merkwürdigen Schmerz, den ich in diesem Herbst schon zweimal spürte, und eine ungemein traurige Laune zur Folge hatte. Ich war der Meinung, daß diese Stimmung von der durch den Theaterbesuch verursachten Erkenntnis meiner Unfähigkeit zur Schriftstellerin (ich wage dieses Wort kaum niederzuschreiben, so komisch klingt es) herrühre. Allein plötzlich – gedankt sei dir vieltausendmal, mein Tagebuch! – fällt mir ein, wie ich schon oft vermittels dieser Aufzeichnungen beobachtete, daß dieser Trübsinn nur die Folge einer starken inneren Bewegung und ohne vernünftigen Grund sei – und im Augenblick war der Schmerz, die Traurigkeit weg. Den ganzen Tag waren mir die Tränen in den Augen gestanden; ich konnte meine Verstimmung kaum nach außen verbergen; doch nur der Erkenntnis bedurfte es, um alles wegzublasen und mir eine normale – wenn ich mir überhaupt mit dieser Eigenschaft schmeicheln darf – Laune wiederzugeben. Jetzt bleibt mir nur noch zu bestimmen, ob die Erkenntnis mir die Herrschaft über mich selbst verleiht oder ob die Erkenntnis erst dann eintritt, wenn der Kulminationspunkt der schmerzlichen Laune erreicht ist.»

Der innere Zwist zwischen dem, was ich Vernunft nannte, und den elementaren Antrieben, der Zwist zwischen dem höheren und dem niederen Wesen, die beide zusammen mein Ich ausmachten, ohne daß sie sich miteinander vertragen konnten, führte zu beständig wiederkehrenden Katastrophen. Die elementare Natur ließ sich den Zügel nicht gutwillig gefallen und warf wie ein stutziges Pferd die Reiterin Vernunft von Zeit zu Zeit ab. Dann gab es im Tagebuch ein seitenlanges Wehklagen, das aber stets in eine Aufmunterung zu Mut und Geduld ausklang. Denn das tagebuchliche System der Selbsterziehung bestand hauptsächlich darin, daß zuerst das ungebärdige Wesen sich auf dem Papier austobte, um schließlich der weisen Erzieherin Vernunft das Feld zu räumen.

Leider bewährte sich weder das System noch die Erzieherin im weiteren Verlaufe als besonders weise.

Während die nächste Folge meines Erkenntniskultus eine beständige Selbstbespiegelung war, die alle Unmittelbarkeit des Empfindens zerstörte, verführte mich der Kultus der Selbstbeherrschung zu Willkürakten gegen mich selbst. Das Überlegte, das mir als das Überlegene erschien, trat an die Stelle der unreflektierten Impulse; ich konnte zunächst nicht mehr unterscheiden, was echt, d. h. ursprünglich und wesensbedingt, und was unecht, d. h. durch Absicht hervorgerufen und wesensfremd, an mir war.

Statt eines Urteils, das bei der Unfertigkeit meiner geistigen Verfassung und so vielen willkürlichen Voraussetzungen immer an diese gebunden blieb, erreichte ich nur, daß ich nach kurzer Zeit jede Unbefangenheit verlor, ja daß die Selbstbespiegelung auch mein Denken verdarb, indem sie sein Wachstum aus dem unreflektierten Seelenleben abschnitt, es gleichsam mit den Wurzeln ausriß. Ich experimentierte an mir herum, als wäre das Seelenleben nicht ein organisches Gebilde, das durch Willkür und Gewaltsamkeit ebenso verletzt und verkrüppelt werden kann wie die organischen Gebilde der physischen Welt.

Es entging mir, daß alles Wachstum der Stille und des Dunkels bedarf, daß man das in Bildung Begriffene stört und hindert, wenn man es fortwährend beleuchtet und betrachtet. Einer meiner kleinen Brüder hatte einmal Samen angebaut; täglich grub er nun die Erde auf, um nachzusehen, ob sie schon keimten, und er war sehr verdrießlich, als man ihm bedeutete, daß er das nicht tun dürfe, weil er auf diese Weise die erhofften Pflänzchen schon im Keime umbringe. Ohne daß ich noch eine Beziehung zu dem seelischen Verfahren, das ich selbst befolgte, erkannt hätte, prägte sich mir dieser unscheinbare Vorfall doch unvergeßlich ein.

Daß die Selbsterkenntnis nicht unbedingt als jene segensreiche und glückbringende Seelenmacht wirkt, für die ich sie hielt, blieb mir freilich nicht lange verborgen.

Ich dachte, man müsse sich selbst in immer höhere Instanzen spalten, um aus dem eigenen Seelenleben eine Art Leiter herzustellen, auf der man über sich selbst hinaufstieg, bis man von der obersten Sprosse aus einen Überblick gewann. Aber die Leiter wuchs mit jeder erreichten Sprosse; es gab keine Sicherheit darüber, wann man die letzte Sprosse der vollen Objektivität erreicht habe. In der Sprache des Tagebuches ausgedrückt: «Ich zweifle, daß man sein Selbst vollständig erfassen könne, ja ich bin sogar überzeugt, daß der Mensch so wenig seine Seele ganz erfassen könne, als er den Quell seines Lebens je ergründen wird. In den ‹vollen› Gebrauch der Vernunft zu kommen, scheint mir eine Unmöglichkeit; man muß immer in einer gewissen Stimmung sein, und wenn man diese erkennt, so befindet man sich schon in einer anderen, die, sobald man über sie urteilt, schon wieder einer nächsten gewichen ist.» (16. Juli 1874)

Und wie drückend war es, daß man zuletzt nichts mehr unbeobachtet von sich selbst tun und denken konnte! Immer stand der Zuschauer da, der jede Empfindung beobachtete, kaum daß er sich gerührt hatte, der ewige Besserwisser, dem man nichts recht machen konnte, der Störenfried, der jeder Regung ein Bein stellte, daß sie gleich beim ersten Anlauf stolperte und hinfiel.

Dennoch war ich so bald nicht eines Besseren zu belehren. «Erkenne Dich selbst, und Du wirst glücklich!» hatte ich am 9. Oktober 1873 geschrieben: «Zwar Heyse bestreitet es; und es ist möglich, daß er wahr spricht, wenn er sagt, ein dunkler Punkt müsse dem Menschen in seinem Inneren bleiben. Vielleicht werde ich es in einigen Jahren selbst glauben; vielleicht kann man über irgendeinen Punkt in sich selbst nicht klar werden und macht sich unglücklich in dem Bestreben, sich Kenntnis darüber zu schaffen, weshalb man nicht daran rühren soll. Aber für mich ist die Selbsterkenntnis die Quelle der Selbstbeherrschung...»

Die Stelle, wo ich den betreffenden Ausspruch Heyses fand, dürfte eine Novelle sein, die den für mich so anziehenden Titel «Erkenne Dich selbst» führt. Da wird der Held durch die beständige Kontrolle über sich zu einem ganz menschenscheuen, lebensuntauglichen Menschen, der schließlich auf romanhafte Weise durch ein als Mann verkleidetes Mädchen aus seinem inneren Elend errettet wird. Aber ich war noch zu sehr durch die Überlegenheit geblendet, die nur auf dem Wege der Selbsterkenntnis gewonnen werden konnte, als daß ich die Übelstände, die ich schon am eigenen Leibe zu fühlen begann, als Einwände gelten ließ. Eher war ich geneigt, den Helden der Novelle für einen Schwächling und mich selbst für zu ungeschickt in Anwendung der Selbsterkenntnis zu halten. Eifrig suchte ich im Bereich der mir zugänglichen Literatur nach anderen Anleitungen und Schilderungen dieser schweren Kunst, bis ich nach längerer Zeit in einem Familienblatt die Ankündigung des Buches von Smiles fand, das gleichfalls das heilige Wort «Erkenne Dich selbst» als Titel führte. Daß dieses Wort einst in einer längst entschwundenen Kultur ein heiliges im vollsten Sinne war, der mystische Spruch, der den Ungeweihten an der Schwelle des ehrwürdigsten Heiligtums empfing, blieb mir noch lange unbekannt. Ich setzte sogleich alle Hebel in Bewegung, um mir das Buch von Smiles zu verschaffen. Groß war meine Enttäuschung, als der erhoffte Führer zur Meisterschaft der Selbsterkenntnis, der mich die höheren Feinheiten der Methode lehren sollte, sich als ein herzlich langweiliger Moralist erwies, der im Stile eines englischen Sonntagspredigers salbungsvoll herumredete, ohne den Kern des seelischen Problems zu berühren.

Der einzige Schriftsteller hohen Ranges, zu dem ich im ersten Jahr des Tagebuches Zugang hatte, weil er die Genehmigung der Familienzensur genoß, war Schiller. Ich besaß seine gesammelten Werke schon einige Zeit vorher und kannte seine Dramen; ich machte mich unverzagt an seine Prosa-Schriften. Es kostete mich unsägliche Anstrengung, etwas von diesen Ausführungen zu verstehen; ich mußte jeden Satz drei-, viermal lesen, um mich nur rein äußerlich in den Satzwendungen zurechtzufinden. Wie es mit meinem Verständnis bestellt war, verrät eine Stelle meines Tagebuchs vom 18. Mai 1873: «Wie habe ich mich geplagt, wie habe ich studiert, ja fast jede Stelle auswendig gelernt in Schillers ‹Rafael und Julius› – die erste philosophische Schrift, die mir unter die Augen kam – und doch, ich verstehe nichts davon. Liebe, heißt es da, ist das wuchernde Arkan, das das Gold aus dem Gestein schält. Soll das die Liebe zum Gold sein? Doch muß es etwas anderes bedeuten; denn das ist kein Gedanke für den edlen poetischen Julius, der die Welt im idealsten Lichte sieht. Und gar, was von der Gottheit gesagt wird! Die Natur wirft gleich einem Prisma die Strahlen Gottes, der Urkraft, zurück, sie ist der Spiegel seiner Macht. Ich denke aber, die Natur selbst ist die Urkraft, ihrer schaffenden Hand selbst verdanken alle Geschöpfe das Leben. Anders kann ich es nicht verstehen.»

Ich hielt den pathetisch geschraubten Stil dieser Schrift für die einzig angemessene Äußerungsform eines edlen Seelenlebens und bestrebte mich, ihn nachzuahmen, obwohl meine eigene Ausdrucksfähigkeit noch so mangelhaft war, daß ich nicht immer einen zusammenhängenden Satz hervorbrachte, sobald ich mich in schwierigere Gebiete des Denkens begab.

War schon diese systematische Spaltung in eine Geistperson und eine Naturperson, von denen die eine beständig den Richter über die anderen machen wollte, eine heillose Sache, so wurde mein Innenleben durch eine weitere Verkehrtheit noch mehr beunruhigt. Da ich im Bereich meines Lebens keine Möglichkeit sah, mir über die Erkenntnisprobleme, die mich leidenschaftlich beschäftigten, Aufschluß durch die Literatur dieser Gedanken zu beschaffen, gedachte ich durch Niederschrift meiner eigenen Gedanken darüber ins reine zu kommen. Wie die Ideen, die mich bestimmten, in mir entstanden waren, sollten sie auch durch mich nicht bloß praktisch verwirklicht, sondern auch theoretisch formuliert werden. Aus mir selbst wollte ich alles herausspinnen, was zu meiner geistigen Existenz notwendig war. Jenen schrecklichen kleinen Geschöpfen vergleichbar, deren Leben und Treiben mir eine grauenvolle Anziehung einflößte, saß ich einsam in meinem selbstgeschaffenen Netz und wartete, bis ein zufälliges Wort, ein neuer Begriff hereingeflogen kam; gierig stürzte ich mich auf jede solche Beute, um sie mit den Fäden meines kindischen Denkens zu umwickeln. Dann blieb sie als ungenießbarer Klumpen hängen, mit dem ich weiter nichts anzufangen wußte. Denn statt der erhofften Klarheit zog ich daraus, sooft ich mich wieder damit beschäftigte, Beschämung und Unbehagen über die Unzulänglichkeit meines Denkens und meiner Ausdrucksweise. Unter diesen Gespinsten finden sich schon im ersten Jahr des Tagebuches Abhandlungen über Religion, Seele, Gottheit, die Deszendenztheorie, Spiritualismus und Materialismus; später kamen noch die Kunst dazu, Religion, Staat und ähnliches; die Unendlichkeit der Höllenstrafen bei Lessing, Goethes «Mephisto» und Hauffs «Satan», die Macht der Gewohnheit, die Behandlung verschiedener Menschen und ähnliches, kunterbunt durcheinander, nahm ich zum Gegenstand umständlicher Betrachtungen.

Immer war es das religiöse Erlebnis, das im Vordergrund stand. Meine Gedanken über die Unendlichkeit der Höllenstrafen bei Lessing, beispielsweise, kreiste nur um meinen eigenen Abfall vom Glauben: «Ich will hier gleich sagen, daß ich es sonderbar finde, Religion auf die kindlichste und kindischste Weise Kindern für ihr weiteres Leben als Erwachsene zu lehren. Die notwendige Folge davon ist Unglauben. Denn wer würde mit gereiftem Verstand die einseitigen und ängstlichen Begriffe, die er in seinem Glauben findet, festhalten können? ... Ich bemerkte eine Unwahrheit in dem, was mir gelehrt worden war, und alsbald stürzte ich meinen Glauben um. Die wenigen Brocken Geologie genügten, um nicht allein den Glauben an die Erschaffung der Welt nach dem Alten Testament, sondern auch den an die Unsterblichkeit der Seele, an das Dasein Gottes zu vernichten.

Allmählich jedoch kam meine Vernunft darauf, daß dieser Standpunkt ungenügend ist, und ich fing an, nachzudenken. Ich sehe zwar jetzt einen Atheisten nicht für einen Verwerflichen an, allein mir scheint doch in dem rastlosen Schaffen der Natur, in dem gleichmäßigen Gange der Welt mehr Weisheit, mehr Bestimmung als das bloße Walten des Stoffes zu sein. Aber an die Unsterblichkeit der Seele kann ich nicht glauben... Daher muß ich füglich die Existenz von Himmel und Hölle leugnen, die doch nur wegen des Menschen da sind, die Hölle als Besserungsort der Bösen und der Himmel zur Belohnung der Guten. Hier in dem Werk Lessings sehe ich, daß man schon lange über die Dauer der Höllenstrafen gestritten hat. Es nimmt mich wunder, nichts über das Fegefeuer zu finden. Wenn die Hölle zur Besserung dient, kann sie unmöglich ihre Sträflinge ewig behalten. Wenn die Strafe jedoch endlos ist, wo bleibt die Gerechtigkeit? Für die Sünden eines kurzen Lebens ewig büßen? Zwar steht dort geschrieben, es sei an einem unendlichen Wesen gesündigt worden; aber vielleicht war das Geschöpf nicht imstande, seine Hoheit zu erfassen? Die Menschen sind doch Gottes Geschöpfe, sie erhalten ihre Fähigkeiten von ihm, der Keim des Guten und Bösen wird bei ihrem Werden in sie gelegt. Der Böse muß existieren, damit der Gute hervortreten könne; mit welchem Recht muß aber der Böse leiden, da er doch mit den Anlagen zur Sünde geboren wurde? Hier ist für mich ein unbegreiflicher Widerspruch.» (29. Juli 1874)

Soweit meine Gedanken in meinem eigenen Erleben wurzelten, ging es leidlich; ganz schrecklich aber wurde das Unvermögen, sobald sie diesen Bezirk verließen. Die Vermessenheit meiner geistigen Unternehmungen entzog sich meiner Beurteilung, obwohl ich sie bei mir selbst immer zu entschuldigen trachtete; hingegen empfand ich auf das leidvollste ihre Unzulänglichkeit. Ich suchte deren Grund nicht nur in der Mangelhaftigkeit meiner Kenntnisse, sondern auch meiner Begabung, von der ich doch im übrigen durchaus nicht bescheiden dachte. Und bald begannen sich die Tagebuchblätter in allen Tonarten mit Klagen über das Mißverhältnis von Wollen und Können zu füllen, das mich fortwährend unerträglich verfolgte.

Die ewige Wiederholung dieser Klagen zusammen mit der grundsätzlichen Abkehr von allem äußeren Erleben gab dem Tagebuch neben dem peinlich Unzulänglichen etwas langweilig Abstraktes, Eintöniges, Leeres – Eigentümlichkeiten, die ich an diesem Spiegel meines Ichs schmerzlich empfand, ohne den Grund zu erkennen. Aber der Abstand zwischen der realen Welt, die mich umgab, und der idealen, wie sie mir aus der mir zugänglichen Literatur, in erster Linie aus Schillers Werken, entgegentrat, war so ungeheuer, daß es über meine Kräfte ging, eine Verbindung herzustellen. An dieser Folie gemessen, erschien alles wirkliche Geschehen gemein und häßlich; wie man sich auch bemühte, man blieb weit hinter dem Vorbild zurück. Es gab keinen anderen Ausweg, als die Realität von dem eigenen Innenleben fernzuhalten, sie abzusondern und alles Bemühen darauf zu richten, dem edlen Vorbild durch Nachahmung so nah als möglich zu kommen, wär's auch um den Preis, das ganze große Gebiet des eigenen Lebens zu verleugnen oder wenigstens soweit zu unterdrücken, bis es in die gegebene Gußform passe.

Zugleich aber sollte doch kein Gegensatz zwischen Denken und Sein bestehen. Unter den regierenden Mächten in mir nahm das Bestreben, Denken und Sein in die engste Übereinstimmung zu setzen, gleichfalls einen obersten Rang ein. Wie groß auch der Abstand war, der die äußere und die innere Welt trennte, im Bereich meiner Person konnte es nur eine Richtung geben, nach der das Leben seinen Kurs erhielt, nur ein Gesetz, nur eine Wahrheit. Der Unterschied zwischen der inneren und der äußeren Welt lag vornehmlich darin, daß ich über diese keine Gewalt besaß und mich ihrer Übermacht wohl oder übel fügen mußte, während ich in der inneren Welt mein freier Herr sein und sie ganz nach meiner besseren Erkenntnis einrichten wollte.

Die Zweiteilung in eine ideale und eine reale Welt, von denen nur jene Gegenstand der Darstellung sein sollte, wirkte noch in meinen ersten novellistischen Versuchen fort. Nicht nur, daß ich mit dem geistigen Teil meiner Person, aus dem der Trieb zur Darstellung herkam, mein «wahres Leben» in einer anderen Welt führte, die sich von dem gewöhnlichen Getriebe des Alltäglichen unterschied – meine literarischen Vorbilder gehörten alle einer früheren Epoche an, in der es noch keine Eisenbahnen, keine Gasbeleuchtung, keine Tramway und ähnliche unpoetische Einrichtungen gab. Instinktiv verlegte ich den Schauplatz der Gegebenheiten in die Provinz, weil ich ja selbst in der Provinz lebte. Etwas äußerlich Erlebtes zu schildern, erschien mir eines Schriftstellers von Rang so unwürdig, daß ich mit besserwisserischem Schweigen die Ansicht meines Mittwoch-Tischnachbars Sitter ablehnte, als er einmal sagte: «Wie sollen denn diese zwanzigjährigen Bürschlein, die sich jetzt in der Literatur breit machen, überhaupt etwas Lesenswertes zustand bringen können? In diesem Alter hat man ja noch nichts erlebt.»

Trotzdem haben sich Eindrücke aus der Umgebung in meinen ersten lesbaren Hervorbringungen geltend gemacht, wenn auch nur auf geheimen Umwegen. Die Gestalt des Vaters als eines Tyrannen, der den Kindern unerträgliche Leiden bereitet, tritt in meinen beiden ersten Novellen «Der Letzte» und «Sonderlinge» charakteristisch hervor, ohne daß ich mir über die inneren Zusammenhänge Rechenschaft gab. Noch weniger bewußt war mir, daß sich mein Innenleben, das in einander bekämpfende Gegensätze gespalten war, gleichfalls deutlich in meinen Erfindungen symbolisierte, so in der Gegenüberstellung des Grafen und des Kanonikus in der Novelle «Der Letzte», wie Traugott Wendelins und Friedrichs in den «Sonderlingen» – eine Gegenüberstellung, die ich später mit vollem Bewußtsein in dem Verhältnis Pizin-Elmenreich wiederholte.

Andere Eindrücke, die aus dem Gegensatz «innere Welt – äußere Welt» stammen, mögen nicht ohne fernere Wirkung gewesen sein. Wohl von meinem Tagebuch her hat sich eine Scheu in mir erhalten, etwas aus meiner Feder fremden Blicken preiszugeben. Der Augenblick, in dem ich mich von einem Manuskript trennen mußte, um es der Öffentlichkeit zu übergeben, kostete mich noch im Alter Überwindung, so daß die Frage, warum ein Schriftsteller, für den weder der Gewinn noch der Ruhm die nötige Gewalt der Überredung besitzen, seine Werke überhaupt veröffentlicht, für mich Problem blieb. Aus meiner schriftstellerischen Laufbahn, die weder meinen belletristischen Arbeiten einen nennenswerten Erfolg, noch mir persönlich literarische Beziehungen brachte, war kein zureichender Grund abzuleiten, warum ich nicht lieber sicher und sorglos, ungeschoren von Verlegern, Redakteuren und Kritikern, in der behaglichen Ofenecke sitzen blieb, die das Leben für mich bereithielt. Und so konnte ich die Frage nach dem Grunde, die sich einer reflexiven Natur mit unterdrücktem Triebleben immer wieder aufdrängen muß, nicht anders als mystisch-poetisch beantworten, wie ich es in der Fabelei «Die Stimme Gottes» versuchte.

Von jener grundsätzlichen Ausschaltung des äußeren Erlebens findet sich als einzige Ausnahme in meinem Tagebuch eine Stelle, die sich auf unsere Klavierlehrerin, Mme. Campilli, bezieht. Zwar gehörte sie der äußeren Welt an, da ich auch ihr von meinem geistigen Erleben nichts mitteilen konnte; doch war sie eine der ersten Personen meiner Umgebung, die erkannten, daß in mir etwas stecke, und mich danach behandelte. Allerdings nahm sie an, daß es die Musik wäre, für die ich bestimmt sei. Die meisten meiner Geschwister besaßen ein besseres Gehör und mehr rhythmisches Gefühl als ich; dennoch dürfte ich von ihnen allen die rascheste und tiefste Auffassung für die Musik als Sprache besessen haben. Jene Mängel waren so groß, daß ich nach gewöhnlicher Schätzung eher unmusikalisch genannt werden mußte. Die Leichtigkeit aber, mit der ich die schwierigsten Werke verstand, mit der ich durch sie gefühlsmäßig in Ergriffenheit versetzt wurde und sie entsprechend wiedergeben konnte, täuschte meine Lehrerin über die Unzulänglichkeit meiner musikalischen Begabung.

Als ich heranwuchs, faßte sie den Plan, ihre Beziehungen zu einem Nachkommen der Familie Bach zu benützen, um mich auf einem Salzburger Musikfest öffentlich spielen zu lassen. Ich glaube, es war das Klavierkonzert in C moll von Beethoven, das sie für mein erstes Auftreten ausersehen hatte.

Trotz meiner Liebe für sie und die Musik wußte ich aber, daß meine Bestimmung auf einem anderen Gebiete lag. Meine Abneigung gegen das langwierige Üben war zu unüberwindlich, mein musikalisches Gedächtnis zu unverläßlich, meine Hand zu schwach, als daß ich mir ein solches Unternehmen hätte zutrauen können. Allein noch bevor die Zeit der Entscheidung darüber herangerückt war, machte eine langwierige Krankheit, der die geliebte Lehrerin verfiel, allen diesen Möglichkeiten ein Ende. Ihr Temperament und ihre Energie erloschen allmählich in den vielen Rückfällen, von denen sie heimgesucht wurde, bis sie nach drei Jahren dem letzten erlag, noch ehe ich mein zwanzigstes Jahr erreichte.

Es war der erste große und unersetzliche Verlust, der mich traf. Obwohl sie durch die lange Zeit der Krankheit sich langsam aus meinem Leben entfernt hatte, fühlte ich doch, daß diese Lücke sich nicht wieder schließen würde. Und um auch äußerlich mich ihr unzertrennlich zu verbinden, verfaßte ich ein Gedicht, das ich bei ihrem Begräbnis mit einer Erdscholle auf ihren Sarg ins Grab versenkte. Ich habe keine Abschrift davon aufbewahrt, und es ist mir bis auf die Schlußzeilen entfallen:

> Du lebst, Du kannst nicht sterben,
> Denn Deinen Geist hast Du uns mitgegeben.
> Und gegenwärtig bleibst Du Deinen Erben.

Was ich damit umschrieb, waren ihre eigenen Worte, die mich schon Jahre früher so tief bewegten, daß ich sie dem Tagebuch einverleibte. Sie hatte mir damals bei der Klavierstunde gesagt: «Das ist mein Bildnis, das ich Ihnen hinterlasse; und wenn Sie sechzig Jahre alt sind und sitzen am Klavier, so werden Sie denken: sie war es, die mir diese Welt eröffnet hat; sie hat mich gelehrt, meine Gefühle den Tönen einzuhauchen – und dann werden Sie in der Erinnerung an mich glücklich sein wie in der Zeit, als ich noch wirklich bei Ihnen war.»

Es wäre mir als eine Untreue erschienen, wenn ich wie meine Geschwister bei anderen Lehrern das Klavierspiel fortgesetzt hätte. Ich vernachlässigte es und besaß noch zur Zeit, als Hugo Wolf in mein Leben trat nur ein Pianino, das ich erst ihm zuliebe mit einem Klavier vertauschte. Aber auch er erweckte mein Klavierspiel nicht wieder zum Leben. Bis fünfundzwanzig Jahre nach dem Tod der Madame Campilli ein junger Leschetitzky-Schüler mir mit dem System seines großen Lehrers die Welt des Klavieres von einer neuen Seite erschloß.

In meiner Umgebung war niemand, der mich hätte beraten oder beeinflußen können. Wenn ich irgendetwas von dem, was mich innerlich bewegte, äußerte, begegnete ich sogleich dem Verdacht, daß ich nur «apart» erscheine, mit meiner Gelehrsamkeit «glänzen» wolle – oder man äußerte sich nach Wiener Ausdrucksweise «Geh, mach dich nicht patzig». Verständnis fand ich weder unter den Erwachsenen noch unter Altersgenossen. Die einzige Schulgefährtin, mit der ich mich eingehender abgab, verdankte das dem Umstand, daß ihre Schwester mit Madeleine sehr befreundet war. Aber sie gehörte völlig der äußeren Welt an, und nie hätte ich es über mich gebracht, ihr etwas von den inneren Vorgängen meines Seelenlebens anzuvertrauen. Wenn die beiden Mädchen zu uns kamen, verstand es sich einfach von selbst, daß die jüngere Schwester mir zufiel. Ich wurde leider gar nicht gefragt, ob sie in mir auch jene Gefühle erwecke, ohne die eine Freundschaft nicht bestehen kann. In der ersten Zeit, ungefähr bis zu meinem vierzehnten Jahr, hielt ich dennoch mein Verhältnis zu ihr unbesehen für Freundschaft. Daß ich mich im Beisammensein mit ihr oft langweilte und froh war, wenn sie sich zum Gehen anschickte, nahm ich als eine unvermeidliche Eigenheit der Mädchenfreundschaft hin. Nach außen hin bot mir dieser Verkehr als der einzige, der bis zu meinem Austritt aus der Schule über den Bezirk der eigenen Familie hinausführte, viele Vorteile. Die Eltern der Freundinnen – gleichfalls mit vielen Kindern gesegnet – besaßen eine Villa in Brunn am Gebirge, wohin wir während des Sommers mindestens einmal eingeladen waren. Dorthin habe ich auch im Alter von zwölf Jahren meine erste Eisenbahnfahrt gemacht. Sie erschien mir als eine richtige Reise, die ich nicht ohne Herzklopfen vor dem Schnauben und Dampfen der Lokomotive antrat. Es war eine angenehme Enttäuschung, daß das Fahren so unerwartet ruhig vonstatten ging und der Rumor des Ungeheuers, das die vielen Wagen in Bewegung setzte, im Innern derselben so wenig zu spüren war.

Obwohl sich diese Freundschaft, wie alle meine Beziehungen zur Außenwelt, mehr und mehr auf die Oberfläche beschränkte, führte ich doch einen regen Briefwechsel mit meiner Freundin, der für mein unhemmbares Bedürfnis nach Darstellung eine Art Ableitung bildete, weil ich dabei keine zu hohen Ansprüche an mich stellte.

Diese umfangreiche Korrespondenz im Verein mit den Schulaufsätzen, die ich für meine Freundin zu verfassen pflegte, scheint bei dem Oberhaupt der Familie einigen Respekt vor meinen geistigen Gaben erweckt zu haben. Er wurde zum Unterschied von unserem Vater mit der vornehmeren Anrede Papa geehrt, genoß aber im übrigen nicht das Ansehen, das nach unseren Begriffen einem Vater zukam, sondern lebte stark im Schatten seiner Frau, die keine Einmischung in die häusliche Herrschaft von seiner Seite duldete. Ja sie ergriff jede Gelegenheit, um zu verstehen zu geben, was für eine untergeordnete Rolle er im Leben spiele. Daher wurde der gute Papa auch von seinen Kindern nie für ganz vollgenommen. Und als er eines Tages über mich sagte: «Ihr werdet sehen, das wird noch eine zweite Wickenburg-Almasy» – eine Schriftstellerin, die damals gerade von sich reden machte –, erzählte mir meine Freundin diese Äußerung als Beleg für die komischen Einfälle des Papa. Ich hingegen hegte schon zu jener Zeit so hohe Vorstellungen von meiner literarischen Zukunft, daß ich gleichfalls nur darüber lächelte und meinem Propheten nicht die Dankbarkeit erwies, die ich ihm für seine Meinung geschuldet hätte. Ihm oder irgendeiner anderen Person dieses Kreises einzugestehen, welche Ziele mir heimlich vorschwebten, erschien mir gänzlich ausgeschlossen. Es gab keine andere Möglichkeit, dachte ich, als einsam und schweigend abzuwarten, bis ich mit irgendeinem vollendeten Werk siegreich hervortreten konnte.

Der Tumult in mir übertönte allmählich jede Stimme, die von außen kam. So sehr war ich von meiner Innenwelt benommen, daß die Außenwelt sich immer mehr von mir entfernte. Ich erkaltete für alles, was mir früher an ihr wert war. Selbst der Verlust meines Hundes, der in diese Zeit fällt und mich unter anderen Umständen sehr geschmerzt hätte, ging mir nicht im geringsten nahe.

Ich besaß diesen Hund schon seit meinem elften Jahr. Wieso gerade ich unter allen Kindern in seinen Besitz gekommen war, ist mir entfallen. Es gab immer zwei oder drei Hunde bei uns, die verschiedene Besitzer hatten; sie durften nicht in die Stadt mitgenommen werden, sondern mußten auf dem Lande überwintern. Doch wurde das persönliche Besitzverhältnis dadurch nicht aufgehoben; und so fühlte auch ich mich neben der Freundschaft zu den anderen vierbeinigen Hausgenossen mit dem Hunde, der ausdrücklich mir gehörte, in jenes besondere und mit keinem anderen Band zu vergleichende Verhältnis gesetzt, wie es einem eigenen Hunde gegenüber zu entstehen pflegt. Er war schwarz mit einem weißen Fleck auf der Brust; sein Äußeres ließ im übrigen darauf schließen, daß in der Reihe seiner Vorfahren sehr gemischte Elemente vertreten waren. Ihnen verdankte er auch einen banalen Ringelschweif, der eher einem Sprößling aus der Familie der Schweine angemessen gewesen wäre als einem Hund. Zum Überfluß hatte er früh einen Unfall erlitten; als wir Kinder einmal rasch die Tür zuschlugen, um ihn am Herauslaufen zu hindern, wurde sein Schweiflein eingeklemmt und trug einen Bruch davon, der sein Ringelrund durch ein ungehöriges Knie entstellte.

Das war nicht die einzige Unbill, die er als mein und meiner Geschwister Spielgefährte durchzumachen hatte. Sein Lieblingsvergnügen, von dem er trotz aller Schläge nicht abzubringen war, bestand darin, daß er den ganzen Garten entlang am Gitter die Vorübergehenden mit Gebell verfolgte. Eines Tages im Winter, als er wieder hinter einem Vorübergehenden herraste, zog dieser ein Messer und traf ihn so gut, daß er am nächsten Tag verendete. Man fürchtete, ich würde untröstlich sein. Aber was bedeutete dessen Sein oder Nichtsein in dem Chaos meiner inneren Welt! Zudem wäre es mir bei meinem Streben, über alle äußeren Einflüsse hinauszukommen, um mich immer in einer Art unbeweglicher Abgeschiedenheit zu fassen, zu unwürdig erschienen, mich durch diesen Verlust irgendwie erschüttern zu lassen. Immerhin verfertigte ich im nächsten Sommer mit nicht geringem Aufwand von Geduld und Mühe aus einer steinernen Stufe durch Abmeißeln eine Pyramide und stellte sie als Grabmonument zu seinem Andenken im Garten auf.

Zwei Umstände waren es, die meine seelische Verfassung, abgesehen von den verkehrten Experimenten, die ich selbst daran vornahm, besonders peinlich machten. Das war im Seelischen die Unausgeglichenheit der Stimmung, die beständig zwischen Gegensätzen schwankte – vermutlich, weil jeder Gefühlsaufschwung eine zu starke nervöse Anspannung erforderte, die dann als Rückschlag eine ebenso tiefe Depression zur Folge hatte. Ich war mir über dieses «Uhrwerk meiner Seelenzustände» ganz klar und fand, daß die Regel, nach der es gehe, sich mit dem Wort bezeichnen lasse: «Der Wahn ist kurz, die Reu ist lang.» Denn der Zustand der Depression nahm immer die Form der Reue an, obwohl ich oft gar nicht wußte, was ich denn eigentlich bereute. Die Oszillationen eines noch im Wachstum begriffenen nervösen Apparates spiegelten sich in meinem Bewußtsein als beständige Unzufriedenheit. Wie die körperliche Erscheinung der Adoleszenten durch das ungleiche Wachstum einzelner Teile unproportioniert ist, so verhielt es sich auch mit meiner seelisch-geistigen Konstitution.

Zum andern war auch mein Intellekt einseitig aufgeschossen – das bildete die Quelle weiterer Unlustgefühle. Mein Denkvermögen überragte beträchtlich mein Sprachvermögen. Viele meiner Tagebuchäußerungen sind aus Mangel an entsprechenden Worten so unverständlich geraten, daß ich sie nur mitteilen kann, indem ich die Verbindungsglieder ergänze. Im Denken eilte ich meinem Alter voraus, indes meine Ausdrucksweise noch eine kindlich-linkische war. Ich beobachtete und urteilte sehr richtig; aber dazwischen drängten unfertige Gedankengebilde fort und fort heran, ohne daß ich imstande gewesen wäre, ihnen auch nur annähernd Gestalt zu verleihen. Auch hatte ich gar keine Gewalt über mein Denken; es glitt haltlos von einem Gegenstand zum andern, die logische Kette riß fortwährend ab, ohne daß ich sie wieder anzuknüpfen vermochte. Gerade diese Unzulänglichkeit peinigte mich besonders, weil sie den Zweifel an meiner Begabung immer von neuem weckte.

Was ich unter meiner Begabung verstand, war etwas ganz Bestimmtes, doch vermied ich ängstlich, es näher zu bezeichnen. Ich sprach im Tagebuch von meinen Talenten in der Mehrzahl; wenn ich aber sagte «mein Talent», so war immer nur das Eine gemeint, vor dem ich mich scheute, ohne daß ich ihm entfliehen konnte:

«Ich fühle einen rastlosen, nicht zu dämpfenden Trieb nach etwas Unbekanntem, und dieser Trieb läßt mich nicht ruhen.» (23. Jänner 1874)

Dieses Unbekannte äußerte sich einstweilen nur als ein blinder Schreibtrieb, der mich zu den umständlichsten und langweiligsten Schilderungen meines inneren Zustandes verführte, obwohl ich mich über die Leere dieses Verfahrens und die Gewöhnlichkeit dieses Zustandes nicht lange täuschte:

«Heute habe ich wieder einen großen Irrtum von mir erkennen müssen. Ich dachte immer, mein Zustand sei so interessant – und er ist so gewöhnlich bei 15-jährigen Menschen! Freilich, bei meinen Kameradinnen habe ich noch nichts dergleichen bemerken können. Deshalb sage ich Menschen. Aber gleichviel! Ich will dennoch fortfahren, mich selbst zu beobachten; es ist ja das Mittel zur heißersehnten Selbstbeherrschung.» (9. Februar 1874)

Und ich fuhr in der Tat damit fort, bis Unbehagen und Überdruß mich überwältigten: 1875, 28. März: «Ich schreibe mit einem unbeschreiblichen Gefühl von Unwillen und Ekel; in mir ist nur Hohn und Verachtung für mich selbst und der nagende wühlende Schmerz über mich. Ich möchte mich peinigen, auf jede mögliche Weise, nur um die fortwährende, langsame Qual in meinem Innern nicht zu fühlen.» Und einige Wochen später: «Dieses langweilige Schreiben über einen Seelenzustand, der eigentlich so leicht – wenn auch nicht durch mich – zu ändern wäre, wird mir beinahe unerträglich.»

In Wahrheit wäre dieser Seelenzustand keineswegs leicht zu ändern gewesen. Weder meine Selbsterkenntnis und Selbstbeherrschung, noch irgendein Einfluß von außen hätte etwas ausrichten können, ehe das innere Wachstum weit genug gediehen war, um meine Fähigkeiten untereinander in ein besseres Verhältnis zu setzen. Das Tagebuch umfaßte das äußerste Maß schriftstellerischer Leistung, zu der ich in jener Zeit fähig war; sobald meine Begabung sich anderer Aufgaben bemächtigen konnte, gab ich das

Tagebuch auf. Sie war es schließlich, die mich aus der Sackgasse herausführte, in die ich mich mit meiner Selbsterziehungsmethode verrannt hatte. Denn ich begann mit Hilfe meiner dichterischen Arbeiten einzusehen, daß der Verstand die Quelle nicht zuschütten darf, aus der die starken und fruchtbaren Gefühle fließen:

1875, 5. Mai: «Die besondere Idee, ein System der Vernunft und Selbstbeherrschung, Ruhe und Besonnenheit, Überlegung und Kritik in mir aufzubauen, habe ich aufgegeben. Um wirklich durch Vernünftigkeit reif zu werden, hätte ich müssen die Gefühle, die mich unbezwingbar bewegten, austilgen – und das hätte ich doch nicht tun mögen, selbst wenn ich es vermocht hätte. So vertraue ich mich zurückkehrend wieder meinem Naturell an, dessen Fehler mich auf jenen unausführbaren Plan gebracht hatten.»

Und am 27. Juni desselben Jahres sagte ich mich nicht nur von «jener Selbsterziehungsmethode, die so Arges mit mir geschehen ließ», sondern auch von meinem Tagebuch los: «Es ist in mir ein Entschluß gereift, der sich schon vor zwei Monaten vorzubereiten begann. Im Laufe dieser Zeit ist mir klar geworden, daß diese Blätter nicht mehr das sein können, was sie mir im ersten Jahre ihres Bestehens waren. Damals das einzige Mittel, die andrängenden Gedanken und Gefühle festzuhalten, teilten sie schon voriges Jahr ihre Bestimmung mit vielen anderen Ereignissen, denen ich, unbefriedigt und nach neuen Ausdrucksmitteln suchend, meine Liebe und Begeisterung zuwandte. Nun will ich diesen Blättern eine andere Bestimmung zuweisen. Sie sollen mir dazu dienen, in aller Kürze Beobachtungen, die ich an mir mache, aufzubewahren, um eine Stütze meiner wankelmütigen Gefühle zu sein, ohne daß ich deshalb die sonderbare Vorstellung, als könnte ich mich selbst erziehen, wieder aufnehme.»

Allein, auch diese Beobachtungen unterblieben.

Der Weg der Emanzipation

Das Bedürfnis der Absonderung, das sich schon mit Beginn des Tagebuches ankündigt, ging ursprünglich nicht aus der Empfindung hervor, daß ich anders sei als die Menschen meiner Umgebung. Um diese Zeit war ich noch ganz von dem Bestreben der Musterhaftigkeit erfüllt, und mein Versuch der Selbsterziehung, samt der ihn begleitenden Ideen, hatte zuerst durchaus keine Auflehnung gegen die herrschenden Direktiven der Mädchenerziehung zu bedeuten. Er entstammte vielmehr dem Gefühl meiner Unzulänglichkeit, ihnen tadellos zu entsprechen, der Einsicht, wie weit ich durch alle die Flecken und Mängel meines Wesens von dem Musterbild echter Weiblichkeit getrennt war. Mit dem Ideal der Sanftmut und Selbstlosigkeit, wie es mir vorschwebte, vertrug sich meine Heftigkeit und Leidenschaftlichkeit gar schlecht; ja nicht einmal in den geringeren Qualitäten dieses Ideales, als da waren Ordnungssinn, Stetigkeit, Häuslichkeit, konnte ich mir ein Vorzugszeugnis ausstellen.

Die Lebenseinrichtungen unserer Familie, die aus der Gasthausküche ihren Bedarf bezog, schalteten den ganzen großen Komplex weiblicher Tätigkeit aus, der die Ernährungsfragen des Haushaltes in sich begreift. Was von häuslichen Leistungen übrigblieb, war bei der Einfachheit des Mobiliars und der Lebensführung sehr geringfügig. Es bestand hauptsächlich im Stricken, Wäscheausbessern und Kastenaufräumen – Beschäftigungen, in denen die Mutter unermüdlich war. Dazu kam nur noch eine unendlich langweilige Aufgabe, die sich glücklicherweise nicht aufs Land fortsetzte. Im Winterbierhaus gab es keine Tischtücher, dafür war der Verbrauch an Servietten desto größer, weil außer der Verabreichung einer solchen an jeden Gast vor besseren Gästen der

Tisch mit einer Serviette gedeckt wurde. Jeden Freitag, wenn der Wäscher kam, türmten sich dann auf Tischen und Kommoden hohe Stöße dieses Wäschestückes auf, die von den weiblichen Familienmitgliedern auf Schadhaftigkeit hin durchgesehen wurden. Eine Serviette nach der anderen mußte entfaltet, gegen das Licht gehalten und wieder schön zusammengelegt werden. Stunden vergingen, ehe alle Stöße abgetragen und neu aufgeschichtet waren. Trotz meiner tiefernst gemeinten Anläufe zur Musterhaftigkeit war das freitägliche Serviettendurchsehen ein nicht geringeres Schrecknis als das Stricken.

Zum Glück setzte es sich nicht auf das Land fort. Dafür gab es dort einige andere Verpflichtungen, die sich allerdings auch mit keiner wirklichen Hauswirtschaft messen konnten. Der Ausnahmezustand unserer Häuslichkeit, durch die Verbindung mit der Gasthausküche, trug dazu bei, daß ich, ohnedies allen wirtschaftlichen Dingen feind, gar keine Vorstellung von einem regelmäßigen Haushalt bekam, was mir später den Eintritt in die Ehe außerordentlich erschwerte. Zwar führten wir auf dem Land eigene Küche, aber ein Einkaufen mit Verrechnung fand nicht statt. Jeden Abend wurde nach Angabe der Köchin ein Verzeichnis der für den nächsten Tag erforderlichen Nahrungsmittel angefertigt. Dieser Zettel kam in eine versperrbare Kiste, die der Milchmann mit seinem Wagen am frühen Morgen holte und im Winterbierhaus ablieferte. Gegen elf Uhr vormittags brachte er sie gefüllt zurück. Von den Preisen der Lebensmittel erfuhren wir auf diese Weise nichts.

Außer dem «Zettelschreiben» am Abend und der Anwesenheit bei Eröffnung der Kiste gab es noch eine wichtige häusliche Obliegenheit – das Zukkerzwicken. Das war die vor der Erfindung des maschinell geschnittenen Würfelzuckers notwendige Verkleinerung des Stückzuckers. Dazu diente eine mächtige eiserne Zange, die mit dem einen ihrer Hebel in einem hölzernen, rückwärts offenen Behälter feststand, während der zweite an einer Handhabe zu bewegen war. Mit der rechten Hand regierte man diesen Hebel, mit der linken hielt man dem Beißmaul der Zange die vom Zuckerhut abgeschlagenen Stücke zum Zerkleinern hin, wobei man achtgeben mußte, daß nicht ein Finger unversehens mit abgezwickt wurde.

Diese Aufgaben traten erst heran, wenn man den Kinderschuhen entwachsen war, hingegen das Ordnungmachen in den eigenen Sachen gehörte schon zum Wirkungskreis der kleinen Mädchen. Dabei kam leider an den Tag, wie weit ich von dem Musterbild echter Weiblichkeit, das mir in jenem Alter vorschwebte, entfernt war.

In meinen Sachen herrschte immer ein unbesiegbares Durcheinander. Vergeblich suchte ich es meiner Schwester Madeleine gleichzutun, die das oberste Fach ihres Schrankes mädchenhaft nett in eine Art Kapelle verwandelt hatte, indem sie ein Muttergottesaltärchen aus Porzellan und Bronze an die Rückwand heftete, einen Perlmutterrosenkranz herumschlang und davor andere kleine Schätze aufstellte – ein Körbchen aus Golddraht, das auf seinem Grunde die Madeleine-Kirche in Paris unter Glas trug, ein Portemonnaie aus Perlschale, ein in Elfenbein gebundenes Gebetbüchlein, einen silbernen Fingerhut, der aus einem rotsamtenen Champignon herauslugte, ein Berchtesgadener Bauernhäuschen mit abhebbarem Dach, das in seinem Inneren ein Näh-Necessaire barg, ein versteinertes Früchtekörbchen aus dem Karlsbader Sprudel und dergleichen.

Obwohl ich diese Kostbarkeiten – größtenteils Reisegeschenke der Eltern – gleichfalls besaß, gelang es mir nicht, sie in eine so zierliche Ordnung zu bringen, und noch viel weniger, sie dauernd darin zu erhalten. Auf unbegreifliche Weise vermischten sie sich immer wieder mit alten Schulheften, schmutzigen Halskrägen, zerrissenen Büchern, fettigen Haarbändern, gebrauchten Taschentüchern; und bei den gelegentlichen Musterungen der Gouvernante mußte ich mit Armesündermiene Zeugin sein, wie das Reich meiner Schätze unter wenig schmeichelhaften Glossen von diesen unwürdigen Zutaten gesäubert wurde.

Ähnlich erging es mir in Dingen der Kleidung – ein Gebiet, dem die alte Erziehungsnorm der Weiblichkeit gleichfalls eine überragende Bedeutung beilegte. Man muß die Rolle kennen, die das Modejournal im Gesichtskreis des weiblichen Lebens spielt, und den besonderen Rang, der allen Angelegenheiten der Körperpflege eingeräumt wird, um zu begreifen, daß da ein Interesse von höherer Wichtigkeit mitspricht, das aus der Eitelkeit allein nicht restlos zu erklären ist, wenn auch die Ausbildung der Eitelkeit das stärkste Hilfsmittel dabei ist.

Damals war die Erziehung noch ganz auf bestimmte körperliche Vorzüge gerichtet: so durften schon die kleinen Mädchen beileibe nicht ohne Hut und Handschuhe sich im Freien tummeln, damit Gesicht und Hände nichts von dem «Milch- und Blut»-Charakter verlören, der als auszeichnender Reiz galt; meine Mutter war sogar gegen das Turnen, weil diese Übungen die Hände zu groß und stark machten. Das Schuhzeug mußte immer auf das engste sein; ich erinnere mich, daß ich jahrelang durch zu kleine Stiefel zum ausdauernden Gehen untauglich war. Um die Taille schlank zu erhalten, wurden die Mädchen schon vom zwölften Jahr an, kaum daß sich die ersten Spuren weiblicher Rundung ankündigten, in den Schnürleib gesteckt; und bei festlichen Anlässen, wenn die Damengala den Höhepunkt erreichte, mußte das Mieder noch um einige Zentimeter enger als sonst zugeschnürt werden. Ein möglichst geringes Taillenmaß zu haben, war der Ehrgeiz jedes jungen Mädchens. Was gegenwärtig die Schlankheit der Gesamterscheinung ist, beschränkte sich damals auf die Taille allein, während die Abwesenheit von Hüften und Busen als unverzeihlicher Mangel galt. Daß man sich denselben leicht durch geistige Tätigkeit zuziehen konnte, war eine besonders abschreckende Wirkung solcher widernatürlicher Bestrebungen. Allen Ernstes wurde in hygienischen Schriften davor gewarnt; und die Behauptung, daß das Studium die weiblichen Formen verderbe, hat sich noch lange erhalten, nachdem schon die Erfahrung reichlich das Gegenteil bewiesen hatte. Auch daß das Studium die Haare ausfallen mache, gehörte zu den verbreiteten Anschauungen; die Häufigkeit der Glatzen bei den Männern wurde auf die geistigen Anstrengungen zurückgeführt, denen sie sich unterzogen.

Es scheint, daß die Natur mich zum Gegenbeweis dieser Anschauungen bestimmt hatte; denn weder der Reichtum meiner Haare, die ich bis nach meinem zwanzigsten Jahr in langen Zöpfen herabhängend trug, noch die Fülle der Gestalt entsprach dem dürren Bild, das man von einer «Studierten» entwarf. Leider dehnte sich das Beweismaterial auch auf meine Taille aus. Es war ein bedenklicher Schönheitsfehler, daß ich schon mit zwölf Jahren einen Taillenumfang von fast sechzig Zentimetern aufwies, indes meine Schwester Mitzi noch in ihrem zwanzigsten Jahr nur achtundvierzig Zentimeter um die Mitte zählte. Diesem Übelstand sollte durch rechtzeitiges Schnüren abgeholfen werden. Aber die Unbequemlichkeit einer solchen Leibesverfassung, die sich namentlich nach dem Essen drückend bemerkbar machte, hielt meiner Eitelkeit nicht stand; und mein Groll gegen das Mieder als Werkzeug der Beschränkung stieg im Laufe der Zeit so weit, daß ich es mit achtzehn Jahren einfach ablegte – zum beständigen Ärgernis meiner Umgebung, die darin einen Mangel an Sittsamkeit erblickte und meine Erscheinung plump, ja geradezu unanständig fand.

Das heißt aber nicht, daß ich den eigentümlichen Selbstgenuß der weiblichen Eitelkeit nicht kannte und schöne Kleider nicht schätzte. Nur konnte ich nie ins rechte Einvernehmen mit ihnen kommen; und ich fühlte mich erst heimisch in einem Kleid, wenn es alt und abgetragen war. Immer wäre es mir unmöglich gewesen, in einem neuen und geputzten Kleid geistig zu arbeiten. In meiner frühen Jugend aber war es hauptsächlich die Behinderung der Bewegungsfreiheit, die mir den Putz verleidete. Daher kam es, daß ich einen reichlichen Aufwand von Eitelkeit beim Anziehen für besondere Anlässe ins Werk setzte – gewöhnlich aber als «Schmierfink» herumging –, ein Widerspruch, der mir beständige Rügen zuzog und meine Umgebung in der Auffassung bestärkte, daß ich mich nur in Extremen bewegen könne!

Dennoch kann ich mich nicht beklagen, daß ich unter einer besonderen Unterdrückung aufwachsen mußte. Der Druck, dem ich unterworfen wurde, war der geheiligte Zwang, mit dem eine noch ungebrochene Tradition über den Einzelnen herrscht. Nicht, weil meine Begabung unterschätzt und verkannt wurde, war mir der Weg zu ihrer Entfaltung von außen versperrt, sondern weil das Gesetz des weiblichen Lebens es so mit sich brachte.

Das Urteil der Lehrer und Hilfslehrer, die in unserem Hause verkehrten, ermöglichte mir wahrscheinlich sogar eine relative Freiheit, indem mich meine Umgebung in Ruhe ließ, wenn ich nicht allzu gröblich gegen irgendwelche Regeln verstieß. Der Austausch mit den Lehrern nahm daher in meinem Leben einen recht großen Raum ein – immerhin brachten sie mich in Verbindung mit der Welt des Geistes, wenn sie auch manchmal noch so merkwürdige Gestalten sein mochten.

Zu einem späteren Zeitpunkt, als ich schon siebzehn Jahre zählte, mischte sich einmal in den Verkehr mit den Lehrern ein anderes Element, ohne daß ich es gewahr wurde. Die Vorstellung des Lehrers als einer Respektsperson schloß für mich jeden Verdacht aus; auch war ich fest überzeugt, daß nur meine Begabung Interesse an mir erwecken könne. Sie überragte in meinem Selbstbewußtsein immer bei weitem meine weiblichen Vorzüge. Als nun ein ganz junges Bürschchen, kaum ein Jahr älter als ich, die Stelle eines Korrepetitors antrat, übertrug ich unbesehen die Vorstellung der Respektsperson auch auf ihn, um so mehr, da er älter aussah, als er war. Er hatte ein Schnurrbärtchen über leicht aufgeworfenen Lippen, die häufig ein anmaßend ironisches Lächeln umspielte. Ein stechender Blick aus schwarzen Augen ergänzte das ironische Lächeln, das aber durch schlechtgeputzte Zähne beträchtlich an Wirkung verlor.

Er wußte sich bald eine gesellschaftliche Stellung im Hause zu erobern. Als Zögling der orientalischen Akademie besaß er eine gewisse Auszeichnung, die er gerne hervorkehrte; und ich war überaus stolz, als er mir vorschlug, mich im Türkischen zu unterrichten.

Das Türkische ist eine schwierige Sache; es gehorcht ganz anderen grammatikalischen Gesetzen als die westlichen Sprachen, von der Eigentümlichkeit der arabischen Schrift ganz zu schweigen. Ich kann nicht verhehlen, daß der Unterricht im Türkischen sehr langsam vorwärts ging und immer öfter durch andere Gesprächsgegenstände ersetzt wurde. Auf diese Weise erfuhr ich, daß mein türkischer Lehrer Mitglied eines Vereins junger Schriftsteller sei, die sich zur Aufgabe setzten, der stagnierenden deutschen Literatur neuen Aufschwung zu geben. Der Verein trug den Namen «Neuer Frühling»; da seine Mitglieder größtenteils noch Gymnasiasten waren, die keinem Verein angehören durften, verbargen sie sich unter Pseudonymen, die sie dem Kreis der Minnesänger entlehnten. So gab es dort einen Walter von der Vogelweide, einen Wolfram von Eschenbach und noch andere, weniger berühmte Minnesänger. Mein türkischer Lehrer war kein geringerer als Gottfried von Straßburg.

Zu meiner freudigen Überraschung teilte mir Gottfried von Straßburg eines Tages feierlich mit, daß über seinen Antrag der Verein «Neuer Frühling» sich bereit erklärt habe, mich als erstes weibliches Wesen zur Mitgliedschaft aufzufordern. Eine Schwierigkeit liege nur darin, daß alle besseren Minnesänger-Namen schon besetzt seien. Nach längeren Verhandlungen wurde diese Schwierigkeit behoben, indem ich den Namen Freidank erhielt.

Die Aufgaben der Neuen-Frühlings-Sänger waren zweifacher Art. Sie mußten von Zeit zu Zeit selbst in die Saiten greifen und ein dichterisches Werk von sich geben, zugleich aber das kritische Richtschwert handhaben und die Erzeugnisse ihrer Mitsänger nach allgemeinen ästhetischen Grundsätzen begutachten. Auch ich bekam nicht lange nach meinem Eintritt ein umfangreiches Werk in Versen zugestellt, an dem ich meine kritischen Fähigkeiten zu erproben hatte.

Du lieber Himmel! Da stand nun Freidank ratlos. Ästhetische Grundsätze, was war denn das? Woher sollte man die nehmen? In der Hamburgischen Dramaturgie von Lessing gab es wohl dergleichen, aber das bezog sich leider nur auf dramatische Arbeiten, und irgendein anderes Buch, aus dem ich eine Anleitung hätte schöpfen können, war mir nicht bekannt. Ich zögerte so lange mit meiner Kritik, daß ich mir eine Mahnung durch Wolfram von Eschenbach zuzog – den ich übrigens wie alle anderen Vereinsmitglieder weder persönlich noch nach ihrem bürgerlichen Namen je kennenlernte. Mit

Zagen verfaßte ich ein schwächliches kleines Gedicht, in dem ich meine kritische Unwissenheit hinter poetischen Floskeln zu verbergen trachtete.

Mehr habe ich im «Neuen Frühling» nicht geleistet. Wie hätte ich mich im Gefühl meiner Unfertigkeit und Unbildung entschließen können, meine literarischen Versuche der strengen Kritik zu überliefern, die im Kreise der Minnesänger geübt wurde! Gehörte es doch nach Gottfried von Straßburg zu ihren heiligen Pflichten, das Dilettantische unnachsichtig auszumerzen; und wenn ich auch nicht genau wußte, was unter Dilettantismus zu verstehen sei, so ahnte ich dennoch, in Erinnerung an ein tiefgeheimes Ereignis des vergangenen Winters, daß ein Urteil aus diesem Grunde als Damoklesschwert über Freidanks Werken hängen würde.

Gottfried von Straßburg aber gab mich noch nicht auf; versuchte unermüdlich, meine Verbindung mit dem Neuen Frühling aufrechtzuerhalten. Wenigstens legte ich ein Gedicht, das er mir eines Tages überreichte, in diesem Sinne aus. Es schien mir so ironisch wie sein Lächeln; irgendwie verletzte es mich, ohne daß ich es recht verstehen konnte, was mir wieder meine kritische Unfähigkeit peinlich zum Bewußtsein brachte. Das Gedicht, das ich bruchstückweise im Gedächtnis behalten habe, begann:

Es lag ein verirrter Knabe und schlief
Wohl unter dem Apfelbaum;
Er schlief so süß, er schlief so tief,
Er träumte den seltsamsten Traum.

Und zwar träumt er, daß ihm eine ernste, bewaffnete Jungfrau erscheine, den Helm auf dem Haupt, einen gewaltigen Speer in der Hand:

Streng war von Schild und Aegis bedeckt
Der junge herrliche Leib;
Denn keiner der Götter hat jemals geweckt
In Pallas Athene das Weib.

Sie naht und nimmt mit ruhiger Hand
Der Äpfel einen herab
Und gibt ihn dem Knaben – es ist ja bekannt,
Wie Eva dem Adam ihn gab.

Trotz dieser unangenehmen Erinnerung an das verlorene Paradies denkt der Knabe, ein Apfel der Erkenntnis aus den Händen der Pallas Athene könne keinen Schaden bringen; er nimmt ihn und ißt. Aber es hat eine eigene Bewandtnis mit jeder Art Apfel:

Sie sind keine Speise für sterblichen Sinn;
Nun wird er sich plötzlich bewußt:
Zu Pallas Athene zieht es ihn hin
In irdisch sündiger Lust.

In vermessener Weise glaubt er auch, das freundliche Entgegenkommen der Göttin zu seinen Gunsten auslegen zu dürfen; und schon will er sich erheben, um sich eine Bestätigung von ihren weisen Götterlippen zu holen, als ein Windstoß den Baum schüttelt und ihm einen Apfel unsanft auf die Nase wirft:

Da ist der Schläfer rechtzeitig erwacht
Wohl unter dem Apfelbaum;
Er schüttelt den Schlaf aus den Gliedern und lacht:
War das ein törichter Traum!

Als ich das Gedicht gelesen hatte, begegnete ich seinen stechenden Augen, mit denen er mich, wie mir schien, herausfordernd ansah. Trotz meines an Ärger grenzenden Mißfallens hatte ich nicht den Mut, den Autor vor den Kopf zu stoßen; ich faßte mein Urteil möglichst objektiv dahin zusammen, daß das Gedicht, wenn man das Genre zulässig finde, als gelungen zu bezeichnen sei – aber, um die Wahrheit zu sagen, könne ich meinesteils diesem Genre keinen Geschmack abgewinnen. Da verwandelte sich sein ironisches Lächeln in ein lautes Lachen, was mich nachhaltig so verdroß, daß ich weder das Türkische noch die Schule der Kritik bei ihm fortsetzte. Auch er entzog mir daraufhin seine Aufmerksamkeit und wandte sie unverblümt meiner Schwester Madeleine zu, eine Wendung, dic, sobald der Vater davon erfuhr, seiner Anwesenheit in unserem Hause ein jähes Ende machte.

Im übrigen scheint es sogar, daß von meiner Begabung in meiner Umgebung eher übertriebene Vorstellungen herrschten. Ich vermute es, weil ich in meinem Tagebuch selbst ganz unverfroren von meinem Genie sprach. Ja es findet sich schon auf den ersten Blättern eine Stelle, die von einer ungeheuerlichen Selbstüberschätzung Zeugnis gibt: «Natur, du hast mir Talente gegeben, mannigfach und viel; aber du hast mich zugleich ein Weib werden lassen – und ich weiß, was sein Beruf ist. Wär ich ein Mann, ich wäre mit denselben Talenten vielleicht meines Vaterlandes Größter geworden.» Wahrscheinlich ist diese Auffassung auf eine fremde Bemerkung zurückzuführen. Denn ich hielt mir im übrigen beständig die Unzulänglichkeit meiner Begabung vor Augen und hatte bei den unverhältnismäßigen Aufgaben, die ich mir zumutete, auch allen Grund dazu. Überdies war es meine Überzeugung, daß gerade der höhere Mensch zur Bescheidenheit verpflichtet sei. Unter den Aufsätzen, die in mein Tagebuch eingeflochten waren, befand sich auch einer, der die lehrhafte Überschrift trug: «Bescheidenheit kennzeichnet den Großen.» Es war der Niederschlag eines Gesprächs mit einem der vielen Lehrer, die im Hause als Korrepetitoren meiner Brüder aus- und eingingen.

Dieser Lehrer gehörte zu den Menschen mit verbohrtem und schiefgewachsenem Intellekt, die jeden Gedanken verbiegen. Er brachte mich manchmal zur Verzweiflung, wenn er Behauptungen aufstellte, deren Unrichtigkeit ich fühlte, ohne sie widerlegen zu können. Denn ich besaß keine Schlagfertigkeit, und die besten Entgegnungen fielen mir immer erst ein, wenn das Gespräch vorüber und ich wieder mit mir allein war.

Eine jener Behauptungen bestand beispielsweise darin, daß er den Einfluß des Häßlichen auf das menschliche Gemüt für günstiger erklärte als den des Schönen. Und warum? Weil das Schöne immer den Wunsch des Besitzes errege und also Ursache von Neid und Mißgunst sei, während das Häßliche das Gemüt gleichgültig lasse. Da ich nicht in der Lage war, diese Auffassung sogleich zu widerlegen – denn zu dem Mangel an Schlagfertigkeit gesellte sich als äußeres Hindernis die Gourvernante, die es nicht für angemessen hielt, daß ein vierzehnjähriges Mädchen die Erwachsenen ewig mit ihrem Besserwissen drangsaliere – widmete ich vier Seiten meines Tagebuches der Erörterung dieses Problems.

Auch über die Bescheidenheit hatte derselbe Lehrer eine von der meinigen ganz abweichende Ansicht geäußert. Er hielt dafür, daß der bedeutende Mensch nicht bescheiden sein könne, weil er den Abstand zwischen sich und den übrigen auf Schritt und Tritt bemerke, wodurch das Gefühl der Überlegenheit in ihm beständig genährt werde. Ich hingegen war der Meinung, daß es gerade dem bedeutenden Menschen gar nicht einfalle, sich mit den unter ihm stehenden zu vergleichen; sondern er trage in sich ein Ideal dessen, was er sein möchte, und an diesem gemessen, fühle er sich immer klein und gering. Das sei der wahre Grund, warum die Großen bescheiden sind; die gewöhnlichen Menschen hingegen besitzen kein solches Ideal als Maßstab ihrer selbst. Es gelang mir natürlich nicht, diesen Gedanken so bündig auszudrücken, weder im Gespräch noch im Tagebuch, wo ich die obligaten vier Seiten mit einem mühseligen Gestammel darüber füllte.

Mein Widersacher aber scheint eine persönliche Spitze geargwohnt zu haben, denn einige Zeit später fiel er mit unverständlichen Anspielungen über mich her. Es ist mir nur in Erinnerung geblieben, daß er von Leuten sprach, die glauben, ihr Geldsack gäbe ihnen ein Recht, auf andere, die ihnen doch an Bildung weit überlegen seien, herunterzusehen. Ich war durch diesen Angriff ganz vor den Kopf geschlagen und wußte nicht das geringste darauf zu erwidern. Doch erregte er auch die Mißbilligung der Gouvernante, die ausnahmsweise für mich Partei nahm, indem sie später, als der Angreifer den Kriegsschauplatz verlassen hatte, zu mir äußerte, daß es unrecht von ihm sei, seinen Ärger über den Vater an der Tochter auszulassen. Ein solcher Vorwurf, auf meinen Vater gemünzt, war nun vollends Wahnwitz in meinen Augen, da mein Vater nichts weniger als geldstolz war und eine unbegrenzte Hochachtung vor Bildung und Wissen hegte. Von Stund an vermied ich jedes Gespräch mit dem Betreffenden; wie ich denn bald die Gewohnheit annahm, dem Kampf mit Personen auszuweichen, indem ich mich in mein Schneckenhaus zurückzog.

Ich muß wohl zwischen meinem fünfzehnten und siebzehnten Lebensjahr ein ganz unausstehliches Gebilde gewesen sein, ein intellektualistischer Embryo, der mit seinem unförmigen Kopf anrannte, ohne sich mit seinen rudimentären Gliedmaßen dauernd aufrecht halten zu können. Dazu die Affektation, der pathetische Ernst, der unvermittelte Stimmungswechsel, und obendrein ein larmoyantes Wesen, das für Außenstehende jeder Begründung entbehrte, da es seine Ursache in jenen inneren Vorgängen hatte, über die ich meine eigensinnige Verschlossenheit breitete – kurz, ich begreife heute vollkommen, daß meine Umgebung ebensosehr an mir zu leiden hatte wie ich selbst; und die Frage, ob ich in einer anderen Umgebung weniger ausgeschlossen geblieben wäre, läßt sich kaum zu meinen Gunsten beantworten.

Und nun geschah es, daß diese kleine Ausgeburt von geistigem Ehrgeiz und Unreife, durch eine stockbürgerliche Familie wie mit einer Gefängnismauer eingeschlossen, Anhängerin der Frauenemanzipation wurde.

Ob dabei irgendein äußerer Anlaß und Einfluß mitwirkte, kann ich nicht sagen; in meiner Erinnerung ist zwar mein Abfall vom Kirchenglauben genau festgehalten, nicht aber mein Abfall von der musterhaften Weiblichkeit. Durch Lektüre konnten mir die Ideen der Frauenbewegung nicht vermittelt worden sein, da nichts dergleichen in meinen Bereich gelangte. Ich hatte allerdings schon früh eine mit meinem Musterhaftigkeitsbestreben nicht recht vereinbare Abneigung gegen jene Jugendschriften, in denen lehrhaft aufdringlich von der weiblichen Tugend geredet wurde. Alles unterstrichen Brave und Sittsame, mit guten Lehren und frommen Betrachtungen Verbrämte stieß in mir auf einen Widerstand, den ich mir nicht gerne eingestand, wenn es sich um Bücher handelte, die von meiner Umgebung als ausnehmend schön und genußreich gepriesen wurden, wie etwa die Geschichte der Rosa von Tannenburg oder der Genoveva in der Darstellung von Christoph Schmid, dem damals als Jugendschriftsteller berühmten Verfasser der «Ostereier». Die Tugend erstickte jede Wirkung der romantischen Begebenheiten, und es blieb ein Rätsel, warum das, was die anderen entzückte, so gar keinen Eindruck bei mir hervorbrachte. Noch ausgesprochener war meine Abneigung gegenüber dem «Töchteralbum», einer von Ottilie Wildermuth herausgegebenen Zeitschrift für die weibliche Jugend. Da hatte sich der Widerstand schon mit dem Urteil hervorgewagt, daß das «einfach zu langweilig» sei – ein Urteil, das von Mutter und Gouvernante mit schärfster Mißbilligung als Zeichen unbotmäßiger Gesinnung zurückgewiesen wurde.

Das war schon vor Beginn meines Tagebuches, als meine Gesinnung noch nichts an Botmäßigkeit zu wünschen übrig ließ. Immerhin muß ich annehmen, daß trotzdem meine erwachende Eigenart zu Reibungen bei den kleinen Ereignissen des täglichen Lebens Anlaß gab, die endlich jenen Abfall herbeiführten. Da sie jedoch aus dem Gebiet der gemeinen Realität stammten, von der das Tagebuch nicht berührt werden durfte, findet sich nichts darüber aufgezeichnet.

Gewisse Formeln, denen unverkennbar von alters her eine suggestive Kraft innewohnte, so daß niemand daran dachte, sie erst näher zu erläutern, erschienen mir mit einem Mal ganz sinnlos und leer. Zum Beispiel die Formel «das schickt sich nicht». Sie erregte dermaßen meinen Widerstand und Unwillen, daß sie mehr als Anreiz denn als Abschreckung wirkte. Etwas zu unterlassen, bloß weil es sich nicht schickt, wäre ganz dumm gewesen; denn was bedeutete überhaupt «es schickt sich nicht»? Und ich kann mich nicht erinnern, daß diese aufrührerische Frage jemals befriedigend beantwortet worden wäre. Allenfalls wurde gesagt: «Es schickt sich nicht – das heißt man darf es nicht tun.» – Warum man es nicht tun durfte, darüber konnte niemand weiter Auskunft geben.

Daß der einzelne nur dann in der Gemeinschaft mit andern bestehen kann, wenn er Rücksichten befolgt, die alle insgesamt als bindend anerkennen, dieses Grundgesetz der sozialen Kultur hätte ich vielleicht durch freie Einsicht angenommen; die Suggestion der Formel aber war völlig ohnmächtig. Ich empfand entschiedene Geringschätzung gegenüber denjenigen meiner Altersgenossinnen, die sich ihr kritiklos unterwarfen; und das mag auch einer der Gründe sein, warum ich keine Freundin im eigentlichen Sinne besaß.

Die Ungerechtigkeit, die darin lag, daß der künftige Lebensberuf eines Kindes nicht nach seinen Gaben, sondern nach seinem Geschlecht bestimmt wird, scheint mir von der Zeit an fühlbar geworden zu sein, als sich meine eigene Begabung in meinem Bewußtsein geltend machte. Im Zusammenhang damit dürften auch die Ideen der Emanzipation in mir entstanden sein, als Ausdruck einer sich selbständig entfaltenden Wesensbeschaffenheit und als logische Folgerung eines zur Unabhängigkeit und Wahrhaftigkeit entschlossenen Geistes. Wenn meine Schwestern es als etwas Selbstverständliches hinnahmen, daß die Söhne der Familie in Hinsicht auf Bildungsmöglichkeiten die größte Bevorzugung genossen, so fühlte ich eine beständig wachsende Empörung darüber, die noch durch das Verhalten meiner Brüder gesteigert wurde. Sie gehörten, mit Ausnahme von zweien, jenem Typus an, den ich später als den dyskratischen bezeichnet habe – in ihren Ansprüchen an die Frau und ihren Meinungen über sie schon als Knaben von männlicher Prärogative erfüllt, ihrer persönlichen Beschaffenheit nach aber durchaus unfähig, ihr Leben selbsttätig zu gestalten. Überdies fügten sie sich nur widerstrebend den Anforderungen des Mittelschulstudiums, und es mußte stets durch Hintertüren ihrem Vorwärtskommen in der Schule nachgeholfen werden, indes ich vor Begier brannte, die Laufbahn, zu der sie sich mit so unverdientem Aufwand zwingen ließen, freiwillig zu betreten.

Nur zwei Brüder waren fleißige und willige Schüler, und nur zu ihnen habe ich ein herzliches Verhältnis gehabt, obgleich auch sie niemals Zutritt zu meiner inneren Welt fanden. Der eine, Adolf, war um fünf Jahre älter als ich und somit mein Halbbruder. Ihm verdanke ich die ersten Einblicke in eine weitere Welt. Er besprach mit mir die Erlebnisse und Aufgaben der Realschule, die er besuchte; und indem er seine Kameraden ins Haus brachte, zu denen auch Karl Mayreder gehörte, gewann er entscheidenden Einfluß auf meine fernere Lebensgestaltung. Als fünfzehnjähriger Knabe hatte er eine heroische Willensleistung vollbracht. Durch den Vater für das Wirtsgeschäft bestimmt, war er schon ein Jahr lang Kellnerjunge, als er den Entschluß faßte, diese Laufbahn aufzugeben und die Oberrealschule zu absolvieren, um sich einem technischen Beruf zuzuwenden. Da er sich im Gasthausgetriebe sehr anstellig gezeigt hatte, stieß dieses Vorhaben auf den heftigsten Widerstand des Vaters, der erst nach langen Kämpfen und immer wiederholtem Bedauern zuletzt nachgab. Aber die Begeisterung für das Studium, die mich mit Adolf verband, schwand allmählich bei ihm während der Studienjahre und räumte lebemännischen Neigungen das Feld. Damit zugleich erkaltete mein Verhältnis zu ihm. An seine Stelle trat mein um drei Jahre jüngerer Bruder Fritz. Nach Vollendung der Realschule vor die Wahl eines Berufes gestellt, entschied sich Fritz dafür, Apotheker zu werden. Zu diesem Zweck mußte er eine Prüfung über das Untergymnasium machen und lernte nun zu Hause die geforderten Unterrichtsgegenstände, darunter Latein und Griechisch. Ich erhielt ohne Schwierigkeit die Erlaubnis, an den Stunden teilzunehmen. So erfüllte sich mein sehnlichster und scheinbar aussichtslosester Wunsch auf die einfachste Weise. Da Fritz während seiner Apotheker-Lehrlingsschaft das Studium der Medizin ergriff und sich für die Universität weiter vorbereitete, dauerte das gemeinsame Studium mehrere Jahre. Und als ich mir vor meiner Heirat notgedrungen einige Kenntnisse der Hauswirtschaft erwerben mußte, lernte er seinerseits mit mir zusammen kochen.

Damit leistete er mir einen großen Liebesdienst. Denn diese Gemeinschaft erleichterte mir doch einigermaßen eine Tätigkeit, gegen die ich wie gegen alle hausfraulichen Verrichtungen einen fast unüberwindlichen Widerwillen hegte. Das Kochen gar erschien mir als eine unausstehliche Arbeit. Seinen Gedanken nachzuhängen, war dabei völlig ausgeschlossen; wenn man einen Augenblick in Träumerei versank, gleich war etwas angebrannt oder sonst irgendwie verdorben. Mit Schaudern denke ich an die ersten Stunden in der Küche zurück. Ich sollte einen Lungenbraten spicken; gleichzeitig standen auf dem Herde und in den Röhren noch verschiedene Speisen, die beaufsichtigt werden mußten, damit sie zu rechter Zeit umgerührt und begossen, vom Feuer weggenommen oder hingeschoben würden. Und dieses Umrühren,

Begießen, Abtreiben, Nachlegen, Hin- und Herschieben, Auf- und Zumachen, dazu die Hitze und der Dunst machten mich so verwirrt und verzweifelt, daß ich keinen Bissen essen konnte, als die Mahlzeit fertig war. Ich, die spielend alle Schwierigkeiten der antiken Sprachen bewältigte, zeigte mich beim Kochen gänzlich vernagelt und konnte nach drei Monaten noch nicht die einfachsten Gerichte herstellen, indes Fritz, dem das Lernen schwerfiel und der sich nur durch seinen beispiellosen Fleiß an meiner Seite halten konnte, in derselben Zeit ein ausgezeichneter Koch wurde. Übrigens war er ein genialer Kopf, dessen Name auf dem Gebiete der medizinischen Chemie dauernd erhalten ist (als Obermayer'sches Reagens). In seinem Freund Karl Kunn führte er mir später denjenigen Menschen zu, der meinen geistigen Bestrebungen das innigste Verständnis und die werktätigste Förderung entgegenbrachte. Beide sind durch schwere Krankheit mir und ihrer Laufbahn früh entrissen worden; das Schicksal hat ihnen nicht jene Stellung gegönnt, zu der sie durch ihre Begabung berufen gewesen wären. Trotz unserer engen Verbindung nahm auch Fritz an meinen innersten Bestrebungen nicht teil und hat nie eine Zeile von mir gelesen.

Der Griechischunterricht im Hause war für mich eine Quelle des Entzückens. Alles, was griechisch hieß, war von einem eigenen Zauber umgeben – wahrscheinlich durch Mitteilungen aus dem Schulunterricht, die allerdings nur Einzelheiten an der Oberfläche streiften. Von dort dürfte ich auch erfahren haben, daß das griechische Geistesleben auf zweierlei Art geführt wurde: sitzend durch die Akademiker in der Schule Platos und wandelnd durch die Peripathetiker in der Schule des Aristoteles. Das hatte etwas beglückend Anziehendes, das aus der trockenen Tatsache an sich nicht zu erklären war. Ich überlegte ernstlich, welcher Schule ich mich wohl angeschlossen hätte. Auch bei uns gab es im Sommer etwas Peripathetisches: die abendlichen Spaziergänge um das Haus. Da es frei im Garten stand, bot es Gelegenheit, es endlos zu umkreisen; und so wandelten Eltern, Kinder und Gäste an schönen Abenden, zuweilen noch bei Mondschein, in getrennten Gruppen und Gesprächen um das dunkle Haus immer wieder und wieder, bis das Nachtmahl oder die Abfahrtszeit dem Ringelspiel ein Ende setzte. Der Gegenstand dieser peripathetischen Gespräche schloß natürlich einen Vergleich mit dem der aristotelischen Wandler aus; doch wenn ich in nächtlichen Stunden allein den Kreisweg machte, schienen tiefere Gedanken willig teilzunehmen. Und gern hätte ich mich für das peripathetische System entschieden: nur hatte ich gerüchtweise von irgendwoher vernommen, daß die Jünger dieser Schule samt ihrem Haupt eine viel geringere Meinung vom weiblichen Geschlecht hegten als die sitzenden Weisen um Plato. Also mußte ich mich für Plato entscheiden, der mir ohnedies noch aus einem anderen Grund hohe Verehrung einflößte.

Einstweilen hatte es aber noch gute Wege bis zum Griechischen; auf dem Lehrplan stand vorerst nur das Lateinische. Da ich schon in einem Alter war, in dem das selbständige Urteil sich geltend macht, schwelgte ich gleich nach den ersten Unterrichtsstunden in dem einzigartigen Genuß, den diese unvergleichliche Sprache dem mit entwickelten Sprachsinn Ausgestatteten gewährt. Auch fühlte ich, daß hier das Mittel gegeben war, den Sprachsinn zu jener Sicherheit auszubilden, den ich als Vorzug der Gymnasiasten vor den Realschülern schon kennengelernt hatte.

Unser erster Lateinlehrer war noch der Typus eines Pedanten aus der alten Zeit, als die grammatikalischen Regeln des Lateinischen in allerliebsten Verslein dem Gedächtnis des Schülers eingeprägt wurden. Mit schnarrender Stimme und eindringlichem Dehnen trug er die Grammatik vor – wie der gute Don Bonifades die Heilige Schrift, so behandelte er das heilige Latein. Ein Kasusfehler war in seinen Augen eine derartige Todsünde, daß er einen roten Kopf bekam; die copia verbo-o-o-rum war der Prüfstein der Tugend, die consecutio temporum ein dem sittlichen ebenbürtiges Grundgesetz. Als ich die conjugatio periphrastica passiva, diese herrlichste Blüte grammatischen Ausdrucksvermögens – die in dem stehenden Wort Catos: «Censeo, Carthaginem esse delendam» unsterblich fortlebt – anwandte, ehe ich sie gelernt hatte, aus bloß gefühlsmäßigem Erraten, gerriet er ganz aus dem Häuschen und hielt mich fortan für ein Sprachgenie, obwohl ich im übrigen keine außergewöhnliche Eignung zur Erlernung fremder Sprachen hatte.

Für die Zeitschriften wie für die gesamten belletristischen Bücher, die in den Bannkreis der Familie eindrangen, existierte die Frauenbewegung als ernste folgenschwere Begleiterscheinung sozialer Wandlungen nicht – höchstens daß sie hie und da einmal als eine Karikatur bespottet wurde, die den Namen «Blaustrumpf» führte. Aber diese entarteten Geschöpfe trieben ihr Unwesen in weiter Ferne – in Zürich, wo sie als zerlumpte, verraufte, ungewaschene Vogelscheuchen die Universität besuchten, oder in Rußland, das ja irgendwo am Ende der Welt schon an das sagenhafte Thule grenzte. Der ganze Abscheu der Familie vor einer Macht, die ihre Grundfesten erschüttern sollte, spiegelte sich in der Familien-Literatur und ging in die Herzen der wohlgeratenen höheren Töchter über, denen jede Abweichung von der alten Tradition in der abschreckendsten Gestalt gezeigt wurde.

Diese Auffassung ist denn auch die tonangebende in den ersten Blättern meines Tagebuches. Um diese Zeit war ich noch ganz erfüllt von dem Bestreben, «ein edles Weib zu werden, gebildet nach dem Ideale, das in mir lebt und aus mir selbst hervorgegangen ist». Allerdings war dieses Ideal keineswegs mein eigenes, sondern ziemlich identisch mit dem traditionellen. Aber ich machte mich gleich daran, es zu beschreiben, um es mir als Vorbild vor Augen halten zu können, wenn die widerspenstige Natur davon abweichen wollte. Am 30. Juni 1873 äußerte ich mich dahingehend: «Das Weib ist nicht bestimmt, wie der Mann, sich stolz zu erheben und in sich selbst die Kraft zu suchen, die es beseelen soll. Dem schmiegsamen Efeu gleich soll sie sich an ihren Mann wie an eine starke Eiche hinaufranken.» Als Randbemerkung aber steht schon vom 18. November desselben Jahres daneben: «Wie sehr haben sich in viereinhalb Monaten meine Ansichten geändert!» In dieser Zwischenzeit muß sich der Übergang von den hergebrachten Anschauungen über das Weib zu den meinem eigenen Wesen gemäßen vollzogen haben.

Wie der Vergleich mit dem Efeu zeigt, hatte ich jene ersten Direktiven aus der Familien-Literatur geschöpft, was auch aus anderen Einzelheiten deutlich hervorgeht. Um diesselbe Zeit schrieb ich: «Die Frau soll nicht allein Gefährtin des Mannes sein, sondern in gewissen Fällen seine Dienerin. Es ist schon von der Natur so bestimmt, und der Frau wird nichts von ihrer Freiheit genommen, wenn sie dem Manne dient. Vor allem muß sie stets bedacht sein, ihm Vergnügen zu machen; sie muß sein Studierzimmer vor Verunglimpfungen beschützen und die etwaigen Eigenheiten, die er in diesem Punkte haben kann, respektieren.» Da es in meinem Erfahrungsbereich etwas wie ein Studierzimmer nicht gab, hätte ich wohl schwerlich sagen können, was ich mir unter dessen Verunglimpfung vorstelle, die zu verhüten die Aufgabe des idealen Weibes war; und der Passus, daß der Frau nichts von ihrer Freiheit genommen wird, wenn sie dem Manne dient, ist augenscheinlich nachgeplappert. Es fehlt auch hier nicht eine wenige Monate spätere Randbemerkung: «Wie meine Ansichten sich geändert haben! Und ich dachte damals sehr vernünftig zu sein. Lieber ist mir wahrhaftig die Selbsterkenntnis, die mich jetzt peinigt.»

Der Weg, auf dem sich diese Umwandlung vollzog, ist trotz meiner Marotte, nichts von den Vorgängen des täglichen Lebens in das Tagebuch aufzunehmen, einigermaßen darin zu verfolgen. Am 13. Oktober 1873: «O was ich heute gelitten, mit mir selbst gerungen – ich wußte bisher noch sehr wenig, was es heißt: leiden. Diese Gespräche! Ist es denn auszuhalten? Zuerst bedauert man uns Mädchen, daß uns die Genüsse verschlossen sind, die das griechische Geistesleben demjenigen bietet, der Griechisch lernt – genug, um ein Herz wie das meinige heftig zu erregen; dann sagt man, daß es für ein Weib genüge, einige wenige Dinge gründlich zu kennen, während die sogenannten höheren Töchterschulen ein Schwindel seien. Ich war nahe daran zu weinen, und um nicht ganz und gar aus der Fassung zu kommen, ging ich weg. Da kommt eine grausame Hand und führt mich aus meiner Einsamkeit wieder zur Gesellschaft. Ach, mein Herz zieht sich noch ängstlich zusammen bei dem Gedanken an die namenlosen Qualen, die ich ausgestanden! Ein Paradies ist uns verschlossen – und warum? Weil es eben so Herkommen ist, weil die Weiber nicht dazu bestimmt sind!»

Schon einen Monat vorher war eine Erwägung aufgetreten, die ein Schwanken zwischen zwei Lebenszielen verrät: «Ich habe zu wenig Talent, um ein Phänomen zu werden – und anderes könnte ich nicht werden» (was wohl heißen soll, nur wenn ich Außerordentliches leiste, kann ich mich durchsetzen). «Zudem spricht in meinem Herzen noch das Pflichtgefühl des Weibes. Aber etwas ist, was ich nie werde ersticken können, was für mich der Hebel zu Außergewöhnlichem sein wird – die Vaterlandsliebe. Mögen alle mich verdammen, die nicht verstehen, was in meinem unglücklichen Vaterland an Männern fehlt – ich weiß nicht, was geschehen wird.»

Es war freilich im weiteren Verlaufe meiner Entwicklung nicht die Vorstellung des Vaterlandes, die das «Pflichtgefühl des Weibes» in meinem Herzen zum Schweigen brachte, sondern jenseits aller edlen und selbstlosen Motive, die das Streben nach Musterhaftigkeit mir vorspielten, einfach meine Individualität.

Daß diese Individualität mich dazu bestimmte, den Rahmen der überlieferten Musterhaftigkeit zu sprengen, erschien mir vom ersten Augenblick an als Auszeichnung oder doch mindestens als das ursprünglich Berechtigte, gegen das ich selbst nicht anzukämpfen unternahm. So sehr ich mit meinem Ich entzweit war, so viel ich daran auszusetzen hatte – die Neigungen, die mich zur Auflehnung gegen die Norm der Weiblichkeit trieben, spielten dabei nicht mit.

Ohne daß ich mir noch Rechenschaft geben konnte, woher es kam, daß alles, was Herkommen, Tradition, Schicklichkeit hieß, bei mir nicht mehr die Ehrfurcht erweckte, die meine Umgebung dafür empfand und voraussetzte, war ich doch nicht im Zweifel, daß ich mir selbst folgen mußte und nicht den überlieferten Anweisungen. Die innere Stimme forderte unbedingt Auflehnung, nicht Unterwerfung. Was mich fortan beängstigte und peinigte, war nicht die Tatsache der Auflehnung, sondern der Zweifel an der Zulänglichkeit meiner Kraft, insbesondere aber der Zweifel an dem Maße meiner schriftstellerischen Begabung. Denn es stand fest für mich, daß ich das Recht, über die Schranken des weiblichen Pflichtenkreises hinauszuschreiten, nur besäße, wenn ich ein «Phänomen» wäre, nämlich daß ich es aus einer über diese Schranken hinausweisenden Befähigung und Aufgabe schöpfen konnte. Weil die weibliche Lebensform meinem hohen Ziel nicht angemessen war, hatte ich das Recht, sie zu sprengen; ohne ein solches Ziel, bloß als Zeichen des Unvermögens, ihre beschwerlichen Beschränkungen auf mich zu nehmen, hätte mein Widerstand das Rückgrat verloren, und weder meine elementare Natur noch mein Selbstbewußtsein wären stark genug gewesen, so allein sich zu behaupten.

Ungefähr mit der Vollendung meines fünfzehnten Lebensjahres wagte sich die bewußte Auflehnung zuerst hervor. Die Kämpfe, die das Wachstum der Persönlichkeit begleiten, waren damit in eine neue Phase getreten, hatten eine neue Richtung erhalten. Auffallend schnell zog ich alle Schlußfolgerungen, die von der Unterordnung in die Auflehnung führten.

Wesentliche Stücke von dem, was ich dreißig Jahre später in der «Kritik der Weiblichkeit» ausführte, finden sich schon im Tagebuch, vor allem die Erkenntnis, daß die geistige Entfaltung vom Geschlecht unabhängig und daß der Vorrang, den die Männer für sich beanspruchen, in den herrschenden Lebensbedingungen nicht mehr gerechtfertigt sei. Aber durch den Widerstand meiner Umgebung gingen diese frühen Erkenntnisse bald in eine trübe Stimmung ohnmächtiger Polemik über. Denn nun konnte es nicht ausbleiben, daß meine neuen Ansichten und Bestrebungen mit denjenigen meiner Umgebung empfindlich zusammenstießen.

Mein geistiger Ehrgeiz, der ohnedies lebhaft genug war, wurde bei jeder Gelegenheit durch das Wort: «Wie schade, daß du ein Mädchen bist!» oder «Ja, wenn du ein Mann wärst» aufgepeitscht; sooft ich wegen einer ungewöhnlichen Leistung Lob verdiente, wußte man es nicht anders als in diese Formel zu kleiden. Niemand bedachte die weiteren Wirkungen, die damit in mir hervorgerufen wurden; man wunderte sich nur gelegentlich, woher ich denn alle meine überspannten Ideen habe. Mir aber erschienen sie um so weniger überspannt, als auch die weiblichen Wesen meiner Umgebung manche Zeichen der Unzufriedenheit über das Leben ihres Geschlechtes zeigten, wenn auch beileibe keine tatsächliche Auflehnung dagegen.

So schrieb ich im Februar 1874: «Da sagen die andern immer, wie doch das Los des Weibes auf Erden so jämmerlich sei – aber mich belacht man, verspottet man, weil ich es mir verbessern will. Wenn ich sage, macht es euch doch besser, dann rücken die Geschütze mit dem unumstößlichen, unabänderlichen heiligen Herkommen aus und zerschmettern den ‹Freigeist›, der an diesen gefeiten Pfeilern zu rütteln wagt! Immer heißt es: wie widerwärtig steht es einem Weibe, zu politisieren; fi donc über den Blaustrumpf! [das deutsche Wort pfui war zu jener Zeit als unweiblich streng verpönt], aber zugleich jammern sie darüber, daß die Frauen nichts zu sagen haben und ihr Los so schlecht ist.»

Besonders verdroß es mich, daß ich überdies dem Vorwurf begegnete, ich wolle nur mit meinem Gescheitsein und meiner Gelehrtheit glänzen. Dazu trug freilich die Schulbildung, die ich genoß, das ihrige bei. Die Richtungslosigkeit und Planlosigkeit des Stoffes, der in der höheren Töchterschule verzapft wurde, ging an den Durchschnittsschülerinnen unschädlich vorüber, weil sie diesen unnützen Ballast, der mit ihrer Lebensbestimmung in gar keinem Zusammenhang stand, so bald als möglich über Bord warfen; ich hingegen wurde durch den Ernst und die Heiligkeit, die alles Wissen in meinen Augen hatte, verführt, auch außerhalb der Schule viel Wesens davon zu machen.

Wenn eine Schülerin sich mit Abwesenheit oder einem anderen Grunde entschuldigte, daß sie nichts gelernt hatte, hieß es: «Damit werden Sie sich nicht entschuldigen können, wenn einmal in der Gesellschaft die Rede davon ist und Sie wissen nichts!» Auf diese Weise wurde die Vorstellung erweckt, daß in der Gesellschaft, für die man mit dem Eintritt der Erwachsenheit bestimmt war, außerordentlich gescheite und gelehrte Gespräche geführt würden. Ich meinerseits brannte nur darauf, alles, was ich an bunten Bildungsbestandteilen in mein treffliches Gedächtnis einheimste, bei jeder Gelegenheit zu entfalten, nicht aber in der Absicht, damit zu glänzen, sondern um mich als geistige Person zu beglaubigen.

Das Gebiet, wo ich mich einstweilen uneingeschränkt mit meiner krausen Gelehrsamkeit austoben durfte, war der Schulaufsatz. Ich pflegte jedes aufgegebene Thema in zwei verschiedenen Varianten auszuführen, eine für mich und eine für meine sogenannte Freundin, die sich über das Verhältnis von Schule und Leben keinen solchen Täuschungen hingab wie ich und daher auch nicht den Ehrgeiz hatte, sich mit Aufsatzthemen unnötig herumzuschlagen. In der Tat waren diese unsinnig genug, wenn man die intellektuellen Mittel in Betracht zieht, die fünfzehnjährigen Mädchen zu Gebote stehen können. Auch darüber machte ich mir in meinem Tagebuch Luft: 10. März 1874: «Ich soll da einen Aufsatz machen über die Politik des Richelieu, durch Tatsachen dargestellt. Nun kann ich in diesem verwünschten Gindely [dem damals approbierten Lehrbuch der Geschichte] lange suchen, bis ich – nichts finde. Denn ehe ich in der Manier dieses pfäffischen Menschen schreibe, fange ich lieber gar nicht an. Und wie kann ich mir eine Ansicht über eine Politik bilden, die ich nur einseitig dargestellt kenne! Außerdem will ich meine Ansicht nicht tadeln hören, noch dazu von jemandem, dem ich nicht widersprechen darf. Immer habe ich mir eine solche Arbeit gewünscht, und jetzt weiß ich überhaupt nicht, was ich damit anfangen soll.»

Bei meinem Streben nach Sicherheit und Gründlichkeit des Wissens fühlte ich die Ungunst der Bildungsbedingungen, über die ich nicht hinaus konnte, doppelt schmerzlich: 1874, 23. Jänner: «Ich sehe meine Brüder widerwillig lernen – ich gäbe Jahre meines Lebens, dürfte ich an ihrer Stelle sein. Denn ich bin zur Einsicht gekommen, daß man ohne gründliches Wissen nicht auf eine hohe Stufe gelangen kann, daß man immer Dilettant, Blaustrumpf bleibt. Wie grausam ist diese Einsicht für mich! Ich bin von Natur aus die Feindin jeder Halbheit, ich kann nichts Halbes tun – und gerade mir ist bestimmt, alles nur halb zu tun. Die Ursache aller Pein und Qual, die ich erdulde, ist die Halbheit meines Wissens. Muß ich da nicht verbittert, nicht ungerecht werden gegen die Männer, denen alle Wege offenstehen! O wie gerne gäb ich einem von ihnen alle meine Talente – er wenigstens könnte dann der menschlichen Gesellschaft nützen, ich verzehre mich nur in ungestilltem Sehnen.»

Aber auch die Resignation dauerte nicht lange. 14. März 1874: «Gestern war ich sehr trüber Laune. Ewig, ewig verloren! widerhallte es immer in mir: nie mehr kann ich das Versäumte einholen, nie gründlich gelehrt werden wie die Männer. Es ist zu spät! – Wohlan – ich weiß es nun, und ich werde es ertragen. Was mir die engherzigen Bräuche meiner Zeit, die unverrückbaren Sitten des 19., angeblich aufgeklärten Jahrhunderts, zu lernen versagen, soll die Natur bei mir ersetzen; und sie wird es auch!»

Meine Umgebung rettete sich aus den ergebnislosen Zusammenstößen zunächst in die Auffassung, daß ich eine Ausnahme sei. Sie konnte meine Ansprüche für mich nicht abweisen und für sich nicht gelten lassen; da bildete die Schaffung eines Ausnahmepostens den besten Ausweg. Aber damit gab ich mich durchaus nicht zufrieden. Weit entfernt davon, durch die Zuerkennung eines ungewöhnlichen Maßes geschmeichelt zu sein, ärgerte ich mich über die Ausnahmestellung, weil ich nur die Aufhebung der Gemeinschaft mit allen ihren Folgen darin erblickte. Ich wollte nicht abseits, auf einem Isolierschemel stehen, wo alles, was ich fühlte und forderte, nur für die winzige Spanne meines eigenen Daseins Geltung hätte. Wenn diese Kämpfe und leidvollen Erfahrungen, deren Übermacht ständig bedrohlich dastand, keinen anderen Hintergrund haben sollten als mein eigenes kleines Leben, wenn sie nicht hinauswirken sollten in die unbekannte Zukunft, welche Verständnis und Gemeinschaft bringen sollte, dann hatten sie keinen Sinn. Zugeständnisse für mich allein erschienen mir wertlos und der Bedeutung, die ich meinem Freiheitsstreben beimaß, durchaus unwürdig.

Überdies witterte ich in dem Begriff der Ausnahme die Aufhebung des Regelrechten und Normalen im höheren Sinne, die Abschiebung von der Linie der allgemeinen Entwicklung auf ein Stockgeleise, so daß ich, als eines Tages auch Julius, mein späterer Schwager und damaliger Freund, in einer Debatte über die Weiblichkeit das verhaßte Wort aussprach: «Du bist eben eine Ausnahme», dadurch wie von einem Zeichen gröblichen Unverständnisses verletzt wurde.

Nein, nicht eine Ausnahme von der echten und rechten Weiblichkeit war ich in meinem Selbstbewußtsein, sondern die Ankündigung der Natur, daß sie kommende Generationen nach einem anderen Maß und Gesetz erschaffen wollte. Die Ausnahme von heute mußte die Regel von morgen sein, sonst hatte mein Leben keinen Sinn. Deutlich fühlte ich bei allem Tun die hohe Pflicht, dieser Aufgabe Ehre zu machen; und wie unbekannt und unbeachtet ich auch war, vor meinen eigenen Augen stand ich immer als ein repräsentatives Wesen. Die Vorstellung der Mission kraft der Individualität hat sich mit den Ideen der Emanzipation zugleich in mir entwickelt; sie steht im innigsten Zusammenhang damit. Und ich lege einen so besonderen Wert darauf, daß diese Ideen spontan in mir entstanden sind, ohne erkennbare Einflüsse von außen, wie es im Verlauf des vorigen Jahrhunderts bei vielen örtlich und zeitlich voneinander getrennten weiblichen Personen geschah, weil ich darin das Symptom eines bestimmten Kulturzustandes, ja noch mehr das Symptom einer bestimmten menschheitlichen Entwicklungsstufe erblickte. In meinem Falle, ich wiederhole es, fehlen alle äußeren Anstöße der Emanzipation, vor allem die materielle Nötigung zu einem Erwerb und die Suggestion eines Beispiels, das zur Nachahmung reizt. Ich bekannte mich zu den Ideen der Emanzipation mit dem vollen Bewußtsein, daß ich mich der Verurteilung als Entartete aussetzte. Denn auch der Begriff der Entartung lauerte hinter der mir zugebilligten Ausnahmestellung.

Da ich aber doch zu wenig Selbstvertrauen hatte, um die Vorstellung meiner repräsentativen Aufgabe andern einzugestehen, wirkte sie in mir weniger erhebend als deprimierend. Sie erzeugte weniger ein Gefühl des Stolzes als der Unbefriedigung. Denn doppelt schmerzlich lastete die Erkenntnis all der Mängel und Fehler auf mir, mit denen meine Person befleckt war. Und doch begünstigte sie mein Bestreben, mich selbst wieder ins Gleichgewicht zu setzen, in meinem Auftreten und Betragen dem neuen Menschentum Ehre zu machen.

Der Weg der Emanzipation hatte ein ferneres Ziel und war viel weiter und mühseliger, als ich ahnte; noch weiter und mühseliger aber war der Weg, auf dem ich meine inneren Eroberungen mit der Außenwelt in Verbindung setzen mußte. Was ich in meinem Tagebuch vollbracht hatte, war im Grunde die Entdeckung des Individualismus auf eigene Faust. Wenn in meiner Umgebung die Gebote der Tradition als das Unantastbare, schlechtweg Höchste galten, als das Heilige, das über die Kritik des Einzelnen gestellt war, so führte mich meine eigene Entwicklung dahin, das durch die immanenten Gesetze des eigenen Wesens bestimmte Handeln, das Handeln aus innerer Notwendigkeit, als das allein Wertvolle und Echte zu betrachten. In dem dunklen Drange nach etwas, das mir beständig zu entgleiten schien und das ich nicht deuten konnte, erlebte ich aber zugleich unbewußt das schwierige Problem des Individualismus – das Ringen nach einer Lebensform als Ausdruck geistiger Eroberungen.

Um wieviel leichter ist es, dem Leben einen selbstbestimmten Inhalt zu geben als eine selbstbestimmte Form! Jenen kann sich der geistig begabte Mensch aus seinen eigenen Quellen unabhängig von anderen schaffen; diese aber kann ohne Elemente der Überlieferung und der Gemeinsamkeit nicht entstehen. Der Individualismus hat zwar einen unerschöpflichen Reichtum an Lebensinhalt, aber sehr wenig Mitteilbarkeit und Wirkungsmöglichkeit nach außen hin, weil ihm die Gemeinsamkeit fehlt, die auf einer gegebenen Lebensform beruht. Unter dem Primat der Selbstbeherrschung glaubte ich eine Form gefunden zu haben, in der ich mein Leben bewußt nach den Idealen zu führen dachte, die mir vorschwebten. Diese Form war aber eine künstliche, gewollte, ja zum Teil affektierte, und noch keineswegs ein adäquater Ausdruck meiner Wesensart. Die alte Weiblichkeit sollte damit endgültig abgetan sein. Ich konnte natürlich nicht erkennen, wieviel ich an meiner selbstbestimmten Form noch dem zu danken hatte, was durch die Erziehung automatisiert in meinen Besitz übergegangen war. Viel später erst lernte ich den formalen Wert der alten Weiblichkeit zu schätzen, und ich erkannte, daß sich mein Kampf in Wahrheit mehr gegen ihre inhaltlichen Beschränkungen der persönlichen Freiheit als gegen ihre formgebenden Gesetze gerichtet hatte.

Gewisse Äußerlichkeiten im Auftreten, die damals als das Kennzeichen der Emanzipation galten, wie Rauchen in der Öffentlichkeit, mit gekreuzten Beinen nach Männerart sitzen, sind mir als Formverstöße im Anbeginn unsympathisch gewesen, und ich vermied sie, während ich andere Vorschriften, wie das Gebot, unbegleitet auf der Gasse zu gehen, allein ein Theater zu besuchen, als Beschränkung der persönlichen Freiheit empfand und um jeden Preis zu überschreiten trachtete.

Dieses Freiheitsstreben führte mich auch dazu, mir an einem Geburtstag des Vaters, zwei Monate nach Vollendung meines siebzehnten Lebensjahrs, einen regelrechten Rausch anzutrinken. Doch war es keineswegs Unmäßigkeit, die mich dazu verleitete. Einige Zeit vorher war mir ein Spruch zu Ohren gekommen, der bei meinem entschiedenen Willen, keine Vorrechte des männlichen Geschlechts anzuerkennen, für mich eine Art Verpflichtung mit sich brachte: «Wer niemals einen Rausch gehabt, der ist kein rechter Mann.»

Wenn das seine Richtigkeit für den Mann hatte, so war der Rausch eine Sache, mit der auch der freie Geist weiblichen Geschlechtes Bekanntschaft machen mußte. Was man ansonsten davon gehört oder gesehen hatte, war freilich nicht gerade achtunggebietend. In der Familie hatte sich noch nichts Derartiges ereignet; hingegen auf der Straße, die von Grinzing und Heiligenstadt über die Hohe Warte nach der Stadt führte, konnte man jeden Sonntag unter der nach Hause strömenden Menge den einen oder anderen beobachten, dem der «Grinzing-Heurige» übel mitspielte. Vor diesen Sonntagsrauschigen, die ganz sinnlose Reden führten und so unsicher dahintorkelten, als müßten sie jeden Augenblick in den Straßengraben stürzen, fürchtete man sich nicht wenig, wiewohl man sich aus sicherer Ferne über sie lustig machte. Im besten Fall waren sie komische Figuren – was man selbst beileibe nicht sein wollte.

Dennoch – wenn es geschrieben stand, daß der rechte Mann einmal einen Rausch gehabt haben mußte, durfte ich nicht zögern. Und in der Freiheit des Geburtstagsrummels, von einem entfernten Verwandten, einem alten Junggesellen, der mir halb im Scherz und halb im Ernst den Hof machte, eifrig gefördert, trank ich ein Glas Champagner ums andere unzählbar fort, denn ich war bei meiner robusten Konstitution nicht so leicht umzuwerfen. Die weiteren Gegebenheiten sind mir schon damals nicht genau erinnerlich gewesen. Mit einer stürmischen Umarmung meiner Mutter scheint die Kette des Bewußtseins abgerissen zu sein, weil sie sich erst wieder anknüpfte, als ich mich beim Morgengrauen mit wüstem Kopf und noch wüsterem Magen im Bette wiederfand. Wie ich hineingekommen war, blieb mir in tiefes Dunkel gehüllt. Nur hatte, untrüglichen Anzeichen nach zu schließen, der Heilige, der in katholischen Ländern euphemistisch angerufen wird, wenn der Magen seine Pflicht und Schuldigkeit nicht länger tun will – er heißt Ulrich –, dieses Dunkel benützt, um mir beizustehen.

Kurz, der Rausch endete kläglich mit einem ebenso regelrechten Katzenjammer. Fortan war mir der Champagner ein unsympathisches Getränk; es dauerte einige Familienfeste lang, bis ich nur wieder seinen Geruch ertragen konnte. Und allen Räuschen war ich von Stund an spinnefeind, so sehr, daß ich mich einige Zeit später ganz ablehnend verhielt, als mir einer der jungen Leute, die zu uns ins Haus kamen, Karl Mayreder, innerlich bewegt ein Gedicht vorlas, in dem mit schwungvoller Rhetorik ausgeführt war, ein rechter Mann müsse nicht bloß einen Rausch gehabt haben, sondern drei: den des Weins, den der Begeisterung und den der Liebe. Nein, wenn Rausch ein Zustand war, wo das schöne klare Bewußtsein sich empfahl, um nachher im grauen Elend wiederzukehren, dann wollte ich von derlei nichts wissen.

Die Wertung des Traditionellen als des Unfreien und Unechten, die mit dem Siege des Individualismus einhergeht, schuf einen neuen Unterschied unter den Menschen. Unterordnung gegenüber dem Herkommen war das Kennzeichen des gebundenen, des inferioren Menschen, der gewissermaßen einer anderen Gattung angehörte. Schon daraus ergab sich eine Möglichkeit, die Grenzen der Zugehörigkeit zu andern nicht mehr nach dem Geschlechte zu ziehen. In meiner Umgebung war kein weibliches Wesen, das sich zum Individualismus bekannte. Der erste Mensch mit den gleichen inneren Tendenzen, der sich mir näherte, war Julius Mayreder. Um anderthalb Jahre jünger als ich, war er aus einer Dresdener Erziehungsanstalt nach Wien zurückgekehrt, als ich im achtzehnten Jahre stand. Diese geistige Verwandtschaft, die in mir ein Gefühl der Zusammengehörigkeit erweckte, brachte mich allmählich auf eine Annahme, an der ich während meiner ganzen Jugend festhielt und von der ich mich erst freimachte, als ich einsah, welche Willkür in der Bezeichnung der physischen Differenzierung mit den Begriffen des Männlichen und des Weiblichen getrieben wird. Ich kannte damals keinen sehnlicheren Wunsch, als ein Mann zu sein; meine Emanzipation war nichts weniger als männerfeindlich, ja sie ging eher mit einer Überschätzung des Mannes als Träger des geistigen Lebens einher. Und die kritische Analyse meines eigenen Wesens stieß endlich auf die Frage, wie denn die Tatsache zu erklären sei, daß meine Antriebe und Neigungen um so viel mehr dem männlichen als dem weiblichen Lebensideal entsprachen. Daß der Begriff der Individualität eine Vielheit der verschiedensten Eigenschaften umfasse, die nicht an das Geschlecht gebunden waren, erschloß sich bald meinem Nachdenken; und so schuf ich mir zur Erklärung meiner Wesensbeschaffenheit die Hypothese, die Natur habe in meiner Person einen Mann in die körperliche Erscheinung eines Weibes gesteckt. Damit glaubte ich, die Lösung des Rätsels gefunden zu haben, warum mein Innenleben nach einer so ganz anderen Richtung zielte als das aller andern weiblichen Wesen meiner Umgebung; sie bildete zugleich eine Art Entschädigung für die Zurücksetzung, die mir die Natur angetan hatte, als sie mich zum Weibsein verurteilte. Auf diese Weise konnte ich meinen Anteil an der Mannheit, der das Vorrecht der ersten Stelle in allen Dingen zukam, behaupten; ich war kein Wesen zweiten Ranges, und die Verpflichtung zur Dienstbarkeit gegenüber den Wesen ersten Ranges, wie sie die herrschenden Anschauungen über die Weiblichkeit forderten, entfiel schon allein aus dem Grunde, weil ich kein Weib in diesem Sinne war.

Im Laufe der Jahre aber konnte ich mir nicht verbergen, daß diese Hypothese unhaltbar sei. Den ersten Stoß erhielt sie, als ich sie in der Fassung kennenlernte, die ihr der Assessor Ulrichs gegeben hat. Gelegentlich eines jener tastenden Gespräche über das Problem der Geschlechtsdifferenzierung, in das für mich alle anderen Lebensprobleme mündeten, habe ich eines Tages durch einen Freund Julius Mayreders, der in meinem geistigen Leben nach vielen Richtungen hin ein bewegendes Element wurde, zu meiner lebhaftesten Überraschung erfahren, daß der Gegensatz zwischen körperlicher und seelischer Geschlechtlichkeit in einer Person durch einen Mann formuliert worden sei. Anima muliebris in corpore virile inclusa – das war der Satz, den Ulrichs zur Erklärung seiner eigenen Wesensbeschaffenheit aufgestellt hatte.

Die Umkehrung des Falles verstand sich von selbst, sobald einmal die Möglichkeit eines solchen innerlichen Gegensatzes erwiesen war.

Ich drang in meinen Gewährsmann, mir eines der Bücher zu verschaffen, die dieser außerordentliche Mann zur Begründung seiner These geschrieben hatte. Das stieß auf unverständliche Schwierigkeiten; alles, was ich nach längerer Zeit erhielt, war ein hektographiertes Verzeichnis seiner Schriften, die alle mit lateinischen Titeln, wie «Gladius furens» und ähnliche nichts besagende, versehen waren. Der übrigen Welt schien der Verfasser unbekannt geblieben zu sein; nirgends in der Literatur fand ich die geringste Beziehung auf diese in meinen Augen so unerhört tiefe psychologische Beobachtung.

Jahre vergingen, bis es mir gelang, weitere Aufschlüsse über sie und ihren Autor, dem ich einen besonderen Kultus der Verehrung in meinem Denken weihte, zu erhalten. Der Ort, wo sie mir unerwartet entgegentraten, war Krafft-Ebings «Psychopathia sexualis». Da wurde die Bewandtnis, die es mit Assessor Ulrichs hatte, zugleich mit der Widerlegung seiner Theorie unverblümt ausgesprochen. Zwar die Widerlegung überzeugte mich nicht, aber die Tatsache, daß der Lehrsatz Ulrichs nur zur Erklärung homosexueller Neigungen bestimmt war, zerriß jählings jede Gemeinschaft zwischen seinem Urheber und mir und machte die Anwendung seiner Formel auf mich unmöglich. Denn wenn das Symptom der innerlichen Andersgeschlechtlichkeit die sexuelle Anziehung durch Gleichgeschlechtliche war, so fehlte bei mir jede Spur davon. Meine vermeintlich männlichen Neigungen waren rein geistiger Art. Und das weibliche Geschlecht besaß so wenig wie von der geistigen Seite die geringste Anziehung von der weiblichen für mich. Selbst die bloße Zumutung der Schwesterschaft kraft des Geschlechtes, wie sie in der damaligen Frauenbewegung üblich war, habe ich immer abgelehnt; sie forderte eher meinen Widerspruch heraus, weil ich das Geschlecht als solches als viel zu Untergeordnetes und Nebensächliches empfand.

Trotz meines Abfalles von der Ulrichs'schen Theorie trennte ich mich nur langsam und ungern von der Vorstellung, die ihr zugrunde lag. Sie verwandelte sich allmählich in die Einsicht, daß sie das Symptom einer viel höheren psychischen Verfassung sei, als sie Ulrichs kannte, und nahm zuletzt in jenem Typus des Menschen, den ich in der «Kritik der Weiblichkeit» als den synthetischen Menschen bezeichnete, Gestalt an. Noch später lernte ich jenes Wort Goethes kennen, welches das Geheimnis der seelisch-geschlechtlichen Differenzierung so aufschlußreich berührt, jenes Wort, das Riemer als «merkwürdige Reflexion Goethes über sich selbst» mitteilt: «daß er das Ideelle in einer weiblichen Form oder unter der Form des Weibes konzipiert. Wie ein Mann sei, das wisse er ja nicht. Den Mann zu schildern, sei ihm nur biographisch möglich, es müsse etwas Historisches zugrunde liegen.» Die tiefe Bedeutung dieser «merkwürdigen Reflexion» wird wohl nur derjenige verstehen, der weiß, daß die höhere Entwicklung des Menschentumes nach dem Zentrum der Geschlechtlichkeit und nicht nach deren Endpolen zielt.

Neben dieser Erkenntnis söhnte mich auch die Erfahrung mit dem Weibtum aus, daß innerhalb der modernen Zustände das Erleben des Weibes mehr neue und große Möglichkeiten in die Welt bringen kann als das des Mannes.

Wie sehr ich auch von dem Ehrgeiz, mir alle Vorrechte der Männlichkeit anzueignen, besessen war, in einem Punkte trat nie eine Versuchung an mich heran, es den Männern gleichzutun. Und auch darin stimmte ich unwissentlich mit dem Bekenntnis der Frauenbewegung überein, das zwei von einander abweichende Grundanschauungen gegenüber dem Manne enthielt: die Hochschätzung der männlichen Intellektualität als der vorbildlichen und die Verwerfung der männlichen Geschlechtsmoral als einer unwürdigen und herabsetzenden. Nie einen Augenblick lockte mich die Geschlechtsfreiheit, die der Mann nach landläufigen Begriffen genoß; durch oberflächliche Liebesabenteuer in beliebigem Wechsel eine Bereicherung der Welt- und Menschenkenntnis zu erwerben, kam mir ebensowenig in den Sinn, wie die Befriedigung elementarer Antriebe auf diese Weise zu suchen. Hier war zwischen meinem Empfinden und dem typisch männlichen ein ungeheurer Abstand; hier fühlte ich mich ihm unzweifelhaft überlegen. Das schmerzte mich tief. Denn so wenig ich eine Überlegenheit des männlichen Geschlechtes anerkennen wollte, so wenig vertrug sich mein Gleichheitsstreben mit einer Überlegenheit des weiblichen.

Die Gegensätze, in die ich gespalten war, spiegelten sich auf geheimen Umwegen und ohne meine Absicht in meinen Erfindungen. Daß ich aber nicht auf die Idee kam, mich in einem weiblichen Wesen darzustellen, ist gleichfalls bezeichnend für die damalige Verfassung meines Innenlebens.

Und noch in anderer Richtung beherrschte mich dies Identitätsgefühl mit dem männlichen Geschlecht. Wenn ich mich über meine Familienzugehörigkeit besann, die durch die Fäden der Vererbung hergestellt wurde, so zog ich nie die weibliche Linie in Betracht; ich fühlte mich erstens als die Tochter meines Vaters und zweitens als die Enkelin meines Großvaters mütterlicherseits. Aus den wenigen Mitteilungen, die ich von meiner Mutter über ihn erfuhr, schloß ich, daß er literarische Neigungen besessen haben mußte.

Daher wurde er für mich der Repräsentant der intellektuellen Seite meines Wesens, indes mein Vater mit seiner Willensgewalt mir als Urquelle meiner Selbstherrlichkeit und meines Freiheitsstrebens erschien. Die Gegensätze, die ich in mir zur Einheitlichkeit einer auf sich selbst beruhenden Persönlichkeit verschmelzen wollte, deuteten ja auf die Mischung zweier heterogener Elemente.

Ich suchte sie aber nicht in der Rassenkreuzung zwischen jüdischen und arischen Vorfahren – denn diese Vorstellungen waren damals noch nicht in den Vordergrund getreten –, sondern in der persönlichen Verschiedenheit der beiden Männer, die mir in der Reihe der Vorfahren am nächsten standen.

Was ich aus den mir zugänglichen Büchern in meiner Adoleszenz geschöpft hatte, war das Ideal der klassischen Bildung. Ich bemerkte nicht, daß es sich mit der individualistischen Richtung im Grunde nicht vereinigen läßt und daß ich mich damit von der Gegenwart schied, um in die Vergangenheit zurückzukehren. Untrennbar von dem individualistischen Lebensideal der Freiheit durch Selbstbestimmung wiesen die Ideen der Emanzipation in die Zukunft, indes das Ideal der harmonischen Bildung als Grundlage einer Gemeinschaft erlesener Geister, wie es mir als Gestalt meines künftigen Lebens vorschwebte, in der modernen Welt nicht mehr zu verwirklichen war. Da überdies auch die Werte, die ich beherrschend über mein Innenleben gesetzt hatte, nicht unanfechtbar, ja auch nicht durchwegs segensreicher waren, konnte es nicht ausbleiben, daß ich den Göttern meiner Jugend zum Teil abtrünnig werden mußte.

Ich gestehe das ungern; denn das Festhalten an der eingeschlagenen Richtung steht als Vorzug der Persönlichkeit in meiner Schätzung obenan, und ich bin nicht geneigt, der Erfahrung eine entscheidende Stimme in Dingen der Weltanschauung einzuräumen. Eine Wandlung der Anschauungen und Richtlinien, zu denen man kraft der eigenen Wesensart geboren ist, verrät nicht ein Wachstum der Persönlichkeit, sondern Mangel an Treffsicherheit aus einer Uneinheitlichkeit ihres Gefühles, die ihre innere Gewalt und Wirksamkeit schwächt. Und wenn ich mir die Frage stelle, ob es in meinem Leben solche Wandlungen gibt, kann ich am ehesten die Veränderung, die dem eigenen Blicke so schwer erkennbar ist, an meiner Stellung gegenüber jenen höchsten Werten meiner Jugend ermessen.

Welche Bewandtnis es mit dem Streben nach Selbsterkenntnis habe, ist mir früh aufgegangen. Hier war Abwendung ein Gebot der Selbsterhaltung, weil die Störung des seelischen Gleichgewichts das Innenleben so ungünstig beeinflußte. Trotz meiner theoretischen Abwendung hat es doch bis in mein Alter gebraucht, ehe ich diese ungünstigen Einflüsse ganz überwand. Eine Unsicherheit, die sich als Mangel an gesundem Selbstbewußtsein äußerte, ist mir immer geblieben. Wenn auch die Disposition zu dieser Zerfallenheit angeboren gewesen sein dürfte, so hat sie durch das Ideal der Selbsterkenntnis eine unheilvolle Nahrung erhalten, und ich glaube, daß ich erst durch einen Verzicht auf die Vorteile der Selbsterkenntnis jener Schwächung des seelischen Rückgrates entgegen arbeitete, die ihr schlimmster Nachteil ist. Dennoch gibt es für mich – wohl als letzte Nachwirkung meiner hohen Schätzung der Selbsterkenntnis – keine abstoßendere Eigenschaft als Selbstverblendung.

Übrigens bin auch ich unbeschadet der Strenge, mit der ich mich behandelte, der Selbstverblendung nicht entgangen, sogar in Dingen, in denen man am ehesten ein klares Urteil erwarten könnte. Alles Bemühen nach Selbsterkenntnis bleibt ohnmächtig, wo das imaginative Ich, die aus Wunsch und Streben gewebte Vorstellung, die man von sich selbst hat, berührt wird. So war ich die längste Zeit meines Lebens der Meinung, ich sei ein systematischer Kopf, und lediglich die Ungunst äußerer Umstände habe die Schuld, daß meine Kenntnisse so lückenhaft geblieben sind. Denn ich habe alles Wissen nur aufgeschnappt, aus gelegentlichen und zufälligen Mitteilungen mir angeeignet. Es kam häufig genug vor, daß eine unscheinbare Notiz, ein Artikel in einer Zeitschrift, die mir in die Hände fiel, mir ein ganzes Gebiet des Wissens wie ein Blitz erhellte. Die Ergänzungen, die ich dann planmäßig vornahm, blieben aber immer sehr unvollkommen, ja es geschah auch, daß sie das Ursprüngliche, in erster Erhellung gewonnene Verständnis der Zusammenhänge eher abschwächten als vermehrten.

Ich näherte mich schon meinem fünfzigsten Jahre, als eine Bemerkung meines Freundes Karl Kunn – desjenigen Menschen, der meine geistige Konstitution am genauesten kannte – für mich zum Anlaß wurde, jene Auffassung zu berichtigen. Als ich durch einen anderen Freund gedrängt wurde, ein Problem systematisch durchzuarbeiten, warnte er mich vor jedem solchen Versuch, indem er sagte: «Ihr Denken ist ein völlig intuitionistisches; Sie können nicht auf schulmäßige Art zu Resultaten kommen und würden sich dabei nur schaden.» Zuerst war ich über diese Äußerung als über die merkwürdige Verkennung meiner intellektuellen Eigenart durch einen so nahen Freund höchlichst erstaunt. Sie paßte so wenig in mein imaginatives Ich, daß sie sich nur langsam in meiner Selbsterkenntnis Platz schaffen konnte, wenngleich ich mir schon früher nie hatte erklären können, warum mir das Handwerksmäßige der Schriftstellerei immer so unzugänglich blieb, daß ich nicht imstande war, die geringste von außen herantretende schriftstellerische Arbeit, geschweige denn die Bearbeitung eines durch andere gegebenen Themas, zu bewältigen. Meine schriftstellerische Fähigkeit bildet in dieser Hinsicht den äußersten Gegensatz zur journalistischen; und sicherlich hat auch diese für Außenstehende so unbegreifliche Eigenart dazu beigetragen, meine Laufbahn zu erschweren.

Noch später hat sich mir ein anderer Kardinalpunkt meiner Selbstverblendung aufgehellt. In meinem imaginativen Ich nimmt Willenskraft einen breiten Raum ein. Ich hielt mich, verführt durch die Akte der Selbstbeherrschung, ja der Selbstvergewaltigung, die ich an mir verübte, für ein außerordentlich willensstarkes Wesen; und die Unabhängigkeit, mit der ich mich von früher Jugend an gegenüber den Einflüssen meiner Umgebung behauptete, wie meine Auflehnung gegen die durch die Tradition geheiligte Unterwerfung unter die Oberhoheit des Mannes, schienen diese Annahme ausreichend zu begründen. Es bedurfte der Erfahrung eines ganzen Lebens, um mich zu belehren, daß man kein Willensmensch ist, wenn man nicht auf seinem Willen trotz aller Gegenwirkungen zu beharren vermag. Die Fügsamkeit, die sich mit einem theoretischen Protest zufriedengibt, wo die eigene Natur Widerstand verlangt, und selbst die Nachgiebigkeit aus dem Motiv der Rücksicht auf einen geliebten

Menschen oder um unfruchtbaren Reibungen mit tieferstehenden Intelligenzen auszuweichen – Momente, die in meinen äußeren Lebensverhältnissen eine entscheidende Rolle spielten –, bezeichnet eigentlich nur den Grad der Willensschwäche im Verhältnis zu entgegenwirkenden Kräften.

Aber meinem imaginativen Ich zum Trotz ließ sich das Gefühl, wie unzulänglich meine Willenskraft im Verhältnis zu meiner Urteilskraft sei und wie wenig ich praktisch durchzusetzen vermochte, was ich theoretisch erkannte, doch nicht ganz verleugnen. Ich schließe es aus einem Gedicht, das ich ungefähr in meinem zwanzigsten Jahr machte. Es trägt den Namen «Kassandra» als Pseudonym für mich selbst.

Kassandra

Hoch in den Wolken
Wohnen die Götter.
Ungeblendet
Schaun sie das Licht;
Sie halten die Welt
In gewaltigen Armen,
Ordnen und herrschen
Mit wissender Macht.

Über die Erde
Wandeln die Menschen;
Glücklich in Blindheit,
Zwischen den Gräbern
Pflanzen sie Leben;
Teilen die Angst
Und teilen die Freude,
Ihrer Zukunft
Nicht bewußt.

Ich allein
Muß einsam sein!
Umsonst bei den Göttern,
Bei Menschen umsonst
Such ich die Heimat.
Denn ich sehe
Nahes und Fernes
Ehern gefügt
Und kann es nicht wenden –
Wissend und doch
Zur Ohnmacht verdammt.

So früh sich das Gefühl dieser persönlichen Ohnmacht einstellte, die Einsicht in ihre Ursache erlangte ich sehr spät. Ich konnte bis in mein Alter hinein nicht begreifen, wie es kam, daß Menschen, die intellektuell weit unter mir standen, doch um so viel mehr Eindruck mit ihrer Persönlichkeit hervorbrachten und ihre Umgebung beherrschten. Völlig rätselhaft wurde mir dieser Umstand, als ich schon Anerkennung, ja Ruhm in der Welt gefunden hatte, also nicht mehr eine fragwürdige Erscheinung war. Wie sehr ich mich auch bemühte, meinem Urteil Geltung zu schaffen, dennoch – und namentlich meine Vereinstätigkeit gab mir reichlich Gelegenheit zu dieser Erfahrung! – unterlag ich gewöhnlich, während die leidenschaftliche Voreingenommenheit den Sieg davontrug. Das scheint nun sehr einfach aus dem Verhältnis erklärbar, in dem die Vernunft überhaupt zur Leidenschaft im praktischen Leben steht. Vernunft ist keine Elementargewalt, und wo sie einer solchen begegnet, zieht sie den kürzeren. Aber doch liegt hier etwas Geheimnisvolles verborgen; die Gabe, suggestiv zu wirken, läßt sich nicht aus der Elementargewalt der Leidenschaft allein erklären. Sie tritt auch bei Menschen auf, denen dies impulsive Ungestüm fehlt. Das eigentlich Wirksame im Verkehr ist das Selbstvertrauen oder sogar die Selbstüberschätzung. Selbstvertrauen stellt eine Art seelischer Muskelkraft dar, mit der man die Widerstände der Außenwelt überwindet. Diese seelische Muskelkraft hat mir immer gefehlt. Die Schwäche meines Selbstvertrauens bewirkte, daß ich mich der Welt gegenüber auch dort nicht zu behaupten vermochte, wo ich mich im Recht fühlte. Schon bei dem ersten

Zeichen des Widerstandes wich ich zurück. Selbst jener unabsichtliche Zustand, der als Unaufmerksamkeit, Zerstreutheit, Gleichgültigkeit dem Autor in Gestalt des Publikums gegenübertritt, bestärkte den Zweifel an meinen Arbeiten so sehr, daß ich mich nie entschließen konnte, für sie mit meiner Person einzustehen, sie selbst vorzutragen. Mit Staunen sah ich, welche harte Haut in dieser Hinsicht manche Autoren besitzen; sie setzen sich unbekümmert mit ihrem Selbstvertrauen gegen den Publikumswiderstand durch, sie überwältigen ihn mit ihrer seelischen Muskelkraft und schaffen sich dadurch erst Raum, zu wirken. Meine übermäßige Empfindlichkeit in dieser Richtung trug mir öfter den Vorwurf der Mimosenhaftigkeit ein; zusammen mit meinem geringen Selbstvertrauen hat sie meine Laufbahn sehr erschwert. Sie ist auch der Grund, warum ich nie die Eignung besaß, Reden zu halten und mich in ein Verhältnis zur Menge zu setzen, wie es für eine führende Persönlichkeit erforderlich ist.

Nicht viel anders als mit der Selbsterkenntnis verhielt es sich mit dem Streben nach Selbstbeherrschung. Durch die von ihr unzertrennliche Nötigung zur beständigen Selbstbeobachtung lähmte ich die Kraft der Impulse und verbarg mein wahres Wesen hinter einer Maske, unter der ich um so mehr litt, je mehr sie von Menschen, die ich liebte, für meine wahre Physiognomie gehalten wurde. Ich bin heute der Meinung, daß Selbstbeherrschung eher ein Hindernis der eigenen Entwicklung und nur in geringem Grade eine Erleichterung im intimen Verkehr mit anderen ist. Jedenfalls wird sie zu teuer erkauft, sobald sie sich zu einer Hemmung des Gefühlslebens ausbildet.

In der anderen Form hingegen, als Fassung gegenüber äußeren Ereignissen, die sich der Berechnung und Beeinflussung entziehen, bildet die Selbstbeherrschung noch immer einen meiner höchsten Werte, vielleicht denjenigen, auf dem meine ganze persönliche Kultur ruht. Fassung halte ich noch immer für das Mittel, Gewalt über das äußere Leben zu erlangen, somit auch für einen wesentlichen Bestandteil der Zuverlässigkeit. Die Menschen der Tat und des unbeugsamen Willens erlangen diese Gewalt freilich auf andere Weise. Denn Fassung ist nur eine passive Gewalt; man läßt die Ereignisse nicht an sich heran, indem man ihnen nicht gestattet, das innere Gleichgewicht zu stören; man sucht sie zu entwaffnen, indem man die Eindrücke, die sie hervorbringen, sogleich auslöscht und verwischt, sich ihnen innerlich widersetzt.

Am entschiedensten habe ich mich aber von jener Wertung meines Jugendlebens abgewendet, die mir als Grund und Ziel der Selbstbeherrschung vorschwebte. Immer sollte, so dachte ich, der Geist als Inbegriff des eigentlichen Menschentumes über alle anderen Regungen frei gebieten. Sich nie von einem Gefühl, einer leidenschaftlichen Gemütsbewegung hinreißen lassen, sie in allen Lagen verbergen, um stets als überlegene Persönlichkeit besonnen, bewußt, verantwortlich zu erscheinen. Immer für sich eintreten können, immer die Facetten des Geistes im Verkehr mit andern glänzen lassen, nicht Empfindungen, sondern Einfälle zu äußern, das hielt ich für die Sterne der persönlichen Kultur.

Auf diese Weise schnitt ich mir die Verbindung zum Herzen der anderen Menschen ab, die nur durch Wärme und Unmittelbarkeit herzustellen ist. Erst nach vielen Jahren aber habe ich diese Einsicht erlangt. Von da an begann eine Umkehr in meinem bewußten Verhältnis zu mir selbst; zugleich verlor sich auch das Gefühl der Beschämung, das ich – wohl als Reaktion gegen die Durchbrechung der Hemmung – nach jeder unmittelbaren, durch den Verstand nicht beaufsichtigten Wesensäußerung empfand.

Diese Hemmung war wie eine «Aschenschicht», die immer über dem glühenden Stern meines Innern lag; sie konnte nur durch eruptive Gewalt durchbrochen werden. Deshalb gelang es mir, nur mit zwei Arten von Menschen als «ganzer Mensch», als wesentliche Person, in Verbindung zu treten – mit solchen, die durch ihr Wesen diese eruptive Gewalt in mir tätig machten, das waren die erogen auf mich Wirkenden; oder mit solchen, die selbst die eruptive Gewalt besaßen, in mein Inneres einzudringen, das waren diejenigen, die meine Freundschaft gewannen.

Daran hat sich praktisch nicht viel geändert, obwohl ich jetzt die großen, starken, überwältigenden Empfindungen, die alle Hemmungen zu durchbrechen vermögen, zu den höchsten Lebensgütern zähle und den bloßen Geist für nichts achte. Am wenigsten gilt er mir in der Form des Geistreichseins, in der ich früher seinen glänzendsten Sieg erblickte. Das Dokument dieser Wandlung, die Absage an den Intellektualismus, ist in meinen literarischen Äußerungen der Roman «Pigin».

In meiner Lage, wie ich so gebunden dahinlebte, der Familientradition, die sich in dem machtvollen Willen des Vaters verkörperte, hilflos untertan, gab es für das Freiheitsbedürfnis nur die Flucht in das innere Leben der Persönlichkeit. Ich hatte ein starkes Gefühl der persönlichen Kraft, mit der ich mein Leben nicht bloß innerlich, sondern auch äußerlich, wenn die Zeit der Freiheit in Gestalt der Ehe gekommen wäre, nach eigenem Willen gestalten würde. Dennoch stand das Leben mit seinen unbekannten Gefahren zuweilen so drohend vor mir, daß ich mein Vertrauen in die eigene Kraft wie Übermut empfand. Und nicht so sehr waren es große, überwältigende Ereignisse, die mir feindlich erschienen, als vielmehr der kleinliche Kampf mit den Widrigkeiten des bürgerlichen Lebens, dessen lähmende Wirkungen ich täglich zu erfahren Gelegenheit hatte.

Ein Gedicht aus derselben Zeit wie das früher mitgeteilte spiegelt dieses Schwanken zwischen Selbstvertrauen und Schicksalsfurcht wider:

Ich gehe meine Bahn in stolzer Sicherheit,
Bewußt, daß Kraft der Freiheit mir im Busen wohne,
Die mich zu ihrem Dienst mit reichen Gaben weiht,
Der Zukunft trauend, ob sie karge oder lohne.
Verbündet einem Höh'ren, dem Gedanken,
So ford're ich das Schicksal in die Schranken.

«Halt ein und rufe aus verborg'nen Lebenstiefen
Nicht übermütig des Gesetzes Strenge auf!
Ihr wirst du nicht entgeh'n; die dich zum Dasein riefen,
Die dunklen Mächte ändern nimmer ihren Lauf.
Aus deinen Träumen reißt dich jäh die Not,
Die uns beherrscht als ehernes Gebot.»

Mag es so sein! Der ehernen Notwendigkeit
Kann sich kein staubgeborenes Geschöpf entschlagen;
Was unabwendbar jedem ist, das Erdenleid,
Das will auch ich gelassen und beherzt ertragen.
Und ist der Sturm mein Los – in Ungewittern
Soll er wie eine Eiche mich zersplittern.

«Armsel'ger Wurm, dir ist kein großes Los beschieden!
Zerstören wird des öden Alltags schleichend Gift
Mit Nadelstichen langsam deiner Seele Frieden,
Verhungern wirst du auf der abgestorb'nen Trift,
Und statt auf hohem Wipfel frei zu steh'n
Im Sumpfe unbeachtet untergeh'n.»

Es liegt etwas wie ein Vorgefühl in diesen Versen; denn tatsächlich war mein ganzes Leben in seinen charakteristischen Zügen nach außen hin nicht durch große Ereignisse und Schicksalsschläge bestimmt, sondern durch schleichende Übel und Kalamitäten. Meine Unbeholfenheit in allen praktischen Dingen des Lebens, vornehmlich meine Abneigung gegen alle Geldangelegenheiten, die wohl mit meinen mangelhaften arithmetischen Fähigkeiten zusammenhängt, verwies mich auf eine materiell gesicherte Lebensstellung.

Geld besaß keinen Wert für mich, es war eher etwas Lästiges und Beschwerliches. Hier haben wohl Erziehungseinflüsse eine angeborene Unzulänglichkeit unterstützt. Noch als herangewachsenes Mädchen hatte ich keine Gelegenheit, Geld auszugeben; alle unsere Bedürfnisse wurden bestritten, ohne daß wir auch nur erfuhren, was sie kosteten. Zwar bekamen wir ein sogenanntes Monatsgeld zu angeblich freier Benützung; aber ich war ganz einverstanden, daß die Mutter es mir nicht einhändigte. Die Begründung: «Du kannst ja mit Geld nicht umgehen», forderte durchaus nicht denselben Widerspruch heraus wie andere abfällige Bemerkungen. Bis nach meinem zwanzigsten Jahr besaß ich nicht einmal eine Geldbörse. Geschah es, daß ich ausnahmsweise etwas bezahlen mußte, so steckte ich das Geld einfach in die Kleidertasche.

Eines Tages geriet ich dadurch aber doch in Verlegenheit. Das Fahrgeld für den Stellwagen von der Hohen Warte in die Stadt betrug damals fünfzehn Kreuzer; ich hatte es mir wie üblich von der Köchin geben lassen und es in Gestalt eines Zehnerls, eines Vierkreuzerstückes und eines Kreuzers erhalten. Als ich im Stellwagen saß und zahlen wollte, bemerkte ich mit Schrekken, daß der Kreuzer in Verlust geraten war. Ich mußte auf der Freyung eine Anleihe bei der Stellwagen-Nettl unter dem Vorgeben machen, daß ich «mein Portemonnaie vergessen» hätte. Daraufhin schaffte ich mir eines an; aber erst nach Jahren gewöhnte ich mich daran, es zu benützen. Und die Abneigung, eine größere Summe bei mir zu tragen, verursachte in meinem Leben noch vielfache Varianten dieses Erlebnisses mit der Stellwagen-Nettl, weil ich bei Einkäufen zu wenig Geld in der Tasche hatte.

Mit dieser Hilflosigkeit gegenüber Geldangelegenheiten war ich für immer zur Abhängigkeit von familiären Einrichtungen verurteilt, die mich behinderten und hemmten, ohne daß ich bei aller inneren Abwehr einen Weg fand, ihnen zu entgehen. So ist mein äußeres Schicksal eng verknüpft mit inneren Wesensbedingungen. Es gibt wenig folgenschwere Zufälle darin, und das Gesetz, das zwischen der äußeren Lebensgestaltung und der inneren Anlage besteht – eben jenes, das man mit dem mystischen Wort Schicksal bezeichnet –, scheint mir durchsichtig klar, wenn ich meine persönliche Erinnerung überblicke.

Es war allerdings von früh an mein Bestreben, alle Schuld an den Ereignissen, die mich betrafen, in mir selbst zu suchen!

Ich rettete auf diese Weise am sichersten mein Freiheitsbedürfnis vor der demütigenden Auffassung, daß ich beliebigen, unbeherrschbaren Einflüssen von außen unterworfen sei. Und wie hätte ein Wesen, das in seinem Werdegang zufälligen Begegnungen so ganz ausgeliefert, so ganz auf zufällig gebotene Hilfsmittel angewiesen war, ein solches Leben ertragen können, wenn es das Gesetzmäßige der von innen her wirkenden Notwendigkeiten nicht als das Mächtige und Entscheidende anerkannt hätte?

Über aller Ungunst der Verhältnisse, in die ich hineingeboren war, leuchtete aber doch ein freundlicher Stern. Er ließ mich schon in früher Jugend den Mann finden, der zu meinem Wesen gehörte und in dessen Liebe sich dieses Wesen gerechtfertigt fand.

Kein größeres Glück kann einem Menschen, der im Kampf mit sich und seiner Umgebung heranwächst, widerfahren, als diese Beglaubigung vor sich selbst durch die Liebe. Geliebt werden heißt ja, als die notwendige Ergänzung eines anderen Wesens leben. Darin liegt die ungeheure Bedeutung der Liebe für den Einzelnen: seine Individualität, die bis dahin etwas Zufälliges, Losgelöstes, Einzelnes war, wird nun etwas Notwendiges, Eingefügtes, Unentbehrliches. Und so konnte sich aus der Willkür der Selbstbestimmung auch erst die innere Wahrheit meines Wesens entpuppen und Gestalt annehmen, als die Liebe in mein Leben trat.

Das Idol[3]

Unter meinen vielen Geschwistern war es meine um sieben Jahre ältere Schwester Mitzi, an der ich mit besonderer Liebe hing. Der eigenartige Reiz ihrer Schönheit und Wesensart übte nicht bloß auf mich eine Art Bezauberung aus; zahlreiche Bewerber umringten sie von ihrem ersten Aufblühen an.

Bei dem entschiedenen Willen des Vaters, nur eine «solide» Partie zuzulassen, sollte ihr diese Anziehungskraft zum Verhängnis werden. Denn die wiederholten Eingriffe des Vaters beirrten ihre Wahl und trieben sie im Eigensinn der Leidenschaft zu verfehlten Schritten. So hatte der Vater einem jungen Bildhauer, der noch an der Akademie studierte, das Haus verboten, als sich die ersten Anzeichen einer gegenseitigen Neigung bemerkbar machten. Nach einiger Zeit erneuerte sich derselbe Vorgang gegenüber einem Oberleutnant, dessen gleichfalls dem Militär angehöriger Bruder sich mit der bei uns lebenden Schwester meiner Mutter verlobte. Es ist mir nicht bekannt, wie es kam, daß der Vater für diese seine Einwilligung zur Verbindung mit einem Offizier gab, während er sie seiner Tochter verweigerte. Um dieser aussichtslosen Beziehung ein Ende zu setzen, schenkte sie den Bewerbungen eines anderen Gehör, der als Kollege meines ältesten Schwagers ins Haus gekommen war. Er sollte in einigen Jahren Advokat werden, und das genügte den Ansprüchen des Vaters an eine gesicherte Lebensstellung. Von Hochzeit konnte allerdings vorerst noch keine Rede sein. Es begann ein längerer Brautstand, während dessen sich zwischen den Verlobten wachsende Gegensätze einstellten, die vielleicht auch durch die noch nicht verschmerzte Neigung im Herzen meiner Schwester Nahrung erhielten. Die Umstände waren ja ungünstig genug, da der Bruder des Verschmähten täglich Gelegenheit hatte, seinen Einfluß geltend zu machen. Schließlich wurde unter schweren Wirrnissen die Verlobung gelöst, und Mitzi knüpfte heimlich wieder Beziehungen mit dem verpönten Offizier an. Aus den jahrelangen Kämpfen zwischen dem Willen des Vaters und der Leidenschaft der Tochter, die nun folgten, ging die Leidenschaft siegreich hervor. Der Vater gab sein Widerstreben auf – nicht zum Heile der Tochter, deren Ehe sich äußerst unglücklich gestaltete.

Das ist der Rahmen zu den Vorgängen, an denen ich selbst mit meinem Herzensschicksal beteiligt sein sollte.

Ich stand in meinem dreizehnten Jahre, als sich meine Schwester mit Georg verlobte. Mir sehr zugetan, lenkte sie seine Aufmerksamkeit auf meine schriftstellerische Begabung, die damals eben in Briefen und kindlichen Versuchen hervorzubrechen begann. Georg selbst besaß literarische Neigungen; er hatte eine Novelette, «Unter dem Torweg», verfaßt, die er meiner Schwester aus dem Manuskript vorlas. Aus dem Manuskript! Dieses Fremdwort, das damals zum ersten Male an mein Ohr klang, erweckte eine ehrfürchtige Scheu in mir. Alles, was als Buch in die Welt ging, erhielt also sein Leben auf Grund eines solchen geschriebenen Bündels! In diesen mit den wundersamen Zeichen der Schrift angefüllten Blättern nahm das, was mit dunkler Gewalt die Seele des Auserwählten bewegte, Gestalt an, es wurde mitteilbar, sichtbar, unvergänglich! Und der Glückliche, der ein solches Manuskript hervorgebracht hatte, er hielt es in seinen Händen wie ein Stück seines eigenen Lebens, das Werk des unbekannten Wesens, das in ihm wohnte und ihn so lange beklommen herumtrieb, bis er ihm seinen Willen tat!

Die Anziehung, von der Georg in meinen Augen umgeben war, ging von seiner Eigenschaft als Schriftsteller aus. Mit ihm war der erste literarische Mensch in mein Leben getreten. Meine bisherige Umgebung stand der Welt der Bücher wie denen, die sie schrieben, ganz fremd und gleichgültig gegenüber; die Frauen, die darunter waren, betrachtete sie vollends als Entartete mit Geringschätzung. Doch hinderte das nicht, daß diese unerreichbar fernen Wesen mir als Auserwählte erschienen.

Georg, der selbst Schöpfer eines Manuskriptes war, bedeutete für mich eine Art Verbindung mit dieser Welt. Zudem machte er

Verse. Das war nun der Gipfel des Erstaunlichen und Bewundernswerten. Er beabsichtigte, Mendelssohns Lieder ohne Worte mit herauszugeben. Zur Zeit, als er sich verlobte, arbeitete er noch an der Vervollständigung dieser Gedichte; sie waren häufig Gesprächsgegenstand zwischen ihm und seiner Braut.

Auch sonst brachte Georg in unser trotz der Wohlhabenheit des Vaters ganz kleinbürgerlich beschränktes Haus eine neue Richtung. Er holte aus der jüngeren Generation alles hervor, was an geistigen und künstlerischen Gaben in ihr schlummerte oder als zweckloses Studium von ihr betrieben wurde. Meine Schwester Mitzi spielte vollendet Klavier, unter allen Schülerinnen der Madame Campilli am besten. Bisher hatte sie aber kaum Gelegenheit gehabt, ihr Können anzuwenden. Georg spielte Violine; auch besaß er eine kleine, aber wohlklingende Tenorstimme. Obgleich weder sein Violinspiel noch sein Gesang an Mitzis Klavierspiel heranreichte, bildete das gemeinsame Musizieren doch einen der Fäden, die sich zwischen ihren Herzen entspannen. Die Komponisten, die Georg bevorzugte, waren Schumann und Schubert; durch ihn lernte ich den großen Meister zuerst kennen, dessen Geburtshaus mir von der Stellwagenfahrt her vertraut war. Zu Georgs Lieblingsstücken gehörte Schuberts Sonate für Klavier und Arpeggione, und ich kann sie noch heute nicht hören, ohne daß die Stimmung wunderbarer Sommernächte mich wieder ergreift. Durch die offenen Flügeltüren des Balkons dämmert der erlöschende Himmel in den geräumigen Salon, der nur von zwei Kerzen auf dem Klavier erhellt wird; zwischen den Wipfeln der Bäume blinkt der aufsteigende Mond; die nächtliche Luft trägt den Duft der Rosen herauf, die den Rasenplatz vor dem Haus umsäumen. Und diese duftende Stille ist voll von bezaubernden Klängen, die das Herz mit mystischer Gewalt bewegen, alle Eindrücke gleichsam leuchtend machen, daß eine überschwengliche Seligkeit von ihnen ausstrahlt. Als höchste Steigerung mischt sich ein ahnungsvoll elegisches Element hinein, wenn das Rubinsteinsche Lied ertönt: «Gelb rollt mir zu Füßen der brausende Khur», das mit dem leidenschaftlichen Refrain schließt: «Oh, daß es doch immer so bliebe!»

Ihr klingenden Nächte, blühende Stunden, verklärt von dem Glanz der erwachenden Liebe und der erwachenden Seele, von dem Rausch der Lebenserfüllung und dem Rausch der Lebenserwartung – es sollte euch kein zweiter Sommer beschieden sein!

Im Herbst, nach unserer Übersiedlung in die Stadt, wurde die Verlobung kundgemacht. Da es nach der damaligen bürgerlichen Sitte als höchst unziemlich galt, wenn ein Brautpaar auch nur wenige Minuten allein blieb, mußte bei den täglichen Besuchen des Bräutigams stets für eine Wache gesorgt sein. Dieses Amt des «Elefanten» fiel größtenteils mir unter den jüngeren Geschwistern zu; und so kam es, daß ich reichlich Gelegenheit hatte, aus den Gesprächen des Brautpaares meine Weltkenntnis zu erweitern. Gewöhnlich saßen die Verlobten auf zwei niederen Fauteuils neben dem Kamin in dem sogenannten Salon, der bei den Lebensbedingungen unserer Familie mehr ein Musik- und Studierzimmer der Kinder als ein Empfangsraum für Besuche war. Gegenüber, an dem großen Tisch vor dem Sofa, pflegte ich als bestallter Elefant meine Schulaufgaben zu machen. Die Leichtigkeit, mit der ich sie erledigte, gestattete mir, gleichzeitig den Gesprächen in der anderen Ecke zu folgen.

Neben den literarischen Gegenständen waren es Georgs Erzählungen über seinen Freund Emil, die mein höchstes Interesse erweckten.

Emil war eine Art Wundertier in Georgs Augen. Er hatte die Realschule und das Gymnasium hintereinander besucht und die verlorene Zeit bei seinen juridischen Studien so rasch eingebracht, daß er früher als seine gleichaltrigen Kollegen den Doktorgrad erwarb. Zur Zeit war er Konzipient bei einem Advokaten, eine Stellung, die er aber nur als Durchgangsstufe betrachtete. Denn seine Begabung berief ihn nach Georgs Meinung zu einer ganz anderen Laufbahn. In der Tat ist er in späteren Jahren, als Georg längst nicht mehr lebte, Minister geworden. Das Außerordentlichste an ihm, dasjenige, wovon Georg wie von etwas Unglaubwürdigem und Einzigartigem sprach, bildete sein Verhalten gegenüber dem weiblichen Geschlecht. Georgs Andeutungen darüber waren mir vollständig verständlich, obwohl anzunehmen ist, daß er das Gegenteil voraussetzte. «Den hat noch kein Weib bezwungen», sagte Georg; und er erläuterte dieses Wort durch verblümte Reden, aus denen hervorging, daß Emil keinerlei geschlechtliche Beziehungen unterhielt.

Damit wurde eine Seite des Lebens beleuchtet, von der ich, so jung ich war, viel mehr kannte, als sich mit den bürgerlichen Vorstellungen über das mädchenhafte Seelenleben vertrug. Hatte schon die Natur selbst dafür gesorgt, daß ich aus eigener Erfahrung wußte, welche Macht alles Geschlechtliche in der Seele besitzt, so wurde diese Erfahrung, die noch in keinem Zusammenhange mit dem Erleben anderer Menschen stand, durch die üblichen Kindergespräche in der Schule und unter den Geschwistern reichlich ergänzt. Allerdings – das letzte Geheimnis des geschlechtlichen Lebens blieb mir unenthüllt. Ich hörte zwar und glaubte willig, daß die Kinder durch die Eltern und nicht durch den Storch in die Welt kamen; aber was die Geschwister über die näheren Umstände dieses Geschehens erzählten, erschien mir so unglaubwürdig, daß ich es als mutwillige, unanständige Erfindung der Buben betrachtete, die damit die Mädchen zum Narren halten wollten, weshalb ich, schon damals von einem nicht geringen geistigen Stolz erfüllt, solchen Mitteilungen ablehnend auswich.

Das hinderte aber nicht, daß diese Seite des Lebens in dem Zwielicht zwischen Dämonischem und Gemeinem, das ihr eigen ist, auch mich beständig zu Nachforschungen trieb. Darin wurde ich durch die Freundin meiner im Hause lebenden Tante, Philippine, unterstützt. Sie war es, die mir eine sehr realistische Kenntnis der männlichen Lebensführung in Dingen des Geschlechtes beibrachte. Daß Philippine all dies unter Gelächter erzählte, bestärkte nur den Eindruck des Abstoßenden, den ich davon empfing. Namentlich war es die Unwiderstehlichkeit des Triebes, der mit beliebigen käuflichen Weibern, also mit dem nach bürgerlichen Begriffen Schändlichsten auf der Welt vorlieb nahm, was mir unerhört widerwärtig und verächtlich erschien, obwohl ich über diese Art der Gemeinschaft, die sich dabei zutrug, keine Vorstellung hatte. Auf der ganzen Männerwelt haftete in diesem Punkte auch nach Meinung der Philippine, die ich keineswegs als eine mir sittlich ebenbürtige Persönlichkeit einschätzte, ein halb ärgerlicher, halb lächerlicher Makel der Gemeinheit und Unzuverlässigkeit, mit dem die besseren Frauen eben rechnen mußten, weil sie nichts dagegen tun konnten.

Und nun stieg in enthusiastischer Beleuchtung vor mir das Bild eines Mannes auf, dessen hochfliegende Seele von diesem Makel frei war! Als Einleitung zu seinen Mitteilungen über die Eigenart Emils erzählte Georg eine Geschichte von einem gewissen Plato, dessen Namen ich bei dieser Gelegenheit zum erstenmal hörte. Georg nannte ihn den größten Philosophen Griechenlands. Er habe weiblichen Reizen gegenüber für so unzugänglich gegolten, daß eine berühmte athenische Schöne mit ihren Freunden eine Wette einging, sie werde erreichen, was noch keiner gelang. In einer Regennacht begehrte sie, ganz durchnäßt, Einlaß und Unterkunft bei ihm. Er bot ihr in Ermangelung einer zweiten Liegestatt die Hälfte der seinen; und als sie nun entkleidet neben ihm lag, glaubte sie schon gewonnenes Spiel zu haben. Indes sagte er nur gleichmütig: «Rücke ein wenig zur Seite, du nimmst zu viel Platz ein», drehte sich um und schlief ein. An diese Anekdote knüpfte Georg die Bemerkung, er kenne nur einen Mann, der so handeln könne – Emil.

So verschmolz in meiner Phantasie die Glorie des größten Philosophen mit der Gestalt Emils. Dieses Widerstehenkönnen, diese Herrschaft des inneren Menschen über die Versuchung machte auf mich einen ganz überwältigenden Eindruck; und deutlich, wie eine Offenbarung, fühlte ich: Das ist der Mann, der zu mir gehört!

Was sich da in mir ereignete, ist ein typischer Vorgang, der in allen Liebesgeschichten häufig vorkommt – nach meiner Auslegung die Erweckung eines Idols durch Schilderung erogener Züge. Denn Emil begann in mir mit jener Gewalt zu herrschen, die nur durch die erotische Betonung eines Vorstellungsbildes bewirkt wird; und so groß war der Einfluß, den er auf mich ausübte, daß er die Richtung meines Erlebens in den Fragen des sexuellen Gebietes für alle Zukunft bestimmte.

Ich hegte im stillen die Meinung, daß die athenische Schöne einen ganz falschen Weg der Eroberung eingeschlagen habe. Wie dumm, zu glauben, daß man einen solchen Mann auf so plumpe Weise verführen könnte! Wenn es ein Mittel gab, ihn zur Liebe zu bewegen, so war es nur durch geistige Gemeinschaft. Und da ich die Mittel der geistigen Gemeinschaft zu besitzen wähnte, ging mein Dichten und Trachten bald darauf, mit Emil zusammenzukommen.

Diese Zusammenkunft fand auch eines Tages noch im selben

Winter bei einem Promenadenkonzert im Kursalon statt, wo Georg ihn mit seiner Braut und mir bekannt machte. Ich war dabei so befangen und innerlich bewegt, daß ich mein Idol kaum anzusehen wagte und auf die paar Bemerkungen, die er gelegentlich an mich richtete, nur einsilbige Antworten gab. Die Mittel der geistigen Gemeinschaft versagten fürs erste von meiner Seite vollständig. Aber so wenig ich imstande war, mich mit seiner realen Person in Beziehung zu setzen, so stark war doch der Eindruck, den seine Worte hinterließen. Obwohl sie, wie es sich bei einer flüchtigen Begegnung bisher einander Unbekannter von selbst versteht, sich um ganz gleichgültige Dinge bewegten, entsinne ich mich ihrer noch heute genau. Zuerst kam das Gespräch auf die «Fliegenden Blätter», als deren Verehrer Emil sich bekannte. Er fand namentlich die kleinen Noveletten und Humoresken, die darin erschienen, ganz reizend – Grund genug für mich, sie fortan mit der weihevollen Vorstellung zu lesen, daß ich dadurch eine Art Kontakt mit ihm genieße, und die «Fliegenden Blätter» jahrelang als eine Zierde der deutschen Literatur zu betrachten. Dann erhob sich das Gespräch um eine Stufe, indem es sich auf das eben im Kunstverein ausgestellte Bild Wilhelm von Kaulbachs «Pedro Arbues, der Großinquisitor» wandte. Diese Kunst der theatralischen Gruppierung mit schönem Faltenwurf stand damals im höchsten Ansehen. Zwar bildete Pedro Arbues, dessen gierige Hände sich mit beleidigender Unzweideutigkeit nach den Goldbeuteln der eben zum Feuertod verurteilten Ketzerfamilie ausstrecken, einen schon ans Parodistische grenzenden Auswuchs der Kaulbachschen Darstellung; dennoch war die Bewunderung einstimmig, und Emil gestand, daß er dieses Bild für etwas Außerordentliches halte. Und so blieb auch ich im Banne Kaulbachs und verehrte in ihm den größten deutschen Meister der Neuzeit – bis ich das erste Bild Böcklins zu Gesicht bekam.

Emils Äußeres konnte nicht gerade als einnehmend gelten; ein ungepflegter Bart umrahmte seine wulstigen Lippen, und seine kleinen Augen sahen durch dicke Brillen in die Welt. Und doch hörte und sah ich nur ihn; ein anderer Freund Georgs, der bei dieser Begegnung gleichfalls zugegen war und sich viel mehr mit mir beschäftigte als Emil, konnte sich nur wie ein undeutlicher Schatten neben ihm behaupten. Denn die fleckenlose Seele dieses

Mannes überstrahlte für mich seine Erscheinung mit zauberischer Anziehung; und ich trug, trotz meines linkischen Benehmens, die feste Überzeugung davon, daß das Schicksal ihn und mich zu wunderbaren gemeinsamen Erlebnissen bestimmt habe.

Zunächst wurde meine Zuversicht durch Georgs Interesse an mir bestärkt. Ich hatte im Frühjahr, noch ehe Georg in unseren Kreis trat, ein Buch geschrieben. Das heißt, was ich mir damals unter Bücherschreiben vorstellte. Notwendig war dazu in erster Linie ein Buch, in das man hineinschrieb. Man wählte die Stärke des Buches nach dem Stoff, den man im Sinne hatte; und es gehörte zu den Fertigkeiten des Schriftstellers, das Ausmaß des Buches mit dem des Stoffes in Übereinstimmung zu setzen. Ebenso wichtig war es für ihn, eine möglichst große Anzahl verschiedener Schreib- und Notizbücher zu besitzen; sie nahmen daher unter meinen Weihnachts- und Namenstagswünschen stets den ersten Platz ein. Der Augenblick, in dem man ein neues Buch begann, hatte immer etwas Festliches, Verheißungsvolles, als sollte jetzt etwas Außerordentliches in die Welt treten. Nur gediehen leider die meisten Bücher nicht über die ersten Seiten hinaus; der Stoff stockte gar bald, und der Anblick der vielen leeren Blätter bildete einen beständigen Vorwurf für den lässigen Schriftsteller, der nicht wußte, womit er sie ausfüllen sollte.

Zum erstenmal nun war der Wurf gelungen: ich hatte ein wirkliches ganzes, vollausgeschriebenes Buch hervorgebracht, allerdings, indem ich an den Heftbünden mit sorgfältiger Berechnung überall ein paar Blätter heraustrennte, um die anspruchsvolle Dicke des Buches zu verringern. So war ein dünnes Bändchen übriggeblieben, aber voll bis auf eine einzige Seite. Der Inhalt bestand in einer humoristischen Erzählung, deren komische Wirkung nach meiner Meinung durch die Wahl der Namen, besonders der freierfundenen, unwiderstehlich wurde. Ein Herr Zwiebel, Gelehrter und Philosoph in der Stadt Pschwesk, macht die Bekanntschaft eines Fräulein Krenn (Meerrettich), und um sich bei ihr in Gunst zu setzen, unternimmt er mit seinem Diener Pscheslawek eine Luftschiffahrt, auf der seine Seelenstärke durch vermeintlich große Gefahren auf die Probe gestellt wird. Seine Hochzeit, die er in dem historischen Gasthaus «Zum herrlichen Schwein» feiert, bildete unter ausführlicher Schilderung der damit verbundenen Festlichkeiten samt der kleinstädtischen Toilettengala den Schluß des Buches.

Georg bezeigte für dieses Opus ein sehr freundliches Interesse; nachdem er es einige Tage von mir entlehnt hatte, fand ich auf der leeren letzten Seite das folgende Gedicht:

Das also ist die wundersame Märe
Von Meister Zwiebels kühner Luftschiffahrt,
Von der zu Pschwesk ihm wiederfahrenen Ehre
Und wie bald Schunktscher Krenn sein Weibchen war.

Dann von Pantoffeln, Tüll- und Atlaskleidern,
Vom Bürgermeister und vom «herrlichen Schwein»,
Von Feuerbrunst und eines Schiffleins Scheitern,
Von Kirchweih, Spiel- und Gondelfahrten fein.

Und noch von tausend andern lust'gen Dingen
Erzählet lachend uns dein junger Mund;
Verbunden hübsch weißt du all dies zu bringen,
Treibst du's auch manchmal etwas kunterbunt.

Handhabst wohl auch, scheint's, einen Liebestrichter –
Drei Paare hast du fertig, eh man's denkt,
Ahnst nicht, wie schwer es war schon manchem Dichter,
Bis er zusammen eines nur gelenkt.

Das ist die Phantasie, die kummerlose,
Die lächelnd jede Sorge eitel nennt,
Die glücklich würfelt alle Menschenlose,
Da sie vom Schmerz nur erst den Namen kennt.

Das ist der Zauber in dem Kindesleben,
Der süße Reiz, der aus dem Märchen spricht,
Der unbewußt in stillem, zartem Leben
Anmutend jedes warme Herz umflicht.

So habe ich denn mit Lachen und Behagen,
Mein Röschen, deinen Zwiebel durchstudiert,
Und kann ich frei ihn nicht von Fehlern sagen,
Ihm doch im ganzen alles Lob gebührt.

Drum soll's uns freu'n, wenn neue Federtaten
Uns deine heit're Laune bald beschert.
Du, Mädchen, darfst dir viel ja noch gestatten,
Was dem Poeten strenge ist verwehrt.

Wohl schien mir in diesem Gedicht nicht alles einleuchtend, besonders die Stelle mit dem Liebestrichter und warum es dem Dichter manchmal schwerfalle, ein Liebespaar zusammenzulenken; doch war ich sehr beglückt über den dichterischen Verkehr, der sich da für mich erschloß – wie denn bis in mein spätes Alter ein Austausch von Gedichten mir immer als Zeichen hoher Lebenskultur ein begehrtes Erlebnis blieb. Als aber Georg nun gar mit der Nachricht kam, sein Freund Emil habe den Plan gefaßt, «Herrn Zwiebels merkwürdige Abenteuer» durch eine Fortsetzung zu vervollständigen, kannte meine Seligkeit keine Grenzen. Das Leben des Geistes und der Liebe öffnete sich glanzvoll: einladend eben schien der Weg, der zu Glück und Ruhm führt, vor mir zu liegen.

Es war ein harter Schlag für meine Zukunftsträume, als das Verlöbnis meiner Schwester aufgehoben und Georg aus unserem Hause verbannt wurde. Die Brücke, die mich zu Emil führte, war damit abgebrochen. Über die Gründe des Zerwürfnisses erfuhr ich nichts und merkte erst nach dem Bruche, daß in der Familie eine ziemlich starke Feindseligkeit gegen Georg verbreitet war. Nur mein Bruder Adolf, der unter den sieben Brüdern meinem Herzen damals am nächsten stand und sich viel mit mir beschäftigte, hielt heimlich den Verkehr mit Georg aufrecht, allerdings, ohne daß ich vorerst darum wußte.

Vier Jahre vergingen, ehe für mich eine Möglichkeit winkte, mich mit diesem wieder in eine persönliche Verbindung zu setzen, vier lange Jahre, in denen ich innerlich jene schwere Wandlung durchmachte, die von der Kindheit in die Jugend führt. Für mich war sie aus vielen Gründen schwerer und einschneidender als für andere. Nur eines blieb in allen Erschütterungen unverrückbar fest: meine Verehrung für Emil. Er war der Stern dieser finsteren Nacht, das leuchtende Götterbild, an dem ich mich in meinen Bedrängnissen aufrichtete, der Talisman, dessen Berührung jede Fiber zu neuer Kraft spannte. Die Erinnerung an ihn spornte mich täglich von neuem an, in meinen inneren Kämpfen siegreich zu sein; es war, als nähme er unsichtbar an allem teil, was ich tat, und der Gedanke, daß er um alles wissen werde, was in mir vorging – nicht durch eine mystische Fernwirkung, sondern durch eine später einmal zu verwirklichende Seelengemeinschaft –, stand immer Wache auf meinem Wege.

Die Kanzlei, in der Emil beschäftigt war, lag nur eine Gasse weit von dem Hause entfernt, in das ich täglich zur Schule ging; da schien es nicht unmöglich, daß er mir zuweilen begegnete. Immer war ich daher in einer festlichen Erwartung auf der Straße – konnte sich denn nicht jeden Augenblick dieses Herrliche ereignen und der Mann meiner Träume leibhaftig vor mir stehen, ja, vielleicht mit einem Gruße bezeugen, daß er mich wiedererkenne –? Hie und da, wenn die Erwartung in Ungeduld überging, suchte ich dem mißgünstigen Zufall hilfreich unter die Arme zu greifen. Dann nahm ich den Umweg über die benachbarte Gasse, blieb atemlos vor dem gesegneten Hause stehen, das ihn umfing, und wartete eine Weile. Einmal wagte ich es sogar, in den Hausflur zu treten. Dort fand ich die Tafel mit dem Namen des Advokaten, in dessen Kanzlei Emil arbeitete – zufälligerweise trug er meinen eigenen Familiennamen, ohne daß irgendeine Verwandtschaft bestand –, und mit andächtiger Scheu hing ich an diesen gleichgültigen Lettern, die in meinen Augen eine Welt beseligend phantastischen Lebens umschlossen.

Ich pflegte mit meiner Schwester Madeleine in die Schule zu gehen; da wir aber nicht in derselben Klasse waren, geschah es einige Male wöchentlich, daß wir zu verschiedenen Stunden einzutreffen hatten. Dann ging ich allein – wahrscheinlich ohne Vorwissen des Vaters, der keinerlei Abweichungen von den strengen Vorschriften der bürgerlichen Wohlanständigkeit duldete; und dazu gehörte damals auch die Anschauung, daß ein junges Mädchen nicht allein auf die Gasse gehen dürfe. Es mochte sein, daß ich, in der beständigen Erwartung, Emil zu begegnen, den Männern freier ins Gesicht sah, als es sich mit der herrschenden Sitte vertrug; denn ich erntete im Vorübergehen öfter die in diesem Falle üblichen Kosenamen, und einmal verfolgte mich ein solcher Gassenschwärmer bis ins Treppenhaus der Schule, wo er mich stotternd einlud, das «Tagblatt» zu lesen.

Auch andere Männer traten früh als Mannwesen in mein Leben; denn ich war über mein Alter hinaus erwachsen und trug schon mit dreizehn Jahren ein Mieder und lange Kleider.

Wenn ich eine Gewissenserforschung über meine ersten erotischen Eindrücke vornehme, so stellt sich ein Leutnant ein, der Bruder einer Freundin meiner Tante, der, als ich elf Jahre alt war, im Hause verkehrte und mir, wie es scheint, einige scherzhafte Aufmerksamkeiten erwies. Daß sie Eindruck auf mich machten, schließe ich daraus, daß ich ihn immer mit einiger Ungeduld erwartete. Irgendwelche Träume hefteten sich aber nicht an ihn; wenigstens habe ich nichts dergleichen in Erinnerung gehabt.

Doch ist der Leutnant Fritz nicht der erste Mann, den mein Gedächtnis als begehrenswerte Erscheinung festhält. Eines Tages – es dürfte in meinem neunten oder zehnten Jahre gewesen sein – erhielten wir Kinder die Erlaubnis, die über das Ringelspiel hinausgehenden Wunder des Wurstlbraters in Augenschein zu nehmen. Da gab es viele erstaunliche und unheimliche Dinge, wie die Dame ohne Unterleib, die zweite Miss Pastrana, die einen Vollbart hatte, putzige Zwergmenschen in bunten Barockgewändern. Schlangen, Affen, Neger, auch ein Riesenkind, fast wie ein Mastschwein und nur mit einem kurzen Hemdchen bekleidet, das für die Beschauer hinten aufgehoben wurde, um eine Rückseite gewaltigen Umfangs zu enthüllen. Das kleine Ungeheuer schlug während dieser Vorführung zum Zeitvertreib mit einem Kanönchen an einem Bindfaden um sich und traf mich unversehens damit an der Hand, was mich so sehr verdroß, daß ich von weiteren Buden nichts mehr wissen wollte. Trotzdem ließ ich mich überreden, noch den Taucher anzusehen, der in einem eigens für ihn gebauten Bassin in voller Taucherausrüstung zeigte, wie man auf dem Meeresgrund spazierengeht.

Das Bassin, ein stockhoher Bau, war mit verglasten Guckfenstern in Augenhöhe versehen, so daß die Zuschauer alle Bewegungen des Tauchers im Wasser verfolgen konnten. Daneben hörte man den Lärm eines Motors, der dem Taucher Luft pumpte; wenn der Motor, so wurde uns gesagt, aussetzte, müßte der Mann auf dem Meeresgrunde jämmerlich ersticken. Das umgab ihn mit einem Schauder von Gefahren und Heldentum, während man mit den Augen an seiner verschwommenen Gestalt, mit den Ohren an dem Geräusch des Motors hing, bereit, ein verzweifeltes Geschrei anzustimmen, sobald das Geringste passieren sollte. Aber der Mann im Wasser schien keine Angst zu kennen; er ging auf seinen dicken Bleisohlen ganz gewandt im Kreis herum und machte bei jedem Fenster seine Verbeugung. Als er an das meinige kam, legte er seinen Kopf mit dem unförmigen Helm, von dem ein Schlauch an die Oberfläche führte, dicht an das Glas und lachte mich an. Er hatte einen blonden Schnurrbart, blaue Augen und glänzende Zähne. Und so sehr berückte er mich, daß ich auf der Nachhausefahrt davon träumte, ihn, wenn ich eine Prinzessin wäre, in meiner Karosse zu entführen, um auf meinem Schloß mit ihm zu wohnen – in der Welt der Märchen, in der ich lebte, keine ungewöhnliche Handlungsweise.

Jener Freund Georgs, den ich zugleich mit Emil im Kursalon kennenlernte, ohne daß ich ihm Beachtung schenkte, hatte die Absicht gefaßt, sich um mich zu bewerben. Meine Schwester Mitzi erzählte es mir mit der Bemerkung, er sei ganz bestürzt gewesen, als er erfuhr, daß ich erst dreizehn Jahre zähle. Daher scheint er sich die Sache wieder anders überlegt zu haben; denn er trat nie auf den Plan.

Dann war unter anderen, die wie Georg als Kollegen meines älteren Schwagers ins Haus kamen, einer, der den Ruf des Unwiderstehlichen genoß. Schön konnte ich ihn nicht finden, weil er klein und untersetzt von Gestalt war, aber er besaß einen bezaubernden Mund und wundervolle Augen, große, hellgraue, von langen Wimpern beschattete Sterne, die mit ihrem träumerischen Blick den Eindruck erweckten, daß in ihnen der Schimmer einer adeligen Seele leuchtete. Und er wußte durch einen gewissen schwärmerischen Augenaufschlag diesem Eindruck tatsächlich eine merkwürdige Überredung zu verleihen. Aber eine Bemerkung, die ich von meinem Schwager gleich anfangs über ihn hörte, baute ein- für allemal der Wirkung seines Augenaufschlages bei mir vor. Er habe irgendwo in einem oberösterreichischen Städtchen eine Braut, um die er sich nicht kümmere, weil er so viel Anklang bei den Wiener Frauen finde. Vielleicht wäre ich ohne diese Bemerkung gegen seine erotischen Künste nicht unempfindlich geblieben; denn nebst seinem eindrucksvollen Augenaufschlag hatte er noch eine besondere Art, innig die Hand zu drükken und abgebrochene Worte heiß ins Ohr zu flüstern; auch faßte er im Moment des Alleinseins einen Kleidersaum oder einen meiner herabhängenden Zöpfe, um ihn leidenschaftlich stumm an die Lippen zu führen. Überdies war er ein hervorragender Klavierspieler und als Anhänger der Wagnerschen Musik von einem Nimbus künstlerischen Prophetentums umgeben. Aber mein Mißtrauen war geweckt, und ich bemerkte alsbald, daß er seinen zärtlichen Gewohnheiten auch gegenüber meinen beiden älteren Schwestern freien Lauf ließ. Eine vierzehnjährige, eine sechzehnjährige und eine zwanzigjährige Angebetete gleich in ein und derselben Familie – das war unklug von dem Unwiderstehlichen. Durch meine Mitteilungen über seine wunderlichen Manieren im Umgang mit jungen Mädchen kam seine wenig schmeichelhafte Vielseitigkeit an den Tag, und er verlor das Spiel bei allen drei Beteiligten. Später heiratete er eine bekannte Sängerin, mit der er nicht zum besten lebte, und starb noch in jüngeren Jahren an einem Leberleiden, das er sich durch unmäßiges Trinken zuzog.

Wie abschreckend auch die polygamen Neigungen des Unwiderstehlichen auf mich wirkten – ich muß doch eingestehen, daß ich mit einem Teil meines Wesens nicht gleichgültig gegen seine Huldigungen blieb. Sie schmeichelten meiner Eitelkeit, die trotz aller asketischen Grundsätze immer das volle weibliche Ausmaß in mir behauptete; aber auch darüber hinaus bewegten sie mich in einer mir unbegreiflichen Weise, obwohl das Vorherrschende in meinen Gefühlen für ihn die Geringschätzung blieb.

Nie einen Augenblick trat eine Versuchung im Wunsch an mich heran, ihm näherzukommen. Es scheint, daß er eine gewisse erotische Macht über mich gewann, indem er seinem Betragen die äußere Form der seelischen Hingebung zu leihen verstand; das Wissen um sein wahres Wesen aber zerstörte von allem Anfang an jede Idolbildung und bewahrte mich vor der tieferen Anziehung, die er sonst vielleicht ausgeübt hätte. Ein Mann der Abenteuer, ein Eroberer, der jede Frau zu gewinnen weiß und für jede zu haben ist, wäre nie imstande gewesen, meine Liebe zu gewinnen. Immer hätte der Abscheu, nur eine unter vielen zu sein, jede erotische Anziehung überwogen. Allerdings – da es auch Eroberer gibt, die unter der Maske der Unzugänglichkeit oder der weltschmerzlichen Entsagung auftreten, will ich nicht behaupten, daß die Treffsicherheit meines Gefühls sich lebenslänglich bewährte.

Das stärkste Hindernis jeder Anziehung von männlicher Seite bildete aber damals mein Verhältnis zu Emil. Undenkbar wäre es mir gewesen, daß je ein anderer Mann ihn aus meinem Herzen verdrängen könnte; und so bewegten mich nur kameradschaftliche Gefühle in meinem vertrauten Verkehr mit den Kollegen Adolfs, Realschülern, später Studenten der Technik, die er mitbrachte. In der ersten Zeit war es ein Baron Hartlieb, mit dem ihn eine lebhafte Freundschaft verband; ich hörte teils mit, teils ohne Verständnis ihre Realschulgespräche an und schnappte immerhin einiges Wissen von Gegenständen, die der Mädchenschule verschlossen waren, daraus auf. Bei den kleinen Ausflügen in die Umgebung, zum Beethovengang und weiter bachaufwärts zur Wildgrube, führte aber ich das Regiment; und es scheint ein ritterlicher Zug in diesem Umgang nicht gefehlt zu haben. Denn ich erinnere mich, daß Baron Hartlieb einmal, als ich im Graben des Baches eine besondere Blume bemerkte, sich ohne Besinnen hinunterstürzte und dabei so tief in den Sumpf geriet, daß er sich in die Büsche schlagen mußte, um seine Person mit Hilfe von Grasbüscheln und geborgten Taschentüchern vom Knie abwärts wieder in Stand zu setzen.

Nachdem er die Maturitätsprüfung abgelegt hatte, übersiedelten seine Eltern nach Graz, und er schwand daher früh aus unserem Kreise. Für die Lücke, die er hinterließ, sollte sich bald ein Ersatz finden. Noch ehe er Abschied genommen hatte, saßen wir eines Vormittags mit der Gouvernante rückwärts im Garten auf einem mit Gebüsch umgebenen Platz, als sich über den sonnenbeschienenen Weg eine schlanke, hochgewachsene Gestalt heranbewegte, die wir für Hartlieb hielten. Da sich unsere äußere Erscheinung der frühen Stunde wegen noch in keinem besuchsfähigen Zustand befand, riefen wir aus dem Gebüsch dem Eindringling lachend entgegen: «Nicht herein, nicht herein!» Er blieb stehen wie festgebannt, und jetzt bemerkten wir erst mit Schrecken, daß es ein fremder junger Mann war, den wir so familiär behandelt hatten.

Zum Glück erschien Adolf alsbald und führte ihn abseits, so daß wir uns durch schleunige Flucht unsichtbar machen konnten. Der neue Ankömmling, auch ein Schulkollege, sagte zu Adolf verwundert: «Bei Euch geht's aber sonderbar zu». Denn unten beim Eingang hatte ihn die alte Fanni sehr freundlich begrüßt, indem sie sagte: «Küß die Hand, Herr Baron, gehen Sie nur weiter in den Garten, dort sind die jungen Herrschaften»; und dann wurde er mit einem «Nicht herein» von diesen jungen Herrschaften kurz abgewiesen. Allerdings hat ihn der weitere Verlauf seiner Beziehungen zu unserem Hause einigermaßen für dieses erste «Nicht herein!» entschädigt.

Die Unmöglichkeit, in absehbarer Zeit mit Emil eine reale Verbindung anzuknüpfen, änderte nichts an meinem festen Glauben, daß wir füreinander bestimmt seien; ich beschäftigte mich in meinen Gedanken unablässig mit ihm, führte lange Gespräche mit ihm, schrieb in mein Tagebuch Briefe an eine gedachte Person und stellte mir in unerschöpflichen Variationen unser Zusammentreffen und dessen weitere Ausgestaltung vor. Im Laufe der Zeit, als allmählich die Liebe jene hohe Rolle, die sie im weiblichen Leben besitzt, auch bei meinen Zukunftsträumen zu spielen begann, nahm der Kultus für die Person Emils immer deutlicher eine erotische Färbung an. Emil war der allen Frauen unzugängliche Mann, der unwissentlich auf mich wartete; ich sollte ihn dereinst besitzen als die erste und einzige, die Erwählte des Schicksals, dessen Werkzeug Georg mit seiner Erzählung war.

Aber nicht eine passive Ergebung in das Walten einer mystischen Macht war dieser Glaube an das Schicksal; ich selbst sollte mein Glück mit eigener Hand, mit eigenem Willen und Wirken herbeiführen, sonst wäre es nur ein unverdienter Zufall und nicht eigenes Verdienst, dem ich das Außerordentliche zu verdanken hätte. Die Vorstellung der Selbstherrlichkeit, die mich so vielfach verführte, mir selbst und den Dingen Gewalt anzutun, wirkte auch hier und ließ es mir als eine völlig erlaubte, gar keinem Zweifel unterliegende Sache erscheinen, daß man andere Menschen seinen eigenen heimlichen Zwecken dienstbar machen dürfe. So sollte Georg für mich die Brücke zu Emil bilden; und da ich überdies eine Brücke zu Georg brauchte, zögerte ich nicht, die erste Gelegenheit, die sich mir in dieser Hinsicht bot, zu ergreifen.

Es war Karl Mayreder, der neue Ankömmling und Ersatzmann

Hartliebs, von dem ich gelegentlich erfuhr, daß mein Bruder Adolf noch mit Georg in Verbindung stehe. Sie pflegten sich nach längeren Zwischenpausen im Gasthause zu treffen; und bei einer dieser Zusammenkünfte lernte Karl Mayreder, dessen Verkehr mit Adolf wie mit uns im Laufe der Zeit ein sehr reger wurde, Georg kennen.

Sein erstes Auftreten bei uns hatte sich wenige Monate nach dem unglücklichen Ausgang von Georgs Verlobung ereignet. Ich war damals dreizehn Jahre alt; aber erst, als ich mein siebzehntes Jahr vollendete und damit nach bürgerlichen Begriffen in das ballfähige Alter trat, bot sich mir die Möglichkeit, eine persönliche Zusammenkunft mit Georg herbeizuführen. Es traf sich zu dieser Zeit, daß Karl Mayreder im Komitee eines Technikerkränzchens mit der Aufgabe betraut war, die jungen Damen seines Bekanntenkreises dafür anzuwerben. Er ließ nicht locker, bis er auch mich dazu überredet hatte.

Das gelang nicht so leicht; denn in meinem Innern war ich dem Tanzen abgeneigt. Jenes Kindheitserlebnis wirkte immer noch ein wenig nach; stärker aber wurde meine Abneigung durch den Umstand bestimmt, daß man da auf dem Balle an der Wand unter mütterlicher Obhut sitzen und warten sollte, bis ein Tänzer sich meldete. Dem Belieben fremder Männer untätig preisgegeben zu sein, schien mir ganz unerträglich; ebenso wie die Vorschrift, unbedingt jeden Tänzer, der durch eine berufene Person vorgestellt wurde, anzunehmen und ihn, wie unsympathisch man ihn auch fände, nicht abzuweisen. Überdies sträubten sich meine asketischen Grundsätze gegen die übliche Art der Rundtänze, bei denen man, vom Arm eines Fremden umschlossen, die engste Nähe erdulden mußte, ohne daß man absichtliche oder unabsichtliche Überschreitungen des gebotenen Abstandes hätte abwehren können. Ganz unleidlich aber war der Rundtanz besonders deshalb, weil die Tänzerin sich der Führung des Tänzers zu unterwerfen hatte und als desto vorzüglicher galt, je willenloser sie sich ihm anpaßte.

Die Erfahrung belehrte mich erst, bis zu welcher schauderhaften Unförmlichkeit der Rundtanz durch den Mangel an Gewandtheit bei den Männern wie durch die Überfüllung der modernen Ballfeste gesunken war; sie bestätigt aber auch, wie recht ich mit meiner theoretischen Ablehnung hatte. Man kann sich keine lächerlichere und ärgerlichere Situation denken als diejenige der Tänzerin, die, der Führung eines unfähigen Tänzers ausgeliefert, als Stoßball für die anderen anprallenden Tanzrüpel dienen muß, ohne daß sie imstande wäre, den Zusammenstößen, die sie kommen sieht, vorzubeugen. Ergrimmt über alle die Rippenstöße und Fußtritte, die den Rundtanz auf einem überfüllten Ball begleiteten, wenn der Tänzer ungewandt war, habe ich oft meinen Partner an der Frack-Schulter gefaßt und manchen Puff durch eigenmächtige Schwenkung abgewehrt.

Karl Mayreder verpflichtete sich, alle Übelstände, die ich an den Ballsitten aussetzte, nach Möglichkeit zu beseitigen oder wenigstens zu mildern; er übernahm die Bürgschaft, daß immer eine genügende Anzahl Tanzbewerber zu meiner Verfügung stehen sollte; auch wollte er das Amt des Vorstellens selbst übernehmen und dafür sorgen, daß kein ungeschickter oder sonstwie abstoßender Tänzer sich eindrängen könne. Als ich aber noch immer mein Widerstreben nicht aufgab und Ausflüchte aus dem Bereich meiner asketischen Grundsätze auszukramen begann, sagte er unmutig: «Ja muß man denn immer in höheren Regionen schweben?» Mit diesem Worte trug er den Sieg über mich davon. Denn mit meinem Innersten wollte ich zwar wirklich «immer in höheren Regionen schweben», aber beileibe sollte davon nichts mit dem gewöhnlichen Leben in Berührung kommen – nicht etwa weil ich eine Scheidung meines eigenen Wesens in zwei verschieden orientierte Personen vornahm, sondern weil ich die höhere Region meines wahren Lebens vor der «Profanation» des Alltäglichen schützen wollte.

Ich willigte also ein, den Ball zu besuchen, bedang mir aber zu allem übrigen aus, daß Karl Mayreder auch Georg dazu überreden müsse. In der Tat brachte er mir wenige Tage später dessen Zusage. Nun begann sich dieser erste Ball für mich mit einem Nimbus festlicher Erwartung zu umgeben. Das rosafarbene Seidenkleid, die durchbrochenen Strümpfe, die Goldlackschuhe, die kunstvolle Frisur, bei der meine ohnedies sehr reichen Haare nach damaliger Mode durch ein Kreppeisen zu einem Riesenbau aufgeplustert wurden – alles galt jetzt Emil, der, wenn auch nicht in eigener Person, so doch durch seinen berufensten Vertreter anwesend sein sollte.

Und auch die Garde jugendlicher Tänzer, die Karl Mayreder nach seinem Versprechen aufmarschieren ließ, hatte nur den Wert einer nebensächlichen Vorbereitung für das eigentliche Ereignis, dem ich mit Ungeduld entgegenharrte. Sooft er sich näherte, fragte ich ihn heimlich: «Ist er denn noch nicht da?», und nötigte ihn, nochmals Umschau zu halten, ob er Georg nicht irgendwo entdecken könne.

In der ganzen Zeit war ich mit Georg nicht zusammengekommen; ein einziges Mal hatte ich ihn, während ich gerade mit meiner Schwester Mitzi ging, auf der Straße gesehen. Als er uns erblickte, wich er schon von weitem auf die andere Seite der Straße aus, ohne zu grüßen, und zeigte auf diese Weise deutlich, daß er nichts mehr mit uns zu schaffen haben wollte. Die Grüße, die ich ihm durch Karl Mayreder zu senden pflegte, ließ er zwar erwidern; dennoch befand ich mich in großer Unsicherheit, wieweit er geneigt sein würde, mit mir wieder in Verkehr zu treten.

Schon war die erste Hälfte des Balles vorüber; man ging eben zu Tisch, um während der Pause die üblichen Erfrischungen einzunehmen – da sah ich an einer der Saaltüren die wohlbekannte schmächtige Gestalt mit dem schönen Vollbart auftauchen. Ohne mich zu besinnen, sprang ich auf und eilte quer durch den schon halbleeren Saal Georg entgegen.

Auf halbem Wege fühlte ich mich von rückwärts beim Arme gefaßt; es war Karl Mayreder, der mir nachgestürzt war und im Gefühl seiner Verantwortung als Komitee-Mitglied ganz aufgeregt sagte: «Aber Fräulein, ich bitte, es darf doch nicht sein, daß eine junge Dame allein durch den Ballsaal geht!» Er reichte mir den Arm; mit ihm zusammen begrüßte ich Georg, indem ich das altgewohnte Du gleich wieder gebrauchte und ihn aufforderte, mich weiterhin ebenso anzureden. Dadurch schienen mir unsere Beziehungen wieder dort angeknüpft, wo sie vor so langer Zeit abgebrochen waren.

Georg widmete sich mir für eine Stunde. Er war schon über das Alter des Tanzens hinaus und neben den Zwanzigjährigen, die als Tänzer, wie neben den Fünfzigjährigen, die als Väter oder Honoratioren auf dem Ball waren, mochte er sich ziemlich vereinsamt fühlen. Auch ich betrachtete ihn trotz seiner 34 Jahre schon als älteren Herrn, für den nicht bloß das Tanzen, sondern auch die

Liebe vorüber sei, obwohl sein Freund Emil, der nur um zwei Jahre jünger war, in meinen Wünschen noch als Liebhaber auftrat.

Sobald es einzurichten war, lenkte ich das Gespräch auf Emil. Georg schien diesem Gesprächsgegenstand nicht die gleiche Wichtigkeit beizumessen wie ich; ich mußte gegen beständige Abschweifungen ankämpfen, um einiges über ihn zu erfahren. Er hatte seinen Posten in der Advokaturskanzlei schon vor Jahren aufgegeben – da war ich also ganz vergeblich mit Herzklopfen auf seinen Spuren gewandelt! – und ihn mit einer Stelle in einem Ministerium vertauscht, die seinen Fähigkeiten angemessen war. Und die Fortsetzung von Herrn Zwiebels merkwürdigem Abenteuer? Georg lächelte zerstreut über diese kindliche Frage; diese Fortsetzung war natürlich längst im Strom des Lebens spurlos untergegangen.

Ich faßte mich rasch, indem ich das einem so kindischen Werke gegenüber begreiflich fand. Hatte ich doch mittlerweile ganz andere Dinge verfaßt!

Damit weckte ich Georgs Interesse aufs neue. Aber statt von den literarischen Versuchen zu reden, mit denen es mir ernst war, erzählte ich ihm von der Williade nebst den ihr angehängten Gedichten und ergriff beglückt seine Aufforderung, sie ihm zu schikken, wobei ich als selbstverständlich annahm, daß sie auch Emil zu Gesicht bekommen werde.

Es ist mir heute nicht mehr begreiflich, warum ich just die Williade wählte, um mich bei meinem Idol in Gunst zu setzen. Vielleicht wollte ich durch den scherzhaften Charakter des Gedichtes meine Annäherung maskieren; vielleicht auch hielt ich jene ernsten Versuche, die alle nur Fragmente waren, für zu unvollkommen. Zudem dürfte meine Scheu unüberwindlich gewesen sein, Schriften, in die ich mein tiefstes Selbst gelegt hatte, dem Auge eines andern zu enthüllen. So mächtig war diese Scheu, daß ich nicht einen Augenblick daran dachte, den Mann, den ich doch sehnlichst für mich zu interessieren wünschte, mit meinem wahren Wesen durch die Vermittlung eines Zweiten bekannt zu machen. Und dann bezweifelte ich ja nicht, daß die Williade, die um so viel witziger und kecker war als Zwiebels Abenteuer, auch Emils Wohlgefallen in erhöhtem Maße finden würde.

Ebensowenig bezweifelte ich, daß die Vorstellung, die ich mir von Emil machte, richtig sei; ja, der Gedanke, daß ich von diesem Mann doch nur einen einzigen Zug kenne, kam mir nicht im entferntesten. Wenn mir jemand gesagt hätte, Emil sei meinen ganzen geistigen Bestrebungen abhold, weil er auf der konservativen Linie stehe, dort, wo sie schon an die klerikale grenzt – eine Tatsache, die ich erst Jahrzehnte später erfuhr –, so hätte ich ihm damals keinen Glauben geschenkt. Georg allerdings machte keine solche Andeutung, wie denn überhaupt sein Interesse an Emil erkaltet schien. Es mag aber wohl sein, daß sein Interesse, ohne daß ich es merkte, schon auf diesem Balle nach einer anderen Richtung zielte.

Völlig ahnungslos beging ich den ersten großen Fehlgriff meines Lebens. Ich war glückselig, daß ich die zerrissenen Fäden von neuem geknüpft und den literarischen Verkehr wieder in die Wege geleitet hatte. Einige Zeit, nachdem die Williade durch Karl Mayreder in Georgs Hände gelangt war, erhielt ich ein Gedicht in Distichen als Antwort – eine verlegene, gewundene Ablehnung, die sich hinter einer abermaligen Anerkennung von Zwiebels Abenteuern verbarg und erraten ließ, daß der Eindruck der Williade ein sehr geteilter gewesen sei. Als ich das nächste Mal mit Georg zusammentraf, machte er auf meine Frage, wie denn Emil die Williade aufgenommen habe, eine entsprechend enigmatische Miene. Bei ihm selbst erregte in Sonderheit die Figur des Bonifades Kopfschütteln; und mit unverhohlener Mißbilligung fragte er, wie um Gottes willen ich auf den blasphemischen Vergleich der Dreifaltigkeit mit der Heugabel verfallen sei. Blasphemisch? Ich hatte zur Vorstellung der Dreifaltigkeit so gar kein Verhältnis, sie lag für mich so unendlich weit zurück im Nebel der Vergangenheit, ein unfaßbares Gedankengebilde, das mit den Denkobjekten meines Lebens nicht die geringsten Berührungspunkte mehr hatte, daß ich nichts Anstößiges oder Beleidigendes mit diesem Vergleich beabsichtigt hatte. Ebenso ferne lag mir die Vermutung, ob nicht etwa aus Georgs Entrüstung diejenige Emils rede; nur die verborgene Gegensätzlichkeit, die zwischen mir und Georg in vielen Punkten bestand, kam bei diesem Anlaß vorübergehend an die Oberfläche.

Georg als Mann übte keine Anziehung auf mich aus. Er hatte allerlei Anschauungen, die mir konventionell erschienen, namentlich jene über die Weiblichkeit. Auch kannte ich ihn genau genug, um zu wissen, wie sein Verhältnis zu den Frauen war. Das Widerstehenkönnen, die Selbstbeherrschung gegenüber den Anwandlungen der Sinne, jene Eigenschaften, in denen für mich die höchste Auszeichnung der Männlichkeit bestand, gehörten nicht zu seinen Vorzügen. Das hatte ich zu der Zeit, als er noch Bräutigam meiner Schwester war, selbst erfahren. Eines Abends, während er sich mit mir allein glaubte, zog er mich auf seine Knie und schloß mich so heftig in seine Arme, daß ich in die tödlichste Verwirrung geriet, weil mir dieses Auftreten mit seinen Pflichten gegenüber meiner Schwester ganz unvereinbar schien. Außerdem hatte er in seiner Bräutigamszeit durch sein herrisches Auftreten manchen Konflikt verschuldet – und herrisches Auftreten war mir an meinem Vater verhaßt, wie denn erst an einem anderen Mann! So wenig hatte der Gedanke an eine Liebesbeziehung zu ihm in mir Raum, daß ich meine Mutter fassungslos anstarrte, als sie mir nach jenem ersten Ball zu verstehen gab, daß sie eine Bewerbung Georgs um mich durchaus nicht dulden würde. «Aber Mutter», rief ich, «wie kannst du nur an so was denken. Georg ist doch kein Mann, der mir gefallen könnte!» Und da sie dieser Versicherung keinen Glauben schenken wollte, sagte ich endlich: «Und überdies ist er genau doppelt so alt wie ich, da wird er doch selbst nicht mehr auf solche Gedanken kommen!» – Ein Argument, das meine Mutter bei dem Umstand, daß mein Vater um 29 Jahre älter war als sie, gleichfalls nicht bekehrte.

Verbohrt in meinen ideellen Liebeshandel mit Emil, wurde ich auch durch diesen ganz unverblümten Hinweis nicht aus meiner Sicherheit gegenüber Georg gerissen. Die Verbindung war glücklich wiederhergestellt; jetzt galt es, sie ersprießlich weiterzuführen. Und mit Hilfe Karl Mayreders, der willig die Botschaften hin- und hertrug, fiel mir das nicht schwer. Ein zweiter Ball gab den nächsten Anlaß zu einer Zusammenkunft.

Es war einer der eleganten Kostümbälle, die damals alljährlich unter dem Namen «Künstlerabende» stattfanden. Nicht, daß sie von den Künstlern veranstaltet wurden, bedeutete dieser Name, sondern nur, daß sie ein künstlerisches Niveau beanspruchten. Zur Zeit, als wir daran teilnehmen sollten, genossen sie noch den Ruf einer künstlerisch vornehmen Veranstaltung, obwohl sie ihre

Höhe schon überschritten hatten. Es waren durch das Komitee einzelne Künstler bestellt, denen die Anordnung der Gruppen oblag. Meine Schwester Madeleine und ich sollten in Begleitung der Tante Sophie an einer Gruppe teilnehmen, die den pompösen Titel führte «Pharao und der Auszug der Juden aus Ägypten». Uns beiden war die auszeichnende Stelle der Fächerträgerinnen Seiner Majestät zugefallen – wie sich später herausstellte, keine sehr angenehme. Denn die Fächer, die wir handhaben sollten, bestanden aus kreisrund angeordneten Strohwischen auf einem langen Besenstiel, und da die Strohwische zur Erhöhung des Effektes mit Glasprismen und Metallknöpfen behängt waren, hatten wir ein ganz ansehnliches Gewicht zu schleppen.

Unsere Kostüme wurden beim Gaderobier des Burgtheaters bestellt, damit sie ja gewiß den künstlerischen Ansprüchen genügen sollten. Bei diesem ersten Zusammenstoß mit der Welt der Bühne hatte ich Gelegenheit, mit Unbehagen zu bemerken, wie ordinär in der Nähe besehen die Mittel sind, durch die das Theater seine Wirkungen erzielt. Aber das Ansehen des Burgtheaters war so überwältigend in dem Kreise, aus dem ich kam, daß ich mir keine Kritik erlaubte und gleichfalls durchdrungen davon war, daß unsere Kostüme trotz aller falschen Goldfransen und schneidermäßigen Drappierungen auf der vollen Höhe der Echtheit und künstlerischen Gediegenheit standen.

Bei aller Sparsamkeit hielt der Vater darauf, daß alles, wofür man Geld bezahlte, nicht in erster Linie billig, sondern solid und gut sei; und die Mutter dürfte noch aus einem anderen Grunde dafür gewesen sein, daß unsere äußere Ausstattung bei solchen Anlässen nichts zu wünschen übrig ließ. Denn die Wohlhabenheit des Vaters und die Bildung, die er uns angedeihen ließ, berechtigten uns zu gesellschaftlichen Ansprüchen, indes der Stand des Vaters als Wirt in den höheren bürgerlichen Kreisen immer Naserümpfen erregte. Glücklicherweise blieb mir diese Auffassung der Gesellschaft, in die ich eben eintrat, einstweilen verborgen; das naive Selbstgefühl, das ich noch von der Institutserziehung als beste Schülerin mitbrachte, versicherte mich wirksam gegen den Argwohn, daß mich irgend jemand als nicht ebenbürtig betrachten könnte.

Das Kostüm des Pharao trug ein schöner blondbärtiger Mann,

der im Verlauf der Ereignisse einer der Bewerber meiner Schwester Madeleine wurde. Ganz befremdlich sah Karl Mayreder aus, der seinen zwanzigjährig-unregelmäßigen Bart rasiert hatte und nun in einem Faltengewand wie eine hageres, blasses Fräulein aussah. Mit Staunen fand ich ihn beim feierlichen Einzug der Gruppe in den Saal hoch auf einem der beiden Kamele sitzen, die zu uns gehörten. Sie waren aus Papiermaché hergestellt; unter der Decke, die von ihren Höckern herabhing, gingen versteckt Dienstmänner, die die Vorder- und Hinterbeine der Tiere vorstellten. Eine Wiener Schönheit, die Frau eines angesehenen Schlachtenmalers, hätte den Sitz einnehmen sollen; als sich aber die Beine in Bewegung setzten, schwankte der Sitz dermaßen, daß sie sogleich wieder abgesetzt zu werden verlangte. Da luden die Arrangeure das daneben stehende hagere Fräulein Karl Mayreder auf den freigewordenen Höcker; er behauptete sich während des Umzuges leidlich im Gleichgewicht, wurde aber die Rolle des Fräuleins für den ganzen Abend nicht mehr los.

An der Seite dieser stets dienstfertigen Duenja[4] machte ich mich dann auf die Suche nach Georg, der wieder nur auf kurze Zeit auftauchte – diesmal besonders ungern, weil er eine Begegnung mit meiner Schwester Mitzi scheute, die am Arme seines vorgezogenen Nebenbuhlers, ihres nunmehrigen Gatten, gleichfalls durch den Saal wandelte. Es war ein schicksalsvoller Abend für sie: denn ihr erster Bewerber, der Bildhauer, der mittlerweile zu großem Ansehen gelangt war, trat ihr, siegesgewiß im Glanze seines jungen Ruhmes und eines prachtvollen Rembrandtkostümes, zum erstenmal nach vielen Jahren wieder entgegen, um sie nicht mehr aus den Augen zu verlieren. In einer Kette unheilvoller Ereignisse büßte sie drei Jahre später diese Begegnung mit ihrem Tode.

So flochten sich bei dem vermeintlich heiteren Mummenschanz die Geschicke der Ahnungslosen, die da ihre Jugend in der Maske aller verflossenen Jahrhunderte als die Herren der Stunde genossen. Auch auf der Stirne Georgs stand schon unsichtbar der Wahnsinn, dem er kurze Zeit nach dem Tode seiner einstigen Braut verfiel. Er war kein Mensch des Glückes. Als Sohn eines Dorfschulmeisters unter den dürftigsten Verhältnissen aufgewachsen, hatte er während seiner Studienzeit mit den härtesten

Entbehrungen gekämpft; und kaum war es ihm gelungen, sich eine soziale Stellung zu erobern, als ihn das Unglück einer verfehlten Liebe traf, zu dem ich bei allem Bedauern darüber und aller Freundschaft für ihn eine ebenso böse Enttäuschung hinzufügen sollte – kindisch unbedacht trotz der Anstalten zur überlegenen Lebensbeherrschung, die ich mit meinem Erkenntniskultus betrieb. Wer tiefere Zusammenhänge in den Ereignissen des Lebens sucht, muß bei einem Rückblick auf die Geschichte des eigenen Handelns und Leidens wohl auch den Gesichtspunkt der Schuld aufrollen. Das persönliche Geschick, ein Drama von Schuld und Buße, regiert durch ein Gesetz der Gerechtigkeit, das aus der inneren Verkettung des Geschehens die Vergeltung herbeiführt; das ist eine Auffassung, die beschwichtigend wirken könnte, wie jede Einsicht in das Gesetzmäßige. Aber das Unrecht, das mit Absicht getan wird, ist nicht das Schicksalsvolle, die Schuld im höheren Sinne, wie im antiken Drama, in dem der Träger der Schuld, an seiner Absicht gemessen, eigentlich ein Unschuldiger ist. Damit erst erhebt er sich in jene Sphäre, in der das Unentrinnbare waltet, die Macht, die Schicksal heißt; indes der Schuldige mit Absicht, auch wenn sein Handeln jene Verstöße gegen die menschliche Gesellschaft einschließt, die sie durch äußere Gesetze ahndet, kein Repräsentant des tragischen Menschenloses ist.

Ich habe über meine Schuld in diesem Erlebnis, für die ich reichlich büßte, lange nachgedacht, ohne daß sich aber ein Schuldbewußtsein einstellte. Bei allen Beteiligten hat nur Schicksal gewaltet, nicht Schuld; und meine Lebensauffassung, daß das Schicksal des einzelnen aus einer Verknüpfung äußerer Umstände – des Zufälligen – mit seiner Wesensart – der Notwendigkeit – besteht, nimmt von da ihren Ausgang.

Dieses Ballfest, auf dem auch das unerfreuliche Gespräch über die Williade stattfand, beschloß für längere Zeit den Verkehr mit Georg, denn es standen keine weiteren Bälle mehr bevor. Der einzige Ort, wo außerdem ein Zusammentreffen glücken konnte, war die Ringstraße. Dort pflegte die elegante Welt an Sonntagnachmittagen in dichtem Gewimmel auf und ab zu spazieren; und auch wir trugen dort unsere neuen Kleider und Hüte zur Schau. Aber ich haßte die Ringstraßenpromenade, ohne daß ich sagen konnte, warum. Dieses Gedränge fremder, geputzter Menschen, das wie ein Strom den einzelnen mit sich schwemmte, diese Damen mit ihren leeren, gepuderten Gesichtern, diese Herren mit ihrer unaufrichtigen Wohlanständigkeit, diese langweiligen Bekannten, bei denen man stehenbleiben mußte, um einige nichtssagende Worte zu wechseln – das ganze Sich-zur-Schau-Stellen in diesem Treiben verursachte mir ein unerklärliches Unbehagen, und nie hätte ich mich in diese Welt gemischt, wenn ich nicht durch meine Schwester Madeleine, mit der ich das äußere Leben völlig teilen mußte, dazu genötigt worden wäre. Denn bei der großen Anzahl von Geschwistern ging es durchaus nicht an, daß eines das andere unter unbegründeten Mucken leiden ließ. Der Spaziergang auf der Ringstraße gehörte zu dem gebilligten und rechtmäßigen Zeitvertreib eines jungen Mädchens, folglich war das Recht auf der Seite meiner Schwester Madeleine.

Karl Mayreder, der sich auch dort einzustellen pflegte, wenn er wußte, daß wir kommen sollten, hatte einer gewissen ärgerlichen Grimasse, die ich im Gefühl dieses Unbehagens schnitt, die Bezeichnung «Das Ringstraßengesicht» gegeben. Freilich erschien das Ringstraßengesicht nicht nur an dem Ort seiner Entstehung, so sehr ich auch bemüht war, meine Gemütsbewegungen hinter der Maske meiner hochgeehrten Selbstbeherrschung zu verbergen.

Nach einigen Verhandlungen ließ Georg sich bestimmen, hier und da auf der Ringstraße zu erscheinen. So hatte das öde Geschlender einen Reiz und der inhaltslose Menschenhaufen ein Interesse für mich erhalten; allerdings entstand zugleich eine Quelle vergeblicher Erwartung daraus. Denn Georg leistete meinem Entgegenkommen einen Widerstand, den ich mir nicht anders zu deuten wußte, als daß ihm meine Gesellschaft nicht anziehend genug sei – indes er schon damals, wie ich zu spät erfuhr, dieses Entgegenkommen als ein Zeichen meiner Zuneigung für ihn auffaßte und nur schwankte, wie er bei seiner feindseligen Stellung gegenüber meiner Familie und dem ihm wohlbekannten Übelwollen meiner Mutter sich entscheiden solle.

Der Sommer brachte eine völlige Unterbrechung unseres Verkehrs. Um keinen Preis wäre Georg zu bewegen gewesen, auf die Hohe Warte zu kommen und dort als ein Verbannter die ländlichen Gefilde zu betreten, wo er einst das schönste Glück des Lebens genossen hatte. Karl Mayreder mit einigen seiner Kollegen, die er mitbrachte, behauptete das Feld. Er überragte sie alle, nicht bloß an körperlichem Maß, sondern auch an persönlichen Gaben. Meine jüngsten Brüder vergötterten ihn; sobald er erschien, hingen sie schon an ihm in der festlichen Erwartung all seiner lustigen Einfälle und Schelmereien. Und nicht weniger ergötzten sich die Großen an seinen humoristischen Vorträgen, Taschenspielerkunststücken, Anekdoten und Schnurren, die er in unerschöpflicher Fülle vorbrachte. Er verbreitete eine Atmosphäre der Heiterkeit, der Unterhaltung, des strahlenden, ungetrübten Frohsinns um sich; und auch ich empfand den Einfluß eines so harmonischen, leichtbeschwingten Menschenwesens, das so ganz anders geartet war als ich, auf das wohltuendste.

Zwar gehörte Karl Mayreder in die äußere Welt und hatte noch keinerlei Beziehungen zu der inneren, in der ich mein wahres Leben führte; aber wenn auch eine Trennung, so bestand doch zwischen diesen beiden Welten kein unbedingter Gegensatz. Die Annehmlichkeiten der äußeren Welt, namentlich einem lustigen ungebundenen Treiben mit Studentenliedern, Schwänken, Trinkgelagen, verschloß ich mich keineswegs; da schwand das Gefühl der Fremdheit, das sie in mir erregte, sobald sie ihre ernsthaften Forderungen stellte, und ich vergaß, daß ich in ihr nicht zu Hause war. Karl Mayreder nun war der liebenswürdigste, angenehmste, sympathischste Vertreter dieser äußeren Welt; er bildete, ohne daß ich es mir eingestand, gegen den ewigen pathetischen Ernst, mit dem die innere Welt auf mir lastete, ein erquickendes Gegengewicht. Das Bedürfnis, die beiden Welten in meinem Leben in eins zu verschmelzen, stand ja im Hintergrund meines Bewußtseins und wartete auf ein Bindeglied, das die getrennten Hälften zu einem Ganzen vereinigen sollte.

Einstweilen war allerdings dazu noch keine Aussicht. Karl Mayreder hatte nur insofern Bezug zu meiner inneren Welt, als er wie Georg das Werkzeug meiner Verbindung mit Emil bildete. Daß er nebenbei mit kleinen Huldigungen an meine Person herantrat, erhöhte zwar meine Sympathie für ihn, brachte aber gleichzeitig in Folge eines äußeren Eingriffs eher eine Entfernung mit sich.

Bei meiner Willkür in allen Dingen, die meine Person betrafen, und der damit einhergehenden Affektation geschah es, daß ich mir ein bewußtes übertriebenes Augenspiel angewöhnte, wie ich denn durch eine ganze Reihe schlechter Gewohnheiten Spießruten laufen mußte, ehe mein Auftreten das Unangenehme des Bewußten und Gewollten verlor. Den ersten Anstoß zu diesem widerwärtigen Augenspiel hatte vor Zeiten Georg gegeben, der mich in seiner Bräutigamszeit einmal: «Du Kind mit den junonischen Augen» anredete. Seither konnte ich im Umgang mit anderen meine Augen nicht mehr vergessen; zu aller übrigen Zerstörung des Unbewußten, die ich selbst an mir vornahm, gesellte sich noch diese. Und doch ist das Ich des Einzelnen wie dessen Auftreten für seine Mitmenschen nur erträglich, wenn es in den Mantel des Unbewußten gehüllt bleibt.

Mein Vater bemerkte eines Abends bei Tisch dieses Augenspiel gegenüber Karl Mayreder, und gleich am anderen Tage fuhr er mit einem Donnerwetter an die Adresse der Gouvernante dazwischen. «Sehen Sie denn nicht, was das Mädel für Augen auf den jungen Burschen macht?» schrie er sie an. «Wie können Sie denn so etwas angehen lassen?» – Worte, die sie mir mit einer entsprechenden Ermahnung hinterbrachte. Ich war tief beleidigt und vermied es längere Zeit, neben Karl Mayreder zu sitzen und ihn anzusehen. Ja, ich beschloß sogleich, niemandem mehr ins Gesicht zu sehen, und fiel auf diese Weise wirklich, wie meine Umgebung immer behauptete, «aus einem Extrem ins andere».

Georg machte keinen Versuch, sich mir zu nähern, bis ich selbst wieder die Initiative ergriff. Dazu bot mir aber erst der nächste Fasching Gelegenheit. Unterdessen hatte ich nicht versäumt, mit Hilfe Karl Mayreders mein Andenken durch kleine Botschaften bei ihm wach zu erhalten – immer in der stillschweigenden Voraussetzung, daß Emil teilnehme. So sandte ich ihm meine Photographie als ägyptische Fächerwedlerin mit einer Widmung, die er abermals in Versen erwiderte. Es war ein spärlicher Verkehr, und nichts deutete darauf, daß Emils Interesse an mir dadurch belebt wurde. Ich wartete und wartete, durch die heimliche Gewißheit aufrechterhalten, daß eine so treue und tiefe Empfindung zu großen Erlebnissen führen müsse. Überdies war ich mit meinem inneren Wachstum so vollauf beschäftigt, daß der Reichtum meiner Tage für das Peinvolle dieser endlosen Erwartung wenig Raum ließ.

Wieder war es ein Künstlerabend, der mich mit Georg zusammenführen sollte. Diesmal hatten wir uns keiner Gruppe angeschlossen und uns von der Kunst des Burgtheatergarderobiers losgesagt. Denn auch Karl Mayreder neigte zu der Ansicht, daß der Theatergeschmack in diesen Dingen nicht der beste sei, und leitete mich an, mir mit Hilfe von Kostümblättern, die er aus dem Kunstgewerbemuseum beschaffte, ein echteres Kostüm selbst herzustellen. Ich wählte die Tracht eines burgundischen Ritterfräuleins mit zuckerhutartigem Kopfputz, den ich nach eigener Zeichnung anfertigte. Auch den breiten Ornamentbesatz an dem weiten Schleppenrock zeichnete ich selbst, immer von Karl Mayreder beraten, der als Architekturschüler Verständnis für Stil hatte.

Es war eine herzlich unbequeme Tracht, in die ich mich da begab. Der hohe spitze Hut schwankte auf dem Kopfe und wurde überdies durch einen lang von der Spitze nach rückwärts herabwallenden Schleier beschwert, der vorne das Gesicht zur Hälfte bedeckte. Das dunkelrote schwere Gewand schleppte vorne wie hinten in gleicher Länge und mußte beständig mit einer Hand aufgerafft werden, um die Füße beim Schreiten freizumachen. Aber in dem sonderbaren Ehrgeiz, sehr «echt» zu sein, trug ich meine Last unverdrossen durch das Ballgewühl und hatte auch die Genugtuung, daß ein junger Maler sich mir vorstellen ließ, um mich zu bitten, daß er ein Bild von mir machen dürfe.

Wir vereinbarten umständlich alle schwierigen Modalitäten eines solchen Unternehmens; denn es schien mir nicht wahrscheinlich, daß mein Vater die Erlaubnis zu einer Reihe Modellsitzungen bei einem unbekannten jungen Mann geben würde. Daran scheint die Sache gescheitert zu sein; denn der Bewerber, Mitarbeiter eines illustrierten Wochenblättchens, begnügte sich, ein burgundisches Ritterfräulein, das leider nicht die geringste Ähnlichkeit mit mir hatte, in die Mitte der dort üblichen Ball-Illustrationen seiner Zeitung zu stellen, und ließ weiter nichts mehr von sich hören. Das war im Rahmen der äußeren Welt ein bemerkenswertes Ereignis für mich. Viel größer aber sollte das Ereignis sein, das dieser Ball für meine innere Welt mit sich brachte.

Georg, wie immer erst nach Mitternacht erschienen, begann diesmal mit verfänglichen Fragen in mich zu dringen, warum ich denn in meinen Versuchen, ihn heranzuziehen, so unermüdlich sei. Damit setzte er mich fürs erste nicht in Verlegenheit. Auch abgesehen von Emil war es mir angenehm und wertvoll, mit ihm zusammen zu sein, da er wie ich durch sein eigenes Innenleben in die Welt des Geistes gehörte. Ich redete von der alten Freundschaft, die uns verbinde, und daß doch Familienzwistigkeiten für mich kein Grund sein könnten, meine eigenen Empfindungen ihm gegenüber zu verändern. Das Wort Freundschaft aber erregte sein Bedenken. Freundschaft? Ob ich denn aufrichtig glaube, daß Freundschaft zwischen Mann und Weib auf die Dauer bestehen könne?

Gewiß glaube ich das aufrichtig; wenn es nicht Freundschaft in der Welt gäbe, dann wäre doch das ganze Leben öde und arm.

Nun ja, Freundschaft zwischen Männern, das sei gewiß eine schöne Sache; zwischen Mann und Weib gäbe es aber doch etwas noch viel Schöneres.

Das leugnete ich. Ich verteidigte die Freundschaft vielleicht noch in der Nachwirkung der Anschauungen, die ich von Rafael und Julius mitbekommen hatte, als das Höchste und Edelste auf der Welt, bis Georg, schon nicht mehr ganz gleichmütig, das Wort aussprach: «Und die Liebe?» Nun war die Liebe, die Georg meinte, nämlich die Geschlechtsliebe, diejenige Erscheinung, die am meisten gegen meine asketischen Grundsätze verstieß. Wenn der Geist der freie Gebieter über alle sinnlichen Regungen sein sollte, wie durfte die Sinnlichkeit sich anmaßen, an den edelsten geistigen Beziehungen teilzuhaben? Und weil sie in der Liebe mit schönen Phrasen und blauem Dunst verbrämt auftrat, blieb sie nicht doch das Niedrige und Gemeine, dasjenige, was der höhere Mensch überwinden mußte, um in die Region der reinen Geistigkeit aufzusteigen? Nein, von der Liebe in diesem Sinne wollte ich nichts wissen; diese Liebe war verlogen und unehrlich, denn sie schützte schöne und edle Empfindungen nur vor, sie gebrauchte sie als Deckmantel für alles Unsaubere, das sich in der menschlichen Brust Luft machen will...

Solche Anschauungen im Munde eines achtzehnjährigen Mädchens fand Georg einfach unbegreiflich, ja verletzend, so sehr, daß er durchaus nicht glauben wollte, es sei mir ernst damit. Wäre er nicht durch seine eigenen Empfindungen schon Partei in der Sache gewesen und obendrein erfüllt von einem Bild konventioneller Weiblichkeit, der die Entzweiung von Seele und Sinnen unbekannt sein soll, so hätte er in meinen ketzerischen Äußerungen über die Liebe wohl das Anzeichen eines bei mir noch unüberwundenen Zwiespaltes zwischen jenen beiden Mächten erkennen müssen. Denn für die Rehabilitierung der Sinne durch den Geist fehlte in meinem Innenleben noch die Möglichkeit, die eben erst durch die Liebe eintreten konnte. Daß es eine solche Möglichkeit gab, ahnte ich wohl, noch mehr, ich erhoffte sie ja von meinem Bunde mit Emil, als dem hohen und herrlichen Wesen, in dem der Geist die volle, unumschränkte Herrschaft über die Sinnlichkeit besaß.

Und während sich Georg immer leidenschaftlicher gegen eine so erniedrigende Auffassung der Liebe auflehnte, erweckte er gleichzeitig immer leuchtender, immer mächtiger das Idol, das in meiner Seele regierte. War nicht jetzt der Augenblick gekommen, in dem ich mich zu ihm bekennen mußte, der große Augenblick der Entscheidung? Und würde nicht Georg, gerührt von einer so vieljährigen, so unerschütterlichen Anhänglichkeit an seinen Freund, sich von nun an als ein viel wirksamerer Fürsprecher meiner Person bei Emil bewähren, da er doch ein so begeisterter Anwalt der Liebe war?

So faßte ich mich noch mit Gewalt und sagte endlich: «Nun gut! Wenn ich wissen soll, was für eine Bewandtnis es in Wahrheit mit der Liebe hat, dann – dann bewege deinen Freund Emil, daß er auf den nächsten Juristenball kommt! Mach' es möglich, daß ich ihn wiedersehe!» Georg starrte mich sprachlos an. In seine Augen kam ein stechender Blick, den ich von früher her kannte, wenn er über etwas erbost war.

«Ach so!» sagte er nach einer Pause kalt. «Das also war's!»

«Ja, das war's», sagte ich, immer noch ganz in mein eigenes Erleben vertieft. «Ich habe keinen sehnlicheren Wunsch, als ihn wiederzusehen. Und wenn du mir nicht beistehst, wie soll ich je dazu gelangen?»

«Nun, ich will's versuchen», versetzte er mit derselben kalten, undurchdringlichen Miene. «Ob er auf den Ball kommen wird, kann ich natürlich nicht versprechen, aber ich werde ihm deinen Wunsch ausrichten!»

Er lenkte das Gespräch gleich auf etwas anderes und empfahl

sich bald darauf, indem er Karl Mayreder, der sich immer in unserer Nähe aufhielt, herbeirief, um mich ihm zu übergeben. Auf diese Weise hat er nie erfahren, daß er selbst es war, der mit seiner Erzählung von Plato die Liebe zu Emil in mir erweckte.

Vierzehn Tage später fand der Juristenball statt. Ich hatte kein Lebenszeichen mehr von Georg bekommen. Vergeblich suchte ich durch Karl Mayreder etwas über ihn zu hören. Auch für diesen war er unauffindbar. Da ich nicht im entferntesten daran zweifelte, daß ich in Georg einen väterlichen, wohlgewogenen Freund besaß, dessen hohe Meinung von mir auch bei seinem Freund Emil nicht ohne Eindruck geblieben sein konnte, lebte ich in der vollen Zuversicht, daß die Hoffnung all dieser Jahre sich jetzt erfüllen werde. Die erste Hälfte des Balles bestand ich mit leidlicher Fassung; denn nach dem Beispiel Georgs würde Emil wohl erst später kommen. Als aber die Tanzpause vorüberging und weder von Georg noch von Emil eine Spur zu erspähen war, bemächtigte sich meiner allmählich der Zweifel. Von wachsender Unruhe getrieben, nötigte ich Karl Mayreder, mich im Saal und auf der Galerie herumzuführen, um mir zu helfen, diesen Zustand verzweifelter Erwartung auszuhalten und den Blicken der anderen zu verbergen. Ihm aber hatte ich den Grund meiner sonderbaren Gemütsverfassung gestanden; er war mein Vertrauter geworden, ohne freilich den vollen Umfang der Katastrophe zu kennen, die sich in meinem Innenleben vorbereitete.

Emil kam nicht. Ohne ein Wort von seiner oder Georgs Seite blieb er fern. Er gebrauchte nicht einmal eine Ausflucht, eine wenn auch noch so fadenscheinige Entschuldigung, um mir die Pein und Demütigung dieser vergeblichen Erwartung zu ersparen. Ich fühlte klar, daß nun alles aus sei zwischen ihm und mir, daß es nach einer solch unzweideutigen Ablehnung keine Möglichkeit mehr gab, mich ihm zu nähern. Das Licht, das meine frühe Jugend erhellt hatte, erlosch jählings; finster lag eine unabsehbare, ziellose Zukunft vor mir.

Was Georg ihm sagte, blieb mir für immer verborgen. Es mag wohl sein, daß das Doppelspiel, als dessen Opfer er sich fühlte, einen so schlechten Eindruck auf Emil machte, daß er seinen Freund rächen wollte, indem er mich völlig unbeachtet ließ. Aber wenn es eine Strafe sein sollte, so traf sie mich unvorbereitet, und ich konnte sie als solche nicht verstehen; denn erst nachher, aus Karl Mayreders Andeutungen, dämmerte es mir auf, daß Georg meine Bemühungen, mit ihm zusammenzukommen, auf seine eigene Person beziehen mußte, und daß er, schon von Anbeginn nicht gleichgültig gegen mich, unter diesem Eindruck sich in mich verliebt hatte.

Das schlug mich vollends zu Boden. Düstere Tage kamen über mich, in denen ich unfähig war, ein Glied zu rühren. Untätig starrte ich stundenlang vor mich hin; die äußere Welt hatte kein Interesse, die innere keine Hoffnung mehr für mich. Ich wurde so mager und blaß, daß meine Umgebung annahm, ich leide an der in meinem Alter häufigen Bleichsucht, und mir den Arzt auf den Leib schickte. Aber mein schlechtes Aussehen entsprang nur meinem Gram, der mir zugleich auch das Essen verleidete. Deshalb schüttete ich die Arzneien weg und leugnete hartnäckig, daß mir etwas fehle. Die innere Qual aber war zuweilen so stark, daß sie mich gegen körperliche Schmerzen ganz unempfindlich machte; so erinnere ich mich, daß ich eines Abends, als ich neben Karl Mayreder bei Tisch saß, in dem Bedürfnis der Selbstpeinigung eine Nadel ergriff und mir in breiten Streifen die linke Hand zerriß, bis das Blut floß.

Indes kam das Frühjahr heran – die goldene Zeit, in der wir alljährlich das finstere Haus in der Landskrongasse verließen, um in die lichte, luftige Villa auf der Hohen Warte zu ziehen. Dieses abgöttisch geliebte Frühjahr mit seinen schwelgerischen Naturgenüssen fegte die Qualen des Winters bald hinweg. Dazu kam die Veränderung des Ortes und der Lebensweise, die unzerstörbare Lebenskraft meiner Konstitution – und vermutlich, ohne daß ich es noch wußte, der Einfluß des schönen, jugendlichen Trösters, den das Schicksal mir geschenkt hatte, um mich für die Härte, mit der ich von Georg und Emil behandelt wurde, schadlos zu halten. Unter dem Eindruck der wiederkehrenden Lebensfreude schrieb ich an Georg, mit dem ich nicht mehr zusammengekommen war, einen langwierigen Brief, in dem ich mich zu rechtfertigen und seine Verzeihung für die unabsichtliche Täuschung, die ich an ihm begangen hatte, zu erlangen trachtete. Er antwortete versöhnlich, aber nicht versöhnt.

Karl Mayreder brachte mir seine Antwort: «Verziehen hab' ich, zu vergessen such' ich», begann das Gedicht, von dem sich mir noch zwei Zeilen unauslöschlich einprägten: «Es schmerzt der Pfeil und hat getroffen, hat ihn auch Arglist zielend nicht versandt.»

Ich weiß nicht mehr, wie es kam, daß mir Karl Mayreder das kleine Schriftstück auf dem alten Heiligenstädter Friedhof überreichte. Wir gingen öfter dorthin, um zwischen den schönen alten Urnengräbern, die unter hohen Trauerweiden und Lebensbäumen beschattet lagen, Motive zum Zeichnen nach der Natur zu suchen; und das dürfte auch diesmal der Fall gewesen sein. Ich setzte mich auf einen grasbewachsenen Grabhügel, und er blieb vor mir stehen, während ich las. Noch einmal zog die ganze Bitterkeit dieses Erlebnisses durch mein Herz; an diesem Ort der Abgeschiedenheit fühlte ich mich selbst abgeschieden von dem Glück und der Hoffnung einer Lebensepoche, die für immer hinter mir lag, versunken in das unwiderruflich Vergangene – und Tränen stürzten mir aus den Augen. Da faßte eine Hand nach der meinen, und als ich aufsah, begegnete ich einem Blick aus milden blauen Augen, die mit einem rätselhaft beweglichen Ausdruck hingegebener Teilnahme auf mir ruhten.

Und die Sprache dieser Augen wurde im Laufe des Sommers immer beredter, bis ich endlich an einem Abschiedstage vor einer italienischen Studienreise, die Karl Mayreder antrat, nicht mehr darüber zweifeln konnte, daß abermals die Liebe an mich herangetreten war. Noch unter der Nachwirkung meines Erlebnisses mit Georg fühlte ich es als Pflicht, mich einer Liebe, die ich erweckt hatte, nicht nochmals zu entziehen. Diese Vorstellung bewog mich sogar, das erste Wort zu sprechen. Was für eine seltsame Selbsttäuschung, diese Vorstellung der Pflicht, wo schon die Keime einer großen, lebensentscheidenden Leidenschaft sich zu entfalten begannen! Aber vermutlich konnte sich die Leidenschaft nur unter einer solchen Maske gegen meine asketischen Grundsätze durchsetzen. Besaßen sie doch, trotz der beginnenden Verschmelzung zur Einheit des Empfindens, noch so sehr die Oberhand in mir, daß fast ein Jahr verging, ehe ich meinem Verlobten den ersten Kuß gab!

Als ich verheiratet war, gedachte ich in der Freiheit meines jungen Hausstandes den persönlichen Verkehr mit Georg wieder zu pflegen. Aber der Zauber, mit dem ihn sein Freund Emil umgeben hatte, war dahin, und in der nüchternen Tagesbeleuchtung traten die Gegensätze in unseren Anschauungen schärfer hervor. Namentlich Richard Wagner, dessen entschiedener Gegner er war, brachte uns hart an die Grenze der Entzweiung. Ganz fremd wurde er mir aber, als wir nach längerer Pause einen Abend mit ihm verbrachten. Alles, was an ihm nicht sympathisch war, schien mir bis zum Übertriebenen hervorzutreten; und wenn er schon immer stark von sich eingenommen war, so schweifte er darin während unseres ganzen Beisammenseins so sehr aus, daß er unbeirrbar nur über sich selbst sprach, in stundenlanger Rede seine Lebensgeschichte von frühester Kindheit an erzählte und, endlich damit fertig, unverweilt wieder von vorne begann. Wir konnten uns nicht erklären, was denn mit ihm vorging – bis wir acht Tage später erfuhren, er sei in eine Irrenanstalt gebracht worden.

Emil aber blieb für mich lebenslänglich in der Ferne. Ich sah ihn nie, obwohl wir in derselben Stadt lebten; nur zur Zeit, als er Minister war, fand ich häufig seinen geliebten Namen, den immer noch etwas wie eine Aureole umgab, in der Zeitung. Immerhin ist es eine seltsame Fügung, daß ich persönliche Nachrichten über ihn nur von jenen beiden Männern erfuhr, die im ferneren Verlauf meines Lebens mir besonders nahegestanden haben. Der eine erzählte mir gelegentlich, es gäbe in Wien einen «homme vierge», einen ganz ungewöhnlichen Typus, bei dem alles, was andere Männer im Geschlechtlichen vergeuden, in geistige Gaben umgesetzt scheine; der andere, ebenso ahnungslos, welche Rolle dieser Mann in meinem Leben gespielt hatte, teilte mir mit, daß er vor wenigen Stunden gestorben sei.

Im Sommer vorher aber hatte es der Zufall gefügt, daß ich nach vierunddreißig Jahren ihn noch einmal wiedersah. Es war im Prater bei einer Ausstellung. Da machte mich mein Mann, der ihn durch amtliche Beziehungen flüchtig kannte, aufmerksam, daß er uns entgegenkomme. Er erwiderte den Gruß meines Mannes, und wie sein Blick mich streifte, ging ein Lächeln über sein Gesicht, das wohl auf eine Jugenderinnerung deuten konnte. Als ich mich nach ihm umwandte, sah ich, daß auch er stehengeblieben war, um mir nachzusehen. Dann trennten sich unsere Wege für immer.

Mein Pantheon

Schon sehr früh haben sich einzelne Momente tief in mein Gedächtnis geprägt, die, an sich völlig ereignislos, ihre Bedeutung nur aus der Stimmung erhielten. Vielleicht kündigte sich in der starken Empfänglichkeit für Stimmungseindrücke zuerst die dichterische Art des Erlebens an; lange bevor ich die Fähigkeit besaß, einen Ausdruck für diese inneren Zustände zu finden, machten sie ihre Macht in meinem Seelenleben geltend.

Was man Stimmung nennt, ist eine aus den äußeren Umständen nicht zureichend erklärbare, nicht zureichend motivierte innerliche Bewegtheit, die den Vorgängen eine besondere Färbung und Betonung verleiht. Sie bringt eine Verfassung der Seele hervor, die, aus einem Gefühl von Glück und Wehmut gemischt, mit ahnungsvollem Schauder den Zugang zu den tieferen Gründen der Welt zu versprechen scheint, weil sie von Vorstellungen begleitet ist, die nicht unmittelbar aus dem äußeren Geschehen hervorgehen. Die unbewußte Assoziation bildet den Grundton der Stimmung; deshalb ist sie im Kindesalter, das noch arm an Erlebnissen ist, eine seltene Erscheinung.

Eines Abends in der späten Dämmerung befand ich mich allein im Garten. Da es der Garten des Hetzendorfer Landhauses war, das wir zuletzt im Jahr 1866 bewohnten, konnte ich nicht älter als sieben Jahre sein. Vielleicht geschah es zum ersten Mal in meinem Leben, daß ich in so später Stunde und allein die Welt außerhalb der vier Wände erblickte. Es herrschte eine tiefe Stille; man hörte nur das Säuseln der Blätter und das Zirpen der Grillen. Da kam aus unendlicher Ferne ein dunkles eiliges Rollen, schwoll an, rollte, rollte und verlor sich wieder in der unendlichen Ferne. Es war ein Zug der Südbahn, die so weit vom Hause entfernt lag, daß man tagsüber dieses Geräusch nicht vernahm. Mit rätselhafter Gewalt ergriff mich damals jener ahnungsvolle Schauder, als hätte sich mir in diesem Heranrollen und Verhalten die Weite der Welt zum ersten Mal geheimnisvoll angekündigt und mich gerufen.

War es hier die Vorstellung der unbekannten Ferne, die mich ohne erkennbaren Zusammenhang mit dem äußeren Anlaß tief bewegte, so entsinne ich mich der gleichen Ergriffenheit bei einer ganz anderen Gelegenheit. In den ersten warmen Frühjahrstagen fuhren wir manchmal mit der Kinderfrau und später mit der Gouvernante nach Hetzendorf, um eine Sonnenstunde lang im Garten zu sein. An einem solchen schönen Frühlingstag saß einmal die Gouvernante unter der Linde neben dem großen Gartenhaus, das sich inmitten des Gartens befand. Dieses Gartenhaus barg manches Mysteriöse. Es stand auf einem Unterbau von weiß und schwarz gefleckten Steinen, die so weich waren, daß sich, wenn man mit einem Messer daran schabte, ein feiner weißer Sand ablöste, der ganz wie Salz aussah. Doch wollte er, wie oft man ihn auch kostete, nicht salzig schmecken. Aber ich bestand darauf, daß das Gartenhaus aus «Salzsteinen» erbaut sei; denn der Augenschein hatte mehr Autorität als der Geschmackssinn. Völlig rätselhaft blieb mir aber eine andere Erscheinung. An den Fenstern des Gartenhauses waren weiße Rouleaux mit Bildern in grünem Druck angebracht.

Eines davon stellte einen Karrenschieber dar, der in einer Gebirgslandschaft sein Handwägelchen die Straße hinaufschiebt. Im Innern des Gartenhauses sah man seine Rückseite – also mußte er vom Garten aus doch sein Gesicht zeigen! Immer wieder lief ich hinaus, um nachzusehen, immer erschien er aber auch draußen von hinten. Ich konnte mir das nicht anders erklären, als daß er zu einer unbekannten Gattung von Wesen gehöre, die nur eine Hinterseite haben – eine Eigenschaft, die ihn recht unheimlich machte.

Während ich nun mit meiner nächstälteren Schwester an den interessanten Salzsteinen dieses Gartenhauses herumspielte, hörte ich, wie die Gouvernante mit halblauter Stimme ein Lied zu singen begann. Noch ist mir die Melodie, die ich in späteren Jahren nie mehr hörte, gegenwärtig; vom Text weiß ich nur mehr die Anfangszeilen:

Wenn auf Hopfenstangen
Gold'ne Blüten prangen...

Diese Worte waren es, die mich so tief berührten, daß ich das Spiel aufgab und mich beklommen wegschlich. Ich sah das sonnenbeschienene Laub, die blühenden Gebüsche, den leuchtenden Rasen, als wär's zum ersten Mal. Das Prangen jener goldenen Blüten schien mir die ganze Herrlichkeit und Schönheit der Welt zu offenbaren, den Zauber des Frühlings und zugleich seine Vergänglichkeit.

Vergänglichkeit – für die Kindesseele das Unfaßbare, das Unmögliche; denn sie besteht so ganz aus Werdekraft, daß die Vorstellung des Endes keinen Raum in ihr hat.

Am stärksten berührte mich das Unfaßbare der Vergänglichkeit in einem anderen unscheinbaren Erlebnis, das gleichfalls in mein sechstes oder siebtes Jahr fallen muß, da es sich an die ersten Tanzstunden knüpft. Eines Abends, als ich eben mit grenzenlosem Vergnügen, wenn auch nicht mit ebenso großer Geschicklichkeit die ersten Pas gelernt hatte, stand die alte Fanni an der Tür und sah zu. «Fanni, warum lernst du nicht auch tanzen?» fragte ich sie. Und sie antwortete in bedauerndem Ton: «Dazu bin ich viel zu alt, mein Kind.» War es dieser ungewohnte Tonfall in ihrer Stimme, oder war es die Antwort selbst – ich lief ganz erschüttert davon und brach in Tränen aus.

Zu alt! Was war das, zu alt? Sollte es möglich sein, daß jemand nicht mehr tanzen und springen konnte? Keine Lust mehr hatte, zu spielen und vor lauter Freude laut aufzujauchzen? Nicht schon am Morgen bei dem Gedanken an alle die köstlichen Dinge, die der Tag brachte, vor Lust glühte? Nicht abends nur mit Widerstreben von dieser unerschöpflichen Fülle schied, um ihre Herrlichkeit durch den Schlaf zu unterbrechen?

Ein besonderer Stimmungszauber umgab auch die kleine Näherin, die jede Woche einige Male ins Haus kam, um Wäsche zu flicken. Sie war blaß, mager und so verwachsen, daß sie kaum größer war als ein Kind. Im Sommer pflegte sie manchmal bei uns zu übernachten; dann wurde eine Liegestatt für sie auf dem Dachboden hergerichtet. Da das Kinderzimmer in der Mansarde lag, stieß der Dachboden unmittelbar daran; er war für gewöhnlich durch eine eiserne Tür streng verschlossen, die sich nur bei bestimmten Anlässen öffnete. Dann sah man in einem dunklen heißen Raum, dem ein eigener Geruch entströmte, verworrenes Gebälk mit kreuz und quer gespannten Schnüren, an denen Wäsche zum Trocknen hing, und allerhand Gerätschaften, herrlich dick bestaubt, was ihnen ein verschwiegenes Aussehen verlieh, als wüßten sie etwas von einem heimlichen Leben, das sich nächtens hier abspielte. War es schon eine besondere Auszeichnung der kleinen Näherin, daß sie in diesen unzugänglichen Räumen wohnen durfte, so wurde ihre Besonderheit noch beträchtlich durch einen gläsernen Nachttopf erhöht, der unter ihrem Bett zu stehen pflegte. Seine Herkunft war unbekannt; er kam und verschwand immer mit der kleinen Näherin zugleich.

Wegen seiner Zerbrechlichkeit und Durchsichtigkeit besaß er eine geheimnisvolle Verwandtschaft mit dem dünnen gebrechlichen Wesen, zu dem er gehörte. Eigentlich konnte doch nur eine verwunschene Prinzessin einen gläsernen Nachttopf haben. Nicht weniger märchenhaft erschien mir ein anderes Gerät, das mit ihr in Zusammenhang stand. Es war ein runder dreibeiniger Schemel, aus dem ein hoher Stock hervorragte; in der Mitte trug derselbe eine Scheibe und oben als Bekrönung eine hölzerne Schale. Dieses seltsame Möbel diente der kleinen Näherin als Nähkästchen, wenn sie im Garten arbeitete. Dann war auf der Scheibe ein Nähkissen befestigt, und oben in der Schale lagen Zwirn und Stopfwolle, Schere und Fingerhut. Einmal aber, wie wunderbar! war die Schale mit Rosenblättern gefüllt, die duftend darin vertrockneten.

Von allen Personen meiner Umgebung näherte diese kleine Näherin sich am meisten jenem Gebiet, aus dem die Kinderseele ihre ersten künstlerischen Eindrücke und Genüsse schöpft – der Märchenwelt. Im übrigen waren die Seelenhaltung meiner Umgebung und die Geschehnisse um mich herum so nüchtern, daß Wirklichkeit und Dichtung von Anbeginn als zwei völlig getrennte Gebiete in meinem Bewußtsein auftraten. Ich liebte Märchen über alles, gerade weil es in ihnen so anders zuging als in der Wirklichkeit; und ohne daß ich jemals an die Mächte glaubte, die da die Ereignisse lenkten, stellte ich doch Beziehungen zwischen ihnen und meinem inneren Leben her, die jenseits des Verstandes unerkennbare Gefühlsvorgänge bewegten.

Zwei Märchen von Andersen sind es, die in dieser Hinsicht am tiefsten auf mich wirkten, wohl, wie ich annehmen kann, weil sie eine geheime, mir selbst nur ahnend bewußte Symbolisierung meines eigenen Schicksals enthielten. Das eine dieser Märchen heißt: «Das häßliche junge Entlein» und schildert die Leiden eines Küchleins, das von dem ganzen Hühnerhof und von seiner eigenen Mutter wegen seiner Ungestalt für eine Mißgeburt angesehen und danach behandelt wird. Nachdem es in großer Not und Einsamkeit den Winter überstanden, kommt es in einen Park und wird auf dem Teich von zwei schönen großen Vögeln freundlich empfangen. Und Kinder eilen herbei und rufen mit Freuden: «Seht, es ist ein dritter Schwan gekommen» – denn das häßliche Entlein, das der Hühnerhof nicht anerkannte, war eben ein junger Schwan. Diese Geschichte las ich unzählige Male immer mit der gleichen Ergriffenheit; sie war mein Trost und meine Erhebung, wenn mir etwas meiner Meinung nach gar zu Ungerechtes und Kränkendes widerfuhr – ein Fall, der ziemlich oft eintrat, weil ich ja ebenso empfindlich als verschlossen war, so daß niemand von meiner Umgebung wissen konnte, was in mir vorging. Ich muß es dahingestellt sein lassen, ob meine Verschlossenheit durch das Unverständnis, auf das ich ringsherum stieß, bis zu jener äußersten Scheu vor Mitteilung gesteigert wurde, an der ich viele Jahre litt, oder ob sie auf einer angeborenen Unfähigkeit zur Mitteilung beruhte.

Das andere Märchen – von dem ich nicht mit Bestimmtheit sagen kann, ob es von Andersen ist, denn ich habe es nicht wiedergefunden – handelt von einer Straßenlaterne, die, durch die neue Gasbeleuchtung unbrauchbar geworden, von dem alten Laternenanzünder in der Rumpelkammer aufbewahrt wird. Als Angebinde beim Abschied haben ihr aber Wind, Sonne und Regen wunderbare Gaben verliehen, die sichtbar werden sollen, sobald jemand eine Kerze in ihrem Innern anzündet. Aber die Jahre vergehen, die Laterne mit den wunderbaren Gaben bleibt verstaubt in ihrem Winkel liegen, und niemand kommt, um das Licht, das ihre Gaben sichtbar machen soll, anzustecken.

Über die Wirkung, die von diesem Märchen ausging, wußte ich mir keinerlei Rechenschaft zu geben; und doch war sie so stark, daß ich es nicht ohne Herzklopfen lesen konnte. Es besaß keinen

Bezug zu meinem damaligen Leben – aber den stärksten zu dessen späteren Verlauf. Und so muß doch ein Vorgefühl, das auf schlummernden Eigenschaften ruhte, in mir dadurch geweckt worden sein.

Eine andere Seite der Märchenwelt, die zwar keinen Bezug zu inneren Erlebnissen hatte, aber doch nicht weniger Anziehungskraft besaß, war die orientalische. Da tat sich eine zweite Heimat des Geistes auf, in der als die beherrschende Gestalt der allgegenwärtige Kalif Harun al Raschid wandelte, dieser Vorfahre unseres lieben vertrauten Kaisers Josef. Nächst Wien war mir Bagdad der bekannteste Ort der Welt; ich wußte besser darüber Bescheid, wie es in einem Bazar aussieht, als wie in den Verkaufsläden der eigenen Vaterstadt. Der Weg zur Schule ging wohl auch durch einen «Bazar» – so hieß das Durchhaus, das von den Tuchlauben über das Kriegsgebäude auf den Hof führte; leider unterschied sich dieser Bazar aber höchst unvorteilhaft von seinen orientalischen Vettern. Was man hier sah und was sich hier zutrug, hatte nicht die geringste Ähnlichkeit mit dem romantischen Treiben in Bagdad; und das heimische Leben kam schon bei diesem frühen Vergleich so schlecht weg, wie es der Realität immer gegenüber der Phantasie geschieht.

Die Erkenntnis, daß in meiner schriftstellerischen Begabung mein Beruf beschlossen sei, kam mir verhältnismäßig spät. Das ist bei meinem Trieb zur Reflexion über alle Äußerungen meines Innenlebens um so auffälliger, als schon in meiner frühen Kindheit diese Begabung Zeichen von sich gegeben hatte. Trotz des Mißerfolges, den mein erstes Gedicht erfuhr, trat ich mit mehr oder weniger Glück bei meiner Umgebung immer wieder mit schriftstellerischen Versuchen hervor, wie es «Herrn Zwiebels merkwürdige Abenteuer» oder die «Williade» waren, und in umfangreichen Briefen konnte ich mir gar nicht genug tun. Aber ich wurde doch über fünfzehn Jahre alt, bis ich mir eingestand, welche Bewandtnis es mit meiner Vorliebe für schriftliche Kundgebungen habe. Ohne Zweifel hat der Spott meiner Umgebung über jedes Bestreben, das mit dem Blaustrumpfwesen verwandt war, auch hier gewirkt, so daß ich nicht bloß innere Hemmungen überwinden mußte, um zu einer Erkenntnis zu kommen, die gleich von Anbeginn in mir mit dem Zeichen des Mißgeschickes auftrat.

An meinem sechzehnten Geburtstag schrieb ich in mein Tagebuch: «Seit einem Jahr hat sich in mir so viel verändert! ... Bis dahin war mir noch die unheilvollste Erkenntnis erspart gewesen – die meines unglücklichen Talentes. Denn es ist unglücklich für mich, daran kann ich nicht zweifeln, nicht aber unglücklich deshalb, weil es mir unsägliche Schmerzen kostet, sondern vielmehr, weil die Menschenwelt mich aus dem Reiche, das ich vielleicht mit meinem Talent erreichen könnte, verbannt. Mir ist das Urteil derer, die kurzsichtig und leichthin über Frauenberuf und Frauenlos wegurteilen, ganz gleichgültig; überhaupt will ich annehmen, das Thema Ob oder Ob nicht sei für mich erledigt, und ich werde kein Wort mehr darüber schreiben, wenn ich es auch nicht aus meinen Gedanken verbannen kann. Aber daß ich durch die äußere Welt von dem Studium, diesem heißersehnten Ideal meines Strebens, ausgeschlossen bin, wird und muß mich immerfort quälen. – Ich habe der ersten Aufforderung meines Innern nicht widerstanden und habe unbewußt niedergeschrieben, was mir in den Sinn kam. Damals hab ich nicht geahnt, welches Heer von Leiden mir diese harmlosen Versuche vermachen würden. Denn einmal angefangen, trieb ich's fort, bis ich – beurteilte. Da half aber schon kein Erwägen mehr; meine Ruhe, mein Frieden war fort, wenn ich nicht tat, wonach mich's so sehnlich verlangte und wovor mich doch die Vernunft stets warnte. Ich kann mir zehnmal wiederholen, daß meine Arbeiten Torheiten sind, aber ich beginne mit dem klarsten Bewußtsein neue Torheiten. Eben diese Klarheit, nach der ich in allen anderen Dingen strebte, ist mir hier so unerwünscht, weil sie die Ursache meiner Pein ist.»

Ich setzte meinen Schreibetrieb in meinem Urteil auf jede Weise herab, verglich mich mit einem Trunkenbold, der seiner verderblichen Leidenschaft nicht widerstehen kann; aber trotz der Unbestechlichkeit eines schon voll erwachsenen Verstandes ließ sich meine noch ganz kindisch-dilettantische Produktivität nicht unterdrücken. Denn mit all der Unzulänglichkeit und Unverläßlichkeit, die dem Talent anhaften – Mängel, die mich noch jahrzehntelang immer von neuem an ihm irre machten –, behauptete es sich mit der Macht eines elementaren Triebes, zu dessen Eigenheiten es gehört, daß er zu Zeiten versiegt und zu andern Zeiten unwiderstehlich das Innenleben mit sich reißt.

Dazu kam, daß meine schriftstellerische Betätigung von Zeit zu Zeit durch die Malerei ganz verdrängt wurde. Wenn ich auch nie im Zweifel war, daß ich nicht zur Malerin geboren war, so machte sich die Neigung zum Malen namentlich im Herbst, wenn sich die landschaftlichen Eindrücke häuften, so stark geltend, daß ich wochenlang von früh bis abends mit einem Fleiß, den ich sonst nach keiner Richtung entwickeln konnte, an der Staffelei saß. Aber so plötzlich wie dieser Fleiß über mich kam, so plötzlich schwand er. Dann empfand ich eher Abneigung gegen alles, was mit dem Malen zusammenhing; ja ich betrachtete mit einer Art Verwunderung die Arbeiten, die ich während jener Zeit hervorgebracht hatte, weil ich nicht imstande war, mir die Art ihrer Entstehung mit voller Deutlichkeit zu vergegenwärtigen. Das Malen vollzog sich in gewissem Sinne bei herabgesetzten geistigen Fähigkeiten; alles Denken wurde weggeschwemmt, und je unbeschränkter das Auge die Herrschaft führte, desto besser gelang die Darstellung – am besten allerdings, wenn das Auge sich das Gedächtnis dienstbar gemacht und der Eindruck sich dort so ausgestaltet hatte, daß er nach der Erinnerung wie nach der Natur wiederzugeben war.

Die Plötzlichkeit, mit der diese Leidenschaft der Malerei bei mir auftrat und verschwand, pflegte mein Mann durch den Ausspruch zu bezeichnen: «Der Malteufel ist eingeschossen». Der Malteufel vertrug sich mit keiner anderen Beschäftigung; solange er den Schauplatz behauptete, duldete er im Gegensatz zur Musik, die immer die Helferin der Dichtung war, keinerlei Schriftstellerei neben sich. Aber er war nicht deren einziger Nebenbuhler. Ihm verwandt an Gewalt war meine Liebhaberei für das Basteln, namentlich für die Restaurierung aller Gegenstände des Kunstgewerbes, kleiner Skulpturen, Perlenbeutel, Spitzengewebe und Strickereien. Es gibt nach meiner Meinung kaum ein größeres Vergnügen, als über die zerstörende Macht der Zeit, die ein Werk unwiederbringlicher Kunstfertigkeit mit Verderben bedroht, Herr zu werden, indem man es seiner ursprünglichen Schönheit zurückgibt – wie denn auch das sinnliche Glück, das der Maler an seiner Arbeit findet, wenn die Plage der Hervorbringung überstanden ist, unvergleichlich das jeder anderen Künstlerschaft übertrifft. Zu diesen inneren Ablenkungen von dem, was ich als meinen Beruf betrachtete, gesellte sich über die Hindernisse hinaus, die das bürgerliche und familiale Leben nach dieser Richtung einem weiblichen Wesen in den Weg legt, noch ein besonderer und merkwürdiger Unstern, der über meiner ferneren Laufbahn als Schriftstellerin waltete. Sobald ich versuchte, mich mit einem literarischen Unternehmen in Verbindung zu setzen, um eine Arbeit der Öffentlichkeit zu übergeben, ereignete sich fast regelmäßig etwas, das diesen Plan verzögerte oder ganz vereitelte.

Ich verkenne durchaus nicht meine eigene Ungeschicklichkeit in allen Dingen des praktischen Lebens und des geschäftlichen Verkehrs; denn ich erfuhr bald, daß ich mir in meiner Unkenntnis der wirklichen Zustände, fern von jeder literarischen Beziehung, ein ganz falsches Bild von Redakteur und Verleger machte – aber bei jenem Unstern wirkten doch vielfach Umstände, die ganz außerhalb meines Einflusses lagen. Manuskripte, die ich rekommandiert sandte, gerieten aus Verschulden der Post in Verlust, und der Ärger der Redaktion über die mit der Reklamation verbundenen Scherereien ging schließlich an mir aus; war es mir gelungen, irgendwo eine Anknüpfung herzustellen, so trat Krankheit oder Zerwürfnis oder selbst Tod dazwischen, und die veränderten Umstände rächten sich an den Manuskripten, die lang in den Redaktionen unbeachtet herumlagen und trotz aller Mahnungen in Vergessenheit fielen; Verleger machten bankrott oder der Verlag wechselte den Eigentümer; Freunde, die sich meiner annehmen wollten, wurden das Opfer verwickelter Widerwärtigkeiten, gerieten in Schulden und Prozesse – kurz, schon nach den ersten Versuchen, auf den Plan des literarischen Lebens zu treten, konnte ich mich einer wachsenden Furcht vor den Zusammenstößen mit der realen Seite der Literatur nicht mehr erwehren. Ja, diese Furcht nahm einen abergläubischen Charakter an, als mir eines Tages in dem theosophischen Kreise, in dem ich bald nach meiner Verheiratung die ersten Bande geistig hochgestimmter Freundschaft knüpfte, aus der Hand gewahrsagt wurde. Die phantasievolle Chiromantin betrachtete kopfschüttelnd die ungewöhnlich stark zerschnittene Innenfläche meiner Hand. Was sie herauslas, teilte sie mir nicht vollständig mit; aber sie erkannte eine sehr lange Erfolgslinie, die von zahlreichen querlaufenden Linien durchkreuzt wurde. Daraus schloß sie auf einen zwar großen und nachhaltigen Erfolg, der aber immer wieder dem Einfluß widriger Ereignisse zum Opfer fiel. Ich verhehle nicht, daß ich zuweilen, wenn der Unstern sich schmerzlich fühlbar machte, die Innenfläche meiner Hand betrachtete, um daraus Trost und Mut zu standhaftem Ausharren zu schöpfen. Schicksal und Freiheit, die beiden Pole des menschlichen Erlebens, schienen mir in dieser Hieroglyphe sichtbare Gestalt angenommen zu haben.[5]

Kaum hatte meine Schriftstellerei die Stufe des Tagebuches überschritten, als mir Gelegenheit winkte, meine Begabung an einer großen Aufgabe zu erproben.

Das Wiener Stadttheater, damals noch unter der Leitung Heinrich Laubes, schrieb eine Lustspiel-Konkurrenz aus. Ich las davon in der Zeitung, und mein Entschluß war gleich gefaßt. Wenn ich jemals die Möglichkeit haben sollte, mit meiner schriftstellerischen Begabung aus der Verborgenheit hervorzutreten und sogleich die Mittel weiterer Ausbildung zu erobern, konnte es nur auf dem Wege eines solchen Wettbewerbes geschehen, dachte ich. Ein Preis würde mich mit einem Schlage an dieses Ziel setzen, indem er meiner Umgebung die unzweifelhafte Beglaubigung meines Talentes brächte. Anders konnte ich mich nicht hervorwagen; denn in meiner Umgebung war niemand, dem ich oder der sich selbst genügendes literarisches Verständnis zutraute, um ein Urteil zu fällen. Und die prinzipielle Ablehnung aller geistigen Bestrebungen bei einem weiblichen Wesen war nur durch einen schlagenden Beweis über den Haufen zu werfen – durch einen solchen, der mich als «Phänomen» beglaubigte.

Von Mitternacht an saß ich allnächtlich stundenlang hinter meiner spanischen Wand und schrieb und schrieb den ganzen Winter hindurch bis gegen das Frühjahr, in dem der Termin ablief. Zur größeren Sicherung des Erfolges verfaßte ich gleich zwei Stücke – eines mit einer romantischen Handlung, in deren Mittelpunkt ein alter Puppenspieler und ein in Verlust geratenes Grafenkind standen, das mit dem Alten herumzieht, bis es von seinen Angehörigen wiedergefunden wird; das andere Stück, in einem bürgerlichen Milieu spielend, mit Personen und Vorgängen, wie ich sie um mich her zu beobachten Gelegenheit hatte. Der Held dieses Stückes, den ich als eine lächerliche Figur behandelte, hatte den Mann meiner Tante zur Vorlage. Er war Offizier und erregte bei mir durch seine ebenso konventionellen wie leichtfertigen Anschauungen großen Anstoß, während er in der Familie als ein unterhaltender Gesellschafter geschätzt wurde, dem der Gesprächsstoff nie ausging. Auch in anderen Kreisen war er um dieser Eigenschaft willen sehr beliebt; und in der Tat konnte man ihm einen gewissen Mutterwitz nicht absprechen. Die größte Heiterkeit erregte er stets durch die Erzählung seiner Kriegserlebnisse aus dem italienischen Feldzug des Jahres 1859, die er mit einer Art Selbstpersiflage vorbrachte. Er spielte sich als Haudegen mit Pech auf. Schon in seiner Konduiteliste sei zu seiner Charakterisierung angeführt gewesen: «Tapfer und tollkühn bis zur Dummheit». Dieser Qualifikation waren alle seine Erlebnisse angepaßt; und da er ein ganz unvorsichtiger, hemmungsloser Schwätzer war, der seine Zunge nicht im Zaum halten konnte, zog er sich alle Augenblicke eine unangenehme «Affäre» zu, aus der er allemal durch die Klugheit und Weltkenntnis seiner Frau gerettet wurde. In seiner parodistischen Manier pflegte er sie «Madam» zu nennen, indem er von seiner «Messalliance» mit dem kleinen Bürgermädchen sprach; denn er war «Ritter von». Dabei setzte er sein Monokel auf und küßte den anwesenden weiblichen Wesen mit possenhafter Galanterie die Hand oder die Schulter, indem er die runden Linien pries – wie denn auch Liebesabenteuer in seinen Erzählungen eine große Rolle spielten. Sehr ablehnend stand er der Klasse der studierten Männer gegenüber. «Es gibt gar nichts Schädlicheres als das Denken», war ein stehendes Wort von ihm; und wenn einer meiner Brüder sich zu den Büchern setzen wollte, während er anwesend war, sagte er: «Hör doch auf mit dem blöden Lernen; willst du auch so ein gelehrter Trottel werden?»

Er wäre vielleicht keine üble Lustspielfigur gewesen; da mir aber seine ganze Person arg auf die Nerven ging, dürfte er in meiner Beleuchtung schlecht weggekommen sein. In welche Handlung ich ihn einflocht, ist mir nicht mehr erinnerlich; ich weiß nur noch, daß er als der Blamierte den Schauplatz der Ereignisse verließ.

Pünktlich zu dem angesetzten Termin hatte ich meine beiden Stücke fertig. Um sie auf die Post zu geben, mußte ich heimlich allein fortgehen, was auf das strengste verboten war. Aber auch um diese Klippe kam ich glücklich herum und wartete nun sechs Wochen lang mit klopfendem Herzen auf das Ergebnis des Preisgerichtes, das mein Schicksal entscheiden sollte. Bei ruhiger Überlegung schien es mir höchst unwahrscheinlich, daß ein siebzehnjähriges Mädchen den Preis davontragen könnte; aber mein Kopf war noch so voll von den Erzählungen für die reifere Jugend, in denen die berühmten Männer alle auf ähnlich plötzliche Weise zu Ruhm und Anerkennung gelangten, daß ich doch die Hoffnung nicht fahren lassen konnte. Als ich endlich in der Zeitung schwarz auf weiß bestätigt fand, daß ich durchgefallen sei, schien mir das Unglück meines Lebens besiegelt. Ich durfte mich nicht länger für ein Phänomen halten – es war nichts mit meinem Talent, nichts mit der Laufbahn als Schriftstellerin, zu der mich die innere Stimme rief!

Aber warum eigentlich nicht? Durfte man sich durch einen Mißerfolg irre machen lassen? Waren denn Ruhm und Erfolg das Ziel der Arbeit? Sie erleichterten und verschönten nur das Leben, sie verschafften neue Lebensmöglichkeiten. Nun gut; ich sollte es eben nicht leicht und schön im Leben haben, ich sollte mit den alten Lebensmöglichkeiten das Auslangen finden, ohne mich abschrecken zu lassen. Die Vernunft, die mich in so vielen Nöten beim Schopf gefaßt hatte, zog mich auch diesmal aus meiner tiefen Entmutigung. Getreu meiner tagebuchlichen Erziehung faßte und ermannte ich mich, um meine innere Welt von dem Einfluß dieses äußeren Ereignisses unberührt zu erhalten. Dennoch hat es meinem schwachen Selbstvertrauen einen schlimmen Stoß versetzt und mich noch tiefer in meine verschlossene Einsamkeit hinuntergedrückt; die Beschämung darüber wirkte so nachhaltig, daß ich es bis heute niemals erwähnte und es nicht einmal meinem Mann gestand, vor dem ich nichts in meinem Leben verborgen hielt. Nur meinen Schreibetrieb hat es tatsächlich nicht beirrt, obwohl eine Bemerkung, die in einer Zeitungsbesprechung dieses Wettbewerbs stand, meinem Mißerfolg noch einen besonderen Stachel hinzufügte. Der Rezensent wandte sich nämlich grundsätzlich gegen die literarischen Wettbewerbe als solche, indem er darauf hinwies, daß auch dieser, bei dem gegen dreihundert Stücke eingelaufen seien, wieder gezeigt habe, daß nur eine wahre Sündflut von dilettantischen Machwerken dadurch entfesselt werde. Da meine beiden Stücke keinen Preis erhalten hatten, gehörten sie also zu dieser Sündflut.

Eine schwierige Frage war nun, was ich mit ihnen anfangen sollte. Die anonymen Einsender wurden durch die Zeitung aufgefordert, ihre Stücke abholen zu lassen. Das war für mich ganz untunlich – wer hätte mir diesen Dienst erweisen sollen? Daß es Dienstmänner auf der Welt für dergleichen Aufträge gab, fiel mir nicht ein; übrigens hätte ein Dienstmann mit einem Paket für mich in der Familie viel zu viel Aufsehen erregt und mein furchtbares Geheimnis am Ende gar offenkundig gemacht. Nach längerem Besinnen schrieb ich einige Zeilen ohne Unterschrift an Laube selbst, in denen ich ihn als den Beschützer junger Talente bat, meine beiden Stücke, falls sie ganz untauglich zur Aufführung wären, dem Feuer zu übergeben. Auf diese Weise schnitt ich jede Möglichkeit ab, wenigstens ein Urteil zu hören oder in eine Beziehung zu einem literarischen Menschen zu gelangen, und gab meine beiden Stücke dem spurlosen Verschwinden preis. Nicht einmal ihre Titel haben sich in meinem Gedächtnis erhalten. Nur an das Motto, das ich dem romantischen als dem meinem Herzen besonders nahestehenden gab, erinnere ich mich noch. Es war ebenso umständlich wie hochtrabend und sollte meine klassische Bildung gleich dem ersten Blick des Preisrichters zeigen. Da ich meine geistigen Entdeckungen auf eigene Faust machte, wußte ich nicht, daß ich ein sehr bekanntes Zitat gewählt hatte:

> Im Fleiß kann dich die Biene meistern,
> In der Geschicklichkeit ein Wurm dein Lehrer sein;
> Dein Wissen teilest du mit vorgezognen Geistern –
> Die Kunst, o Mensch, bleibt dir allein.

Ich hatte mich zwar mit den Ideen der Frauenbewegung von dem Urteil meiner Umgebung unabhängig gemacht und mir selbständige Lebensdirektiven gegeben; mit meinem literarischen Bestreben blieb ich aber ganz in den schulmäßigen Urteilen und den Überlieferungen befangen, wie sie in den 70er Jahren herrschten.

Die Begegnung mit Büchern, die eine so wichtige Rolle im Leben des geistig-orientierten Menschen spielt, war in meiner Entwicklung ganz dem Zufall anheimgegeben. Niemand prüfte die Bücher, die mir in die Hand fielen. Zahlreiche Werke standen allerdings auf dem Register des Verbotenen; aber es gab leicht Gelegenheit, sie im Geheimen zu lesen, sobald man sie bei einer älteren Schwester erwischte, und dann ging mein Sinnen und Trachten nach einer anderen Richtung. Was mich anzog, war für meine Umgebung eine zu schwere Kost; wenn ich zu Weihnachten oder zum Namenstag ein Werk erhalten sollte, von dem ich irgendwo in einer Zeitung oder in einem Lehrbuch etwas erfahren hatte, hieß es allenfalls: «Ja verstehst du denn das?»; aber die Probe darüber zu machen, blieb mir selbst überlassen. Die Familienliteratur stand damals ganz unter dem Zeichen der Marlitt; die ersten Romane, die ich in die Hand bekam, stammten von ihr, und wie für jedes junge Mädchen meiner Zeit bildete auch für mich «Das Geheimnis der alten Mamsell» oder «Goldelfe» oder «Das Heideprinzeßchen» einen Gegenstand der Schwärmerei. Aus diesen Büchern schöpfte ich meine ersten Vorstellungen über das Liebesleben; meine Wachträume bewegten sich trotz meiner zunehmenden Abneigung gegen alles Erotische in der Marlittschen Welt – ein Widerspruch, der mir wohl auch deshalb entging, weil diese Welt mit der wirklichen, in der ich innen und außen lebte, so wenig Ähnlichkeit hatte. Neben diesem Hauptgestirn waren die schwedische Schriftstellerin Flygare Carlén[6] und Bulwer[7] in meiner Umgebung am meisten geschätzt. Rechne ich noch Walter Scott, Gustav Freytag, Spielhagen und eine Anzahl seither verloschener Leihbibliothekssterne dazu, so habe ich den literarischen Horizont umschrieben, der meine äußere Welt umgrenzte.

Ein Stern besonderer Art, der ganz ohne Vergleich war und eine Mittelstellung zwischen der Leihbibliotheksliteratur und der Welt der höheren Poesie einnahm, war Scheffel. Schon Georg hatte seinen Ruhm in unsere Familie getragen. «Die letzte Hose» und der «Walfisch von Askalon» galten seither als Perlen köstlichen Humors, an denen man sich unersättlich ergötzte, wie «Ekkehard» und der «Trompeter von Säckingen» als unvergleichliche Vorbilder literarischer Höhenkunst.

Ähnlich dürfte wohl der Geschmack aller bürgerlichen Kreise Wiens in jener Zeit beschaffen gewesen sein. Daß es eine russische Romanliteratur gab, blieb mir bis in die Mitte der 80er Jahre verborgen, ebenso wenig drang eine Kunde von modernen nordischen Schriftstellern in meinen Bereich.

Die französischen waren darin durch Sue[8], Dumas und Paul de

Kock[9] vertreten, die allesamt in das Gebiet der verbotenen Lektüre gehörten. Besonders Paul de Kock, der den Rang der größten Beliebtheit einnahm, wurde auf das strengste von der älteren Geschwistergeneration vor der jüngeren gehütet; und die Tatsache, daß eines von ihnen «schon Paul de Kock lesen» durfte, bedeutete ein beneidenswertes Symptom der Erwachsenheit. Vorher konnte man nur aus gelegentlichen Gesprächen den Eindruck gewinnen, daß da der Zugang zu einer göttlich-amüsanten, aber leider heillos unanständigen Welt verschlossen war.

Mit Neugier betrachteten wir die lange Reihe seiner Romane, die hinter Glas und Riegel in dem immer versperrten Bücherkasten der Mutter stand, und genossen im voraus die Unterhaltung, die auch uns zuteil werden würde, sobald wir das Glück der Erwachsenheit erreichten.

Zu einer Zeit, als Paul de Kock längst aus den Listen der beliebten Schriftsteller verschwunden war, habe ich einen einzigen seiner Romane gelesen, «Une Gaillarde», und war nicht wenig überrascht, in dem vermeintlichen Herold der Frivolität einen gefühlvollen Biedermeier zu finden, der die Seelengemeinschaft der Liebe gegenüber den landläufigen Ansprüchen der Liederlichkeit verherrlichte – allerdings hinter einer dem Geschmack des Publikums geschickt angemessenen Maske des Lebemanns. Es scheint, daß seine Verehrer nur die Maske schätzten und die tieferen Absichten gar nicht bemerkten.

Die Quelle der literarischen Bildung, die durch das Theater geboten wird, war nicht anders beschaffen als die Lektüre. Ich dürfte dreizehn Jahre alt gewesen sein, als ich zum ersten Mal ins Burgtheater kam. Den herrschenden Vorstellungen gemäß spiegelte sich diese Anstalt mit einem feierlichen Gloria in den Augen meiner Umgebung, aber durchaus nur als Schauspieler- und nicht als Literaturbühne; und so wurde die Wahl des Stückes für unser erstes Auftreten als Burgtheaterpublikum auch ganz von diesem Gesichtspunkt aus getroffen. Wir sollten Lewinsky als Gringoire und Meixner als Winkelschreiber sehen, damit wir gleich den richtigen Begriff von der unübertroffenen Meisterschaft bekämen, zu der im Burgtheater die Schauspielkunst gediehen sei. Die Autoren der beiden Stücke erschienen daneben so nebensächlich, daß ich ihre Namen nicht behalten habe, während Lewinsky in der

Gestalt des Gringoire, den die Laune eines despotischen Königs dazu verurteilt, als häßlicher armer Teufel durch Überredung entweder das Herz einer schönen, reichen jungen Dame zu erobern oder den Tod zu erleiden, sich mit unauslöschlicher Lebendigkeit in meine Erinnerung prägte. Hingegen konnte ich den Winkelschreiber nicht so komisch finden, wie ich erwartet hatte; die Leute um mich her lachten über Dinge, die mir eher peinlich oder traurig vorkamen; ein Theatererlebnis, das sich in meinem Leben in immer verstärktem Maße wiederholte. Das Lachen im Zuschauerraum gehört in der Tat zu den unangenehmsten Prüfungen, die der ernste Mensch durch Nachbarschaft erleidet. Wer seine Illusionen über die Mitwelt nicht gefährden will, tut gut daran, Stücke zu meiden, in denen Anlaß zum Lachen auf tieferen Hintergründen geboten wird. Das erschütterndste Erlebnis in dieser Hinsicht war für mich eine Aufführung der «Wildente» in der Zeit, als Ibsen noch ein Neuling auf dem Wiener Theater war. Die Zuschauer lachten und johlten so pöbelhaft dumm, daß sich dieser Eindruck mit dem Bilde des Publikums in mir unüberwindlich abschreckend verknüpfte und mir den Gedanken an dramatische Arbeiten lange Jahre vergällte.

In meiner geistigen Entwicklung hat das Theater keine bedeutsame Rolle gespielt – wohl aus dem Grunde, weil die Wahl der Stücke nicht der eigenen Initiative entsprang. Ein anderer Grund aber lag doch in mir selbst: Bei meiner übermäßigen Empfindsamkeit war der Eindruck, den die szenische Darstellung auf mich hervorbrachte, so gewaltsam, daß ich meine Fassung nicht bewahren konnte und durch das vergebliche Bemühen, die Tränen zurückzuhalten, in einen peinvoll-zwiespältigen Zustand geriet, der den ästhetischen Genuß an der Erschütterung völlig aufhob.

Weder die genehmigte noch die verbotene Unterhaltungslektüre hatte irgendwelche Beziehungen zu dem, was ich als mein wahres Leben betrachtete. Dort fand nur der tiefste Ernst, nur die pathetische Darstellung des Menschen und der Welt Widerhall; ich dachte, durch Lehrerurteile bestärkt, daß einzig die Klassiker Anspruch hätten, Vorbilder abzugeben und Verehrung zu genießen.

Nachdem einmal die Klassiker in der Welt erschienen waren und den Gipfel erstiegen hatten, schien es mir überflüssig, daß immer noch weitere solcher Versuche gemacht würden. Von der Bedeutung der Epoche in jeder Entwicklung hatte ich nicht die entfernteste Ahnung, was ja bei einem unfertigen Geist nicht wundernehmen kann. Eher darf man sich wundern, daß auch in den Lehrbüchern, welche die offiziellen literarischen Kenntnisse vermitteln, jeder Hinweis auf diese Bedeutung gänzlich fehlte. Somit glaubte ich, Nachahmung sei die heiligste Pflicht des Jüngers. Nicht das eigene Erleben in unbefangener Natürlichkeit sollte er zeigen, sondern er mußte sich streng an ein Kostüm halten, womöglich an das antike, das ein- für allemal die schönste und würdigste Form der Äußerung war. Es entging mir, daß das geistige Kostüm, das ich mir mit solchem Aufwand von Eifer und Fleiß aneignete, nicht mehr in die Welt paßte, an deren Schwelle ich stand. Auch die Gedichte in antikem Versmaß, die ich in den nächsten Jahren verfaßte, behielten diesen Kostümcharakter. Obwohl mein ganzes Streben darauf gerichtet war, mein inneres Erleben restlos echt darin niederzulegen und kein Wort niederzuschreiben, das nicht wirklich erlebt war, behielten sie etwas Fremdes, Unechtes, Affektiertes, das ich fühlte, ohne es ausmerzen zu können.

Ich hatte die alte Form der Weiblichkeit gesprengt und mußte mir, wenn ich meinem inneren Erleben Gestalt geben wollte, eine neue schaffen, wie auch für mein persönliches Auftreten etwas Ähnliches erforderlich war. Bei den Verhältnissen, in denen ich lebte, ausgeschaltet von allen Beziehungen zu andern geistigen Persönlichkeiten und ganz auf mich gestellt, im Kampf mit einer äußeren Welt, die keine Autorität mehr für mich besaß, und einer inneren Welt, in der Natur und Geist sich heftig befehdeten, wie hätte ich der Willkür entrinnen können? Und Willkür in diesen Dingen ist unzertrennlich von Affektationen. Obendrein begnügte ich mich nicht, zu äußern, was ich empfand, sondern, gedrängt durch die polemische Abwehr äußerer Zumutungen und herrschender Meinungen, wollte ich damit auch etwas beweisen; und so war eine reine künstlerische Wirkung schon deshalb ausgeschlossen.

Die unbedingte Ehrfurcht vor der Antike als der höchsten formalen Vollendung übernahm ich von der herrschenden Schulauffassung. Zwar blieben mir die literarischen Quellen der Antike verschlossen, weil uns in der Schule außer mythologischen Kenntnissen – die mit einer Wichtigkeit behandelt wurden, als wären Zeus und Juno, Pallas Athene und Apollo immer noch wirkende Lebensmächte – fast nur Namen überliefert werden; aber diese Namen waren von einem solchen Glanz umgeben, daß ich nie den weihevollen Schauer vergessen werde, den ich empfand, als ich später zum ersten Mal den Homer in der Ursprache zu lesen bekam. Freilich trug der Umstand viel dazu bei, daß ich in den Jahren meiner ersten geistigen Entwicklung das Gebiet der Antike, das nur den Gymnasialschülern offenstand, wie ein verschlossenes Paradies betrachtete, das zu betreten mir wohl immer versagt bleiben würde.

Im Hintergrunde aber wirkte vielleicht bei diesem Bedürfnis nach Idolen der höchsten Verehrung noch etwas anderes mit. Das Bedürfnis der Verehrung ist dem religiösen verwandt; es scheint aus demselben Ursprung zu fließen. Der Mensch, in dessen Seele die Vorstellung Gottes als allgegenwärtiger und allwissender Person nicht mehr wirkt, muß diesen ungeheuren Verlust durch andere Vorstellungen ersetzen.

Auch das pantheistische Naturempfinden, die Vorstellung eines in die Welt ausgegossenen, aus ihr zu uns hereinfließenden Göttlichen vermag für den persongewordenen Gott nicht zu entschädigen. Mit der Person hat Gott etwas verloren, was der Mensch besitzt, und so hätte der Mensch etwas voraus vor Gott?

Gerade die Person ist das Unersetzliche für das Bedürfnis der Verehrung, das ein Vorbild sucht. Daher bleibt dem Menschen nichts übrig, als sich von der verlorenen göttlichen Person der großen menschlichen Person zuzuwenden. Wenn man sagen darf: homo homini lupus, so muß das Umgekehrte ebenso gelten: homo homini deus. Nicht die Vergöttlichung des großen Einzelnen zu einem makellosen Wesen ist darunter zu verstehen, sondern die Ehrfurcht vor den höchsten Repräsentanten des menschlichen Geschlechts, die das Vorbildliche in einem trotz aller Unvollkommenheit überlegenen Wesen erkennt. In dieser Einschränkung liegt allerdings die große Schwierigkeit für das Bedürfnis der Ehrfurcht; denn Ehrfurcht ist auf das Unbedingte gerichtet. Der einfache Geist wird durch das Bedingte verwirrt; er vermag Widersprüche nicht aufzulösen, und wo sie ihm an dem Bild einer Person entgegentreten, empfindet er sie als Einwand. Daher hat die katholische Kirche ihre Helden zu Heiligen erhöht und sie durch Wunder beglaubigt; obwohl sie auf diese Weise dem gewöhnlichen Menschen als Vorbild entrückt sind, entsprechen sie nur so dem Bedürfnis der Ehrfurcht nach dem Absoluten.

Ich möchte mit diesen Andeutungen die überragende Bedeutung beleuchten, die in meiner geistigen Entwicklung einzelnen großen Persönlichkeiten aus dem Reiche der Kunst zukommt und sie in der Gestalt zeigen, wie sie sich in einem unreifen, aber nach innerer Freiheit ringenden Geiste spiegelten. Die Kunst – die bildende nicht weniger als Musik und Schrifttum – war das Reich, in das man vor der Wirklichkeit flüchtete, wenn sie mit ihrer Häßlichkeit, Zwiespältigkeit, Feindlichkeit den Lebensmut zu erstikken drohte. Und die Schöpfer dieses Reiches, waren sie nicht vom Hauch des Göttlichen beseelt, sofern man das Göttliche in der Schönheit, der Harmonie, der Gerechtigkeit und allen andern hohen Ideen erblickte, die sie hervorbrachten? So wurde das Pantheon großer Geister ein Ersatz für den verlorenen Himmel mit seinen Chören der Engel und Heiligen – nicht eingestandenermaßen zwar, denn das verwehrte der atheistische Stolz, aber doch in seinen Ausstrahlungen und Wirkungen auf die Stimmung der Seele.

Der erste Dichter, der in meinem Pantheon göttliche Ehrung genoß, war Schiller. Ich hätte allerdings lieber dem größten Wiener Dichter diesen Platz eingeräumt; denn ich war in meiner frühen Jugend von einem sehr stark ausgeprägten Lokalpatriotismus beseelt, der sich erst verlor, als ich durch die Erfahrung belehrt wurde, daß die Gefährten und Verwandten meiner inneren Welt über alle Länder und Zeiten verstreut seien und daß nur die Einflüsse der äußeren Welt eine Verbindung zwischen meiner Heimat und mir herstellten. Jene naive Empfindung aber muß ich immerhin als Symptom dafür betrachten, welche Macht das Zusammengehörigkeitsgefühl durch Bodenständigkeit besitzt, solange ihm keine höheren Gemeinschaftsvorstellungen entgegenwirken. Alles, was aus Wien stammte, Menschen und Dinge, stand meinem Herzen besonders nahe, aus keinem anderen Grunde als um seiner Herkunft willen. Ich beschützte, rechtfertigte, verklärte es; und so stark war dieses lokalpatriotische Empfinden, daß es mich über das Gegensätzliche und Antipathische vieler heimischer Erscheinungen zu meiner eigenen Persönlichkeit vollkommen verblendete.

Als ein Beispiel dafür kann ich die Malerei Makarts anführen, die mich zu der Zeit als dessen Kunst in Wien am meisten Ansehen genoß, so sehr zur Begeisterung hinriß, weil sie ein wienerisches Produkt war, daß mich Einwände gegen die mangelhafte Formengebung und die Seichtheit der Auffassung in leidenschaftliche Empörung versetzen konnten. Makart selbst, mit dem ich einige Male in Gesellschaft zusammentraf und den ich als herzlich schlechten Tänzer kennenlernte, als ich in einem Empirekostüm sein Lob erntete, weil ich, was damals unerhört war, kein Mieder trug – Makart selbst blieb mir trotzdem ein ganz fremdes Wesen. Die Gemeinsamkeiten durch heimatliche Eigenheiten, die bei dem starken wienerischen Einschlag Makarts sich hätten geltend machen sollen, versagten völlig; was ich fand, war ein geistig eher banal zu nennender Weltmensch, zu dem mir jeder Zugang fehlte.

Aus diesem lokalpatriotischen Empfinden entsprang die Absicht, Grillparzer an die erste Stelle meiner literarischen Welt zu setzen. Wurde er doch als der Ruhm und die Leuchte Wiens gefeiert; und ich hatte als zwölfjähriges Mädchen von seiner Bedeutung eine anschauliche Vorstellung empfangen bei seinem mit großem öffentlichem Prunk gefeierten Leichenbegängnis, das ich von einem gemieteten Fenster an der Ringstraße mit ansah.

Aber die Verblendung, die der Lokalpatriotismus sonst bei mir bewirkte, stellte sich seinen Werken gegenüber nicht ein: keines seiner Dramen brachte in meinem Innern eine Saite zum Schwingen.

Erst sehr spät fand ich für dieses befremdliche Versagen der Eindrucksfähigkeit ihm gegenüber die Erklärung, als ich aus Tagebüchern und Briefen den Menschen Grillparzer kennenlernte. Da sah ich, daß es sein Wesen war, das, scheinbar unkenntlich hinter den Personen und Vorgängen seiner Dramen verborgen, dennoch jeden sympathischen Kontakt vereitelt hatte. Zugleich aber ging mir doch gerade dadurch das Verständnis für seine eigenartige Größe auf.

Mit Grillparzer hat die moderne Psyche, das typische Erleben des modernen Menschen zu einer Zeit ihre Verkörperung gefunden, als die übrige Menschheit und auch ihre hervorragendsten Repräsentanten noch auf einer viel einfacheren Stufe des Seelenlebens standen. Die Art aber, wie er selbst sich zu diesen innerpersönlichen Vorgängen verhielt, die heroische Größe seiner Selbsterkenntnis, die unerbittliche Strenge seiner Aufrichtigkeit gegen sich selbst, der, wie in einem kristallklaren Gebirgswasser, noch die abgründlichsten Tiefen sichtbar bleiben, erfüllte mich mit staunender Bewunderung. Wenn auch die unausgleichbare Zwiespältigkeit seiner Natur und noch mehr der Typus seiner Erotik eine Scheidewand für mich blieben und seine mißmutige Art, sich mit dem Leben abzufinden, das äußerste Gegenteil meiner eigenen Richtung bildete – die Gemeinsamkeit des österreichischen Charakters trat in so vielen Zügen hervor, daß ich durch ihn ganz neue Einsichten in meine Umgebung und mich selbst gewann. Grillparzer ist nicht ein Vorbild des Menschentums, wohl aber das überlebensgroße Bild einer seiner Erscheinungsformen, wie es vor ihm nicht dagewesen ist. Daß auch in seiner Geistigkeit das Vorbildliche, das, was über die Schranke der Eigenart hinauswirkt, nicht fehlt, daß er zu den ganz Großen, zu den zeitlosen Menschen gehört, offenbarte sich mir in der erhabenen Gelassenheit seines Wortes:

Will meine Zeit mich bestreiten,
Ich laße es ruhig geschehen:
Ich komme aus anderen Zeiten
Und hoffe in and're zu geh'n.

Er hat über mein eigenes literarisches Schicksal Licht verbreitet und den mißgünstigen Stern, der in den Zeichen meiner Hand verkündet war, siegreich überstrahlt. Aber dieses Verhältnis zu Grillparzer fällt in eine Zeit, als mein Werdegang schon abgeschlossen war, und gehört eigentlich nicht in den Rahmen dieser Darstellung.[10]

Schiller hingegen hat in meinen Werdegang bestimmend eingewirkt. Von meinem vierzehnten bis zu meinem achtzehnten Lebensjahr schwelgte ich unaussprechlich in dieser aus dem nußfarbigen Papier und den schmutzigvioletten gepreßten Leinenbänden der damaligen billigen Klassikerausgabe aufsteigenden Welt hochgestimmter Geistigkeit. Die leidenschaftliche Romantik in der Gestalt des Karl Moor, die hinreißende Tragik in derjenigen des Marquis Posa, die gedankentiefe Naturgemeinschaft im «Spaziergang», die vollendet poesievolle Lebensdarstellung im «Lied von der Glocke» waren Quellen einer so starken Ergriffenheit der Seele für mich, wie ich sie später nur mehr unter Vermittlung der Musik erreichte. Diese starke Wirkung war allerdings auf bestimmte Werke beschränkt; ausgenommen blieben immer die Romanzen, die nie den geringsten Eindruck auf mich machten. «Der Kampf mit dem Drachen» flößte mir wegen der Stelle: «Mut zeiget auch der Mameluck, gehorsam ist des Christen Schmuck» sogar eine starke Abneigung ein, weil ich mit dem Begriff einer bedingungslosen Unterwerfung unter ein fremdes Gebot nichts anzufangen wußte.

Aus ähnlichen Gründen nahm in meinem Herzen das «Verschleierte Bild zu Sais» eine zwiespältige Stellung ein. Nirgends war der Sturz von höchster Ergriffenheit zu tiefster Enttäuschung so schmerzlich. Ich konnte mich nicht damit abfinden, daß Schiller den todesmutigen Wahrheitssucher, der über alle äußeren Hindernisse und Schrecknisse hinweg sich unbeirrbar den Weg bahnt, so schmählich enden läßt. Dieser Zerbrochene mit seinem warnungsvollen Wort erschien mir unwürdig, und die konventionelle Schlußwendung auf den Schuldbegriff hin verwirrte mich. Nicht viel anders erging es mir mit der «Jungfrau von Orleans», an deren Empfinden mir besonders der Zug unbegreifbar war, daß sie durch die erste Liebesregung zu einem Mann ihre ganze geistige Kraft verliert. Denn ich fühlte wohl, ohne es zu wissen, daß ich meine eigene geistige Kraft erst durch die Liebe gewinnen würde. «Wilhelm Tell» und die «Braut von Messina» wurden schon durch die Schullektion jeder Anziehung beraubt – wie es ja eine bekannte Eigentümlichkeit der schulmäßigen Behandlung ist, daß sie jeden tieferen Eindruck unmöglich macht. Man könnte die Frage aufwerfen, ob nicht jene Werke, die der Einzelne sich erobern muß, um ihrer wirklich teilhaft zu werden, die Werke, die auf seine innere Entwicklung zu wirken bestimmt sind, von der Schule ausgeschlossen bleiben sollten. Am meisten leidet Schillers eigenes Ansehen und Wirken unter der üblichen schulmäßigen Behandlung. Es ist schwer für den seinem Einfluß Entwachsenen, später wieder ein Verhältnis zu ihm zu gewinnen; und wenn auch viele Gedichte der sogenannten dritten Periode, vor allem seine Romanzen im «Goggenburg»-Stil, heute nur mehr dem halb-kindlichen Geist genießbar sind, so hätte doch Schiller vermutlich eine unvergleichlich höhere Bedeutung im Geistesleben der Erwachsenen, wenn er ihnen nicht durch die zu frühe Lektüre verleidet und verleiert würde. Ich wenigstens konnte zu Schiller späterhin nicht mehr recht zurückfinden, obzwar ich der Suggestion der Schulwerte keinen Widerstand entgegensetzte und andauernd geneigt war, mich ihnen, soweit sie das ästhetisch-künstlerische Gebiet umfassen, blindlings zu unterwerfen.

Allerdings – die Suggestion endete dort, wo sie mit meiner individuellen Lebensrichtung in Konflikt geriet. Trotz meiner unbegrenzten Bewunderung für Schiller waren mir zwei Gedichte ganz unerträglich, die mich zuerst mit scheuem Unbehagen, später mit bewußter Feindseligkeit erfüllten: «Männerwürde» und «Die berühmte Frau». Es sind diejenigen poetischen Auslassungen Schillers, in denen ich heute die Spuren dessen erblicke, was in seiner Natur das kleinbürgerlich Beschränkte, das primitiv Männliche war.

In ihnen trat mir das Lebenselement entgegen, das in meiner ferneren Entwicklung eine Erkaltung gegenüber dem Gott meiner ersten geistigen Stufe bewirkte. Aber das Ideal innerer Kultur, wie es in «Anmut und Würde» dargestellt ist, habe ich als wirkenden Besitz für mein ganzes Leben behalten. Es ist also keine Abtrünnigkeit, daß ich mich von Schiller entfernte; sein Bild trat nur allmählich in den Hintergrund, es wurde verdunkelt durch die Erscheinung desjenigen, dem mich seit meinem ersten Bekanntwerden mit ihm eine mystische, der Gottesliebe am deutlichsten verwandte Empfindung als dem höchsten Vorbild des Menschentums verband, durch Goethe. Goethe hat mit seinen Werken wie mit seinem Leben eine stetig wachsende Bedeutung in meiner inneren Welt gewonnen, als der geistige Pol, nach dem sich mein künstlerisches wie mein menschliches Tun richtete – nicht im Sinne einer Unterordnung gegenüber Belehrung und Führung, sondern einer wunderbar freudigen Nachfolge aus ursprünglicher wesenhafter Übereinstimmung. Was immer von ihm kam, Kunstwerk, Erlebnis, Ausspruch, es ergriff mich stärker, als aus der Sache selbst erklärlich war; es erweckte den Eindruck in mir, als hätte ich es schon irgendwie vorher gewußt. Das gilt selbst von Darstellungen, für die mir noch jede Erfahrung fehlte, wie beispielsweise die «Römischen Elegien». Daß ich aus ihnen das Liebesleben in einer realistischen und doch ästhetisch geadelten Gestalt kennenlernte, betrachte ich als eine der glücklichsten Fügungen; sie haben wesentlich dazu beigetragen, mich von meiner asketischen Verbohrtheit loszulösen und mir den Übergang zur Wirklichkeit zu erleichtern. Und wenn es in meinem Leben etwas wie ein Evangelium gegeben hat, das mit religiösem Schauer die Seele immer neu zu erheben vermag, indem es den Sinn des eigenen Strebens mit ewigen Zusammenhängen verklärt, so habe ich es von Goethe in dem Gedicht «Die Geheimnisse» empfangen, wo es heißt:

Wenn einen Menschen die Natur erhoben,
Ist es kein Wunder, wenn ihm viel gelingt;
Man muß in ihm die Macht des Schöpfers loben,
Der schwachen Ton zu solchen Ehren bringt;
Doch wenn ein Mann von allen Lebensproben
Die sauerste besteht, sich selbst bezwingt,
Dann kann man ihn mit Freuden andern zeigen
Und sagen: das ist er, das ist sein eigen!

Denn alle Kraft dringt vorwärts in die Weite,
Zu leben und zu wirken hier und dort;
Dagegen engt und hemmt von jeder Seite
Der Strom der Welt und reißt uns mit sich fort.
In diesem innern Sturm und äußern Streite
Vernimmt der Geist ein schwer verstanden Wort:
Von der Gewalt, die alle Wesen bindet,
Befreit der Mensch sich, der sich überwindet.

Was ich rein persönlich zwischen Goethe und Schiller – da nun einmal diese Parallele für die deutsche Bildung unausweichlich ist! – als den stärksten Unterschied empfand, läßt sich vielleicht in die Worte fassen: Schiller ist ein *Geist* voll Größe, Wärme und Adel, Goethe aber ein *Mensch* dieser Eigenschaften.

Bei ihm ist alles Erlebnis, was bei Schiller Dichtung ist; immer steht bei ihm der Mensch als Träger des Geistes im Mittelpunkt, indes bei Schiller der Mensch hinter dem Geiste verschwindet. So blieb bei ihm die Zweiheit von Denken und Sein, wenn auch nicht als feindlicher Zwiespalt, ungelöst bestehen; Goethe aber erschien mir als der siegreiche Überwinder, der die Synthese nach jeder Richtung verwirklicht und damit eine Stufe des Seins erreicht hat, die über das einfache Menschentum hinausführt.

Aber Goethe gelangte auf den höchsten Platz in meinem Pantheon erst, nachdem eine andere Gottheit gefallen war.

Und hier konnte ich der schmerzlichsten Abtrünnigkeit nicht entrinnen, weil der Anlaß dazu in der widerspruchsvollen Uneinheitlichkeit dessen lag, der das Idol bildete.

Nach meiner Auffassung, daß alle echten Überzeugungen auf dem Grunde der geistig-seelischen Konstitution gewachsen sein sollen, muß mir jede Art Umkehr oder Richtungsänderung als eine Untreue gegen mich selbst erscheinen, als eine Niederlage meiner Innerlichkeit. Es gibt auch nicht viele solcher Niederlagen in meinem Leben; die Hauptrichtung meines geistigen Seins, die ich mit meinem fünfzehnten Jahre einschlug, habe ich immer eingehalten und durch mein Erleben zu bestätigen getrachtet. Und gerade deshalb, aus dem beharrlichen Festhalten an der Richtungslinie, durch die ich Denken und Sein, Kunst und Leben als untrennbare Einheit in Übereinstimmung zu setzen suchte, ging in diesem Fall die Nötigung zur Abkehr hervor. Ich hatte nur die Wahl, mich selbst mit allem, was spontan aus mir hervorgegangen war, aufzugeben, oder den Gott zu verlassen, mit dem ich nicht mehr übereinstimmte, weil er selbst seine Lehre verleugnete.

Meine Adoleszenz fiel in jene Zeit, in der die Geister auf das heftigste von dem Parteienkampf um die «Zukunftsmusik» ergriffen waren. In einem Konzert hatte ich als fünfzehnjähriges Mädchen Bruchstücke aus dem «Ring des Nibelungen» gehört, darunter Siegmunds Liebeslied, und sie entfachten sogleich leidenschaftliches Entzücken in mir. Einige Zeit später war ich bei der ersten Aufführung der «Walküre» im Operntheater – hoch oben, auf der vierten Galerie, hinten an der Seite, wo man nur hie und da mit Anstrengung einen Blick auf die Bühne erhaschen konnte –, und von da an kannte die Begeisterung, aber auch die Parteileidenschaft keine Grenzen mehr. Im Lauf der zornigen Fehden, die unverweilt losbrachen, sobald irgend jemand eine abfällige Bemerkung über Richard Wagner machte, erfuhr ich erst, daß er auch theoretische Mitteilungen herausgegeben hatte; am nächsten Weihnachtsabend standen auf meinen Wunsch Wagners sämtliche Werke für mich bereit, neun stattliche Bände, herzblutfarben gebunden. Gründlich, wie ich zu sein den Ehrgeiz hatte, begann ich mit dem ersten Band. Es war keine leichte Lektüre für ein siebzehnjähriges Mädchen mit einer so lückenhaften Bildung, wie sie die höhere Töchterschule damals vermittelte. Aber die Mühe wurde überreich belohnt. Nur wer sich die völlige geistige Isolierung vergegenwärtigt, in der ich lebte, wird sich eine Vorstellung von der Seligkeit machen, die mich erfüllte, als ich «Kunst und Revolution» und «Oper und Drama» las; denn hier hörte ich zum ersten Mal eine Stimme, die aussprach, was in der Verworrenheit meines eigenen Innern als geistiges Verlangen gestaltlos wühlte.

Wenn Richard Wagner sagte: «Aus der Individualität, die wir in tausendjährigen Kämpfen gegen den politischen Staat als das Berechtigte erkannt haben, die Gesellschaft zu organisieren, ist die uns zum Bewußtsein gekommene Aufgabe der Zukunft.», so bestätigte er mit seiner göttlichen Autorität das Ziel des Weges, den ich in meiner einsamen Dunkelheit eingeschlagen hatte; und wenn er vollends vom Reinmenschlichen als dem Gipfel der Entwicklung sprach, an den sich das Männliche wie das Weibliche annähert, «das durch die Liebe verbunden erst Mensch wird», wenn er das Weibliche als höchstes Liebesverlangen bezeichnet, «offenbare es sich nun im Mann oder im Weib», so hatte er mir die Lösung für das Rätsel geschenkt, das ich in mir erlebte, ohne es deuten zu können.

Seine Äußerungen über die androgyne Natur des Musikers bewegten wie eine Offenbarung des tiefsten Lebensgeheimnisses, durch die überwältigende Macht einer großen Persönlichkeit beglaubigt, die geheimen Saiten meines Innersten. Und war der Widerhall, den sie gaben, nicht die zukunftsmächtige Stimme meines eigenen Schicksals, das sich da deutlich und doch noch unverständlich ankündigte?

In dem geistigen Rausch der Übereinstimmung verlor ich jedes Maß für die wirklichen Absichten dieser Darstellungen; ich las und las und las immer mehr meine eigene Welt aus ihnen heraus.

Um mir das Wesentliche immer vor Augen halten zu können, legte ich Hefte an, in die ich die bezeichnendsten Stellen, aphorismenartig herausgefaßt und wie Bibelsprüche numeriert, als Fundamentalartikel meiner Weltanschauung eintrug. Die Musik wird in diesem privaten Katechismus der Wagnerschen Lehre kaum erwähnt; dafür nimmt die Polemik gegen das Christentum den breitesten Raum ein. Christentum als religiöse Zwangsveranstaltung, als äußerliche Vorschrift zur Unterwerfung unter sinnlos gewordene Gebräuche, wie es meine katholische Erziehung verstand, war mir aufs äußerste verhaßt; nicht weniger aber seine metaphysische Tendenz, die das Erdenleben verwarf, um das Streben des Menschen auf das Jenseits zu lenken. Da das Jenseits für den aufgeklärten Geist ein leerer Wahn war, konnte dem menschlichen Streben keine andere Aufgabe gesetzt werden, als das Diesseits zu höherer Vollkommenheit zu bringen. Das lehrte Richard Wagner; er brach endgültig mit dem Christentum und zeichnete mit flammenden Worten die Gestalt der Zukunft, in der ein neuer Gott die Welt regieren sollte, jener Jesusapoll, den er aus dem historischen Schicksal der Menschheit aufrichtete, indem er sagte: «So würde uns denn Jesus gezeigt haben, daß wir Menschen alle gleich und alle Brüder sind; Apollo aber würde diesem großen Bruderbunde das Siegel der Stärke und Schönheit aufgedrückt, er würde den Menschen vom Zweifel an seinem Werte zum Bewußtsein seiner höchsten göttlichen Macht geführt haben. So laßt uns denn den Altar der Zukunft im Leben wie in der lebendigen Kunst den zwei erhabensten Lehrern der Menschheit errichten: Jesus, der für die Menschheit litt, und Apollo, der sie zu ihrer freudenvollen Würde erhob.»

An diesem Altar kniete ich fortan mit inbrünstigem Glauben; und eifrig las ich Aussprüche aus den herzblutfarbenen Bänden zusammen, um mein Bekenntnis auszubauen. Aber nicht nur hier begegnete mir der neue Gott. Je länger ich ihn mit mir herumtrug, desto reicher wurden die Beziehungen, die ich zu ihm fand. Er war der Gott der Synthese, der die Gegensätze versöhnt, ohne sie aufzuheben, der Gott der Weltliebe, die das Himmlische mit dem Irdischen vermählt, um es zu vollenden; er bedeutete als geistiges Symbol die Überwindung des Zwiespalts, der in der Welt herrschte, indem er das Leiden zum Werkzeug der seelischen Erhöhung und die Schönheit der Welt zum Gefäß dieser Erhöhung machte.

In ihm erkannte ich den leidbesiegenden Gott der Freude, den schon Beethoven in jenem unsterblichen Werk feierte, der neunten Symphonie, die aus Wirrsal und Klage zu einer Hymne an die Freude aufsteigt. Hatte sich nicht auch Beethoven, über die Tragik des grausamsten Schicksals innerlich Herr geworden, von der christlichen Art der Weltüberwindung mit den Worten abgewendet: «Oh Freunde, nicht diese Töne! Sondern lasset uns andere anstimmen und freudvollere».

Den herrlichsten Triumph der Beglaubigung aber erfuhr in meinen Augen der synthetische Gott, als ich im Frühjahr 1877, etwa ein Jahr, nachdem ich ihn von Richard Wagner empfangen hatte, nach Rom kam. Da erblickte ich an der Wand der Sixtinischen Kapelle Jesusapoll, aus dem Geiste Michelangelos geboren, mannweiblich zweigestaltig als höchsten Richter der Welt.

Daß Michelangelos sich nicht an die Überlieferung gehalten hatte, nach der Jesus «zur rechten Hand Gottes sitzend» dieses Amt ausüben sollte, sondern daß er in der Erscheinung Apollos selbst den Platz Gottes einnahm, an seiner rechten Seite ehrenvoll ebenbürtig die Erscheinung des Weibes, schien dem synthetischen Gott eine noch tiefere Bedeutung zu verleihen, dem Ideal, das ich als meine innerste Überzeugung im Kampf gegen eine widerstrebende Welt in mir trug.

Ich will nicht behaupten, daß ich all dies schon damals in Worte hätte fassen können; auch wäre es immerhin möglich, daß die Erinnerung meinen zweiten Besuch in der Sixtina im Jahr 1880 mit dem ersten in eins verschmolzen hat. Aber der geistigen Reife nach besteht doch zwischen dem ersten und dem zweiten Eindruck gefühlsmäßig kein Unterschied, sonst hätte er sich nicht als ein einziger in mein Gedächtnis prägen und seine Leuchtkraft im Dunkel der Vergangenheit bewahren können. Die Stunde in der Sixtina ist bei weitem das stärkste Erlebnis, das ich je durch die bildende Kunst erfuhr; so sehr war ich eingenommen, daß die Stanzen Raffaels, deren Besuch sich nach dem üblichen Fremdenführer-Programm an den der Sixtina anschloß, mir kalt und leer erschienen, seelenlose Verbildlichungen äußeren Geschehens, die an das allein Wesentliche, wie es durch Michelangelo in der Sixtina verewigt war, nicht entfernt heranreichten.

Der Gewaltige aber, der in diesem erhabenen Raum den Menschen zum zweiten Male erschaffen hatte, in einer Formengebung, in der das Geistige mit dem Sinnlichen zu neuer Gestalt verschmolzen war, nahm hinfort in meinem Pantheon den Platz als höchster Gott der bildenden Kunst ein. Und als ich später – durch den Bildhauer Silbernagl, der in Michelangelo den höchsten Meister seiner Kunst verehrte – mit seinen Sonetten bekannt gemacht wurde, erhielt ich auch von dieser Seite her einen bestimmenden Einfluß auf mein geistiges Leben. Sie waren es, die mein besonderes Verhältnis zu dieser Form begründeten.

Ungefähr um dieselbe Zeit leuchtete das Ideal des Menschentums, nach dem sich meine Sehnsucht richtete, aus einer noch viel größeren Ferne in meine Welt herein. Von jener Erzählung Georgs her besaß der Name Plato eine Heiligkeit für mich, die ihm den Platz der Unvergleichlichkeit verlieh, noch ehe ich etwas anderes von ihm kannte als sein Abenteuer mit der athenischen Schönen. Jetzt war er durch Reclams Universalbibliothek um zwölf Kreuzer zugänglich geworden: Ich konnte ohne alle weiteren Umstände etwas von ihm in meinen Besitz bringen und wählte das «Symposion».

Der Eindruck, den ich davon empfing, war so stark, daß er in den nächsten Jahren meine literarischen Versuche vollständig färbte und sie in ihrer stammelnden Unbeholfenheit, das Halbverstandene und Nichtverdaute des platonischen Dialoges in romanhafte Vorgänge zu flechten, ganz ungenießbar machte. Was da über die Liebe gesagt wurde, und nicht zuletzt der Umstand, daß die letzten und höchsten Erkenntnisse darüber einer Frau in den Mund gelegt wurden, bestätigte in ruhmreicher Gestalt mein eigenes Innenleben. So führte denn die Linie, auf der ich ging, weit in die Vergangenheit zurück und wurde von Auserwählten durch die Jahrtausende fortgesetzt! Daß die Liebe, wie sie im «Symposion» dargestellt wird, eine, wenn auch übersinnliche, so doch gleichgeschlechtliche und nur von Mann zu Mann gedacht war, focht mich bei meiner Auffassung, daß der Geschlechtsunterschied Nebensache sei, nicht weiter an – ja ich bemerkte es eigentlich kaum und wurde erst stutzig, als mir dieser Einwand einmal von außen begegnete.

Mit anderen Schriften Platos hatte ich aber kein Glück; da versagte das Verständnis auf das peinlichste. War schon die Vorstellung, daß ich kraft meiner Individualität mit einem erlesenen Greis verbunden war, durch das Bewußtsein meiner Unzulänglichkeit und Mangelhaftigkeit eher niederdrückend als erhebend, so empfand ich die Unfähigkeit, ein lebendiges Interesse für die «Politeia» oder den «Phädrus» aufzubringen, als eine schmerzlich beschämende Tatsache. Zudem konnte ich trotz aller ehrfurchtsvollen Ergebenheit über die sokratische Methode der Beweisführung nicht hinwegkommen. Dieser überlegene Meister, der da die Anfänger im Denken mit seinen Fragen aufs Eis führte, um sie unvermerkt dort hinzubringen, wo er sie haben wollte, schien mir nicht immer redlich vorzugehen; und der Verdruß über die Unvorsichtigkeit, mit der die Jünger auf die verfänglichen Fragen immer gefügig versetzten: «Da magst du wohl recht haben, Sokrates» oder: «Wie könnte es sich anders verhalten!» oder: «Das scheint mir wohl richtig zu sein», war manchmal so groß, daß ich nicht weiterlesen konnte. Man hätte dem einfältigen Jasager zurufen mögen: Halt ein! Wenn du das zugibst, hast du schon verloren! – aber es nutzte nichts, Sokrates zog die Schlinge zu und blieb Sieger. Es ging zwar nur mit richtigen Dingen zu, wenn Sokrates, der den Ruhm des weisesten aller Menschen genoß, recht behielt; und doch war die Suggestion dieses Ruhmes nicht stark genug, um den Widerstand zu verscheuchen, den das eigene Denken einem nicht überzeugenden Beweis entgegensetzte. Die Unfähigkeit, mit eigenen Mitteln die Widerlegung zu erbringen, erzeugte aber ein so starkes Unbehagen, daß es die Willensanspannung, die zum Eindringen in einen schwerzugänglichen Gegenstand nötig ist, endgültig vereitelte.

Gegenüber einem antiken Philosophen war die Niederlage des eigenen Geistes nicht so arg demütigend; ganz anders hingegen fühlte ich mich getroffen, als mit dem Fortschreiten in den Schriften Wagners sich ein Zustand einzustellen begann, der eine verzweifelte Ähnlichkeit mit dem Versagen des Verständnisses hatte. Die Helligkeit, die mir sonnenklar aus den ersten Schriften entgegenleuchtete und ihren Inhalt so verständlich machte, als wäre er unausgesprochen schon in meiner Brust gelegen, schien sich zu verdunkeln; hatte ich früher alles spielend aufgefaßt, so kostete es mich Mühe, auch nur über den Satzbau dieser Ausführungen ins klare zu kommen, und ich drang gar nicht bis zu deren Inhalt vor. So gänzlich fremd und unverständlich waren sie mir, daß meine gewissenhafte Gründlichkeit vor dieser nutzlosen Anstrengung zurückscheute und auf halbem Weg umkehrte. Ich las nicht weiter, sondern begnügte mich, das, was mir bisher zugänglich geworden war, immer von neuem durchzunehmen.

Die Schrift, die mir diese Niederlage bereitete, trug den Titel «Staat und Religion»; sie steht im 8. Band der Wagnerschen Werke. Es ist bezeichnend für die instinktive Abwehr, die eine mit starken Affekten betonte Ergebenheit allen abschwächenden Einflüssen entgegensetzt, daß ich mir über die tieferen Ursachen der Folgen meines Unverständnisses keinerlei Rechenschaft gab; ich dachte nicht weiter darüber nach, ich glaubte nicht, daß sich dahinter etwas von Bedeutung verberge, im Gegenteil, ich war überzeugt, daß die uneingestandene Langeweile, die mir das Weiterlesen verleidet hatte, nur darauf zurückzuführen sei, daß es sich in «Staat und Religon» um Dinge handle, die in den kanonischen Büchern meiner Begeisterung viel einleuchtender, viel überzeugender, viel hinreißender zugleich mit den großen Wahrheiten des Wagnerschen Bekenntnisses dargestellt wären.

So geschah es, daß dieser dunkle Punkt alsbald in wohltuende Vergessenheit geriet und meine fanatische Anhängerschaft nicht beirrte. In Bayreuth hatten schon ein Jahr vorher die ersten Festspiele stattgefunden. Der Meister stand im Zenit – war nun die Zeit des neuen Gottes nicht nahe herbeigekommen? Ich verfaßte eine Ode im sapphischen Versmaß, um doch irgendwie an dem weltgeschichtlichen Ereignis, das sich in Bayreuth vollzog, teilzunehmen, und sandte sie anonym nach Wahnfried. Ihr Inhalt ist mir nicht in Erinnung geblieben. Ich kann nur vermuten, daß sie von dem überging, wes mein Herz voll war.

Mittlerweile fand sich auch ein willfähiger Jünger für meine Prophetenschaft. Anders als Karl Mayreder, der sich trotz aller Ergebenheit für mich unstörbar kühl gegenüber Richard Wagner verhielt, fing sein Bruder Julius sogleich Feuer. Er vollendete eben erst sein siebzehntes Jahr, als er bei uns auftrat. Die allgemeine

Bildung, die er aus der Realschule mitbrachte, war kaum zulänglicher als die meine, und die Gärung, in der er sich befand, noch viel brausender. Denn auch er stand in voller individualistischer Auflehnung gegen die soziale und familiale Tradition. Besonders mit seinem Vater, der zwar kein jähzorniger Despot wie der meine war, aber doch ein leicht erregbarer Polterer, dem die patrias potestas gleichfalls als Vollmacht zu weitgehenden Herrscherrechten erschien, vertrug er sich sehr schlecht, obwohl er ihn sehr liebte. Er war der Meinung, daß es die Aufgabe der alten Generation sei, sich mit überlegener Ruhe und Einsicht zu betragen, und das Vorrecht der Jugend, aufzubrausen; über die Umkehrung, die im Verhältnis zu seinem Vater stattfinden mußte, wenn man Konflikten ausweichen wollte, konnte er nicht hinwegkommen. Da ihn überdies die gebahnten Wege eines Erwerbsberufes unüberwindlich zuwider waren, befand er sich allgemein-menschlich in keiner besseren Lage und litt auch nicht weniger an der herrschenden Lebenskonvention.

Diese Gemeinsamkeit stellte rasch ein Freundschaftsverhältnis zwischen uns her, das durch die Schriften Richard Wagners seine geistige Grundlage erhielt. Ich gab ihm «Kunst und Revolution» zu lesen; und er war von Stund an gläubiger Jünger Wagners, um so mehr, als er sich einem künstlerischen Berufe widmen wollte und von den sozialen Aufgaben der Kunst höchste, wenn auch recht verworrene Vorstellungen hatte. Gerade diese Verworrenheit belebte unseren Verkehr, weil sie Anlaß zu endlosen Debatten gab, in denen ich, zwar ebenso unreif, aber doch mit einem besseren logischen Apparat ausgerüstet, meinen jungen Freund und Anhänger rastlos zu belehren und auf meine Wege zu leiten strebte.

Das gelang mir anfänglich so völlig, daß er mich zur höchsten geistigen Autorität erhob und bei seinen zahlreichen Auftritten mit den Häuptern der Familie stets den vermeintlich höchsten Trumpf ausspielte, indem er zur Bekräftigung seiner Ansicht anführte: «Die Rosa hat das auch gesagt». Seine Überschwenglichkeit aber forderte nur Widerspruch und Spott heraus; als er einmal so weit ging, zu behaupten: «Die Rosa weiß und kann überhaupt alles», fragte der Onkel Hans – ein unverheirateter Bruder seines Vaters, der in der Familie lebte und in die Erziehung der Kinder dreinzureden Befugnis hatte – scherzhaft spöttisch: «Kann sie vielleicht auch seiltanzen?» Worauf Julius einen jener Wutanfälle bekam, die seine Stellung in der Familie so unerquicklich machten. Auch mich setzte er dadurch bei seinen mir noch unbekannten Angehörigen in ein schiefes Licht und erschwerte meine spätere Stellung in diesem Kreise. Onkel Hans, der ebenso gutmütig als bissig war, freute sich trotz der Wut seines Neffen noch lange über diesen Disput und erzählte mir eines Tages davon, als er schon nach seinem eigenen Geständnis von seinem Vorurteil gegen mich abgekommen war.

Das freundschaftliche Einvernehmen zwischen Julius und mir dauerte geraume Zeit ungetrübt; erst im zweiten oder dritten Jahr begannen sich die Gegensätze, die hinter der äußeren Gemeinsamkeit in seinem und meinem Wesen verborgen lagen, geltend zu machen. Er war eine unhemmbare impulsive Natur, in der die Ausbrüche der Leidenschaftlichkeit jede besonnene Haltung vereitelten und in den entscheidenden Lebenslagen immer die Oberhand behielten, so daß seine Unzuverlässigkeit ein gemeinsames Auftreten fast unmöglich machte; aber er besaß ein wärmeres Herz und viel mehr Unmittelbarkeit des Empfindens als ich, weshalb ihm mit der Zeit meine künstliche Fassung und superkluge Verständlichkeit im Umgang unausstehlich werden mußte. Er begann mich «gouvernantenhaft» zu finden; zudem empörte sich seine erwachende Männlichkeit gegen die Gleichmacherei und Herabsetzung der Geschlechtsunterschiede, die ich predigte. Besonders empfindlich verletzte er mich, als er meinen Abgott Plato heranzog, um mich ins Unrecht zu setzen. Denn, so argumentierte er, wenn die Erscheinungen der Körperwelt die Abbilder ewiger Ideen seien, so müsse die Verschiedenheit von Mann und Weib bis in das Jenseits reichen, von wo aus die Ideen herüberwirkten; und es sei ebenso kurzsichtig als irrtümlich, sich dagegen aufzulehnen, um sie zu verwischen. Da die Ideenlehre in jenen Schriften Platos vorgetragen wurde, in die mein Verständnis nicht einzudringen vermochte, war ich ganz aus dem Sattel geworfen und konnte dieses Argument nicht widerlegen – ein Umstand, der die Erbitterung über den Abfall meines Jüngers von meinen Hauptgrundsätzen noch steigerte. Aber das war nur ein Vorpostengefecht; es sollte viel schlimmer kommen. Rätselhafte Andeutungen tauchten in seinen Gesprächen auf, unverständliche Ausdrücke, mit denen ich keine Vorstellung verbinden konnte. So forderte er mit einem Male, der Wille zum Leben solle gebrochen werden. – Wie? Der Wille, dessen stete Anspannung mein heißes Bemühen war? Den zum freien Gebieter über alle niedrigen Regungen zu erheben Ziel und Gipfel des hohen Menschtums war? Aber der höhere Mensch hatte nach Julius die Aufgabe, das Leben zu verneinen und den Trieb, den er in Gestalt des Willens unselig immer neu entfachte, durch eine innerliche Umkehr auszurotten. Lauter unfaßliche Dinge, in denen ich dunkel eine gefährliche Gegnerschaft gegen meine geistige Richtung empfand. Zugleich warf mir mein widerspenstig gewordener Jünger vor, daß ich Richard Wagner ganz falsch verstanden hätte. Denn Richard Wagner lehre keineswegs die Verwerfung des Christentums als einer kunstfeindlichen Weltanschauung, von der sich der redliche Künstler abwenden müsse, wie ich irrtümlich behauptete; im Gegenteil, nur im Christentum sei die erlösende Geistesmacht zu finden, und der Meister selbst bereite schon ein herrliches Werk vor, um dafür den künstlerischen Beweis zu erbringen.

Julius war nichts weniger als ein Redner; die Worte gehorchten ihm nur widerwillig, und sein Denken machte so wunderliche Sprünge, daß es sich in der Diskussion durchaus nicht bei der Stange halten ließ. Vergeblich zog ich meinen Katechismus zu Rate, in dem schwarz auf weiß und numeriert die entscheidenden Aussprüche Wagners aufgezeichnet waren – Julius blieb bei seiner Behauptung, ich hätte das alles mißverstanden und stehe in meiner Kenntnis der Wagnerschen Anschauung noch auf der untersten Stufe. Die Konfusion war schrecklich; da wir beständig aneinander vorbei redeten, glitt der Kampf immer sehr bald von der Sache auf die Person über, und wir machten uns gegenseitig das Leben sauer, er, indem er mir weibliche Ungründlichkeit und Unlogik vorwarf, ich, indem ich mich darauf berief, daß er sein ganzes Wissen um Wagner von mir bezogen und sich nicht so eingehend wie ich mit ihm beschäftigt habe, bis wir beide mit roten Köpfen tief verstimmt auseinandergingen.

Diese Meinungsdifferenzen hatten zunächst die Wirkung, daß ich mich, um dem nicht ganz gegenstandslosen Vorwurf der Ungründlichkeit und Unorientiertheit die Spitze abzubrechen, mit entschlossenem Anlauf nochmals auf «Staat und Religion» stürzte. Hier versprach ja Wagner gleich zu Beginn offen, einem «hochgeliebten jungen Freund» Auskunft darüber zu geben, inwiefern sich seine Anschauungen geändert hätten – eine Ankündigung, die ich zur Zeit, als ich noch nichts von einer Wandlung dieser Anschauung wußte, gar nicht beachtet hatte. Mißtrauisch voreingenommen und durch die Nachwirkung aller der kränkenden vorwurfsvollen Debatten verstört, verfolgte ich jetzt diese Ausführung. Aber vergeblich! Ich konnte die Aufklärung, die ich suchte, nicht finden. Gegenüber diesem gewundenen, künstlichen Satzbau versagte mein Verständnis von neuem. Was da gesagt wurde, erschien mir ausweichend, geschraubt, unaufrichtig; die Widersprüche gegenüber der früheren Auffassung Wagners vermehrten sich nur, statt sich zu lösen, und an der Stelle der erwarteten offenen Auseinandersetzung zwischen einst und jetzt traf ich nur unverständliche Andeutungen, bei denen ein Unbenannter, von Wagner als «unser Philosoph» bezeichnet, als Gewährsmann diente, und die schwärmerisch verehrende Deutung christlicher Religiosität, die mir eben mit Wagners früherer Darstellung des Christentums durchaus unvereinbar schien. Wenn sich die wahrhafte Religiosität, wie Wagner ausführte, nicht durch Disput, sondern einzig durch das tätige Beispiel, durch Entsagung und Aufopferung kundgibt, dann lehrte Wagner, was er selbst nicht durchführen konnte, dann bestätigte er nur, was er früher dem Christentum nachgesagt hatte: daß es eine Utopie sei, die den Menschen mit seiner wahren Natur entzweite – und sollte nach Wagners Lehre die Welt nicht in Übereinstimmung mit dieser wahren Natur neu aufgebaut werden? Ich war wie vor den Kopf geschlagen.

Denn gegenüber dem Christentum gab es nach meiner Meinung nur ein Ja oder Nein. Der Mensch von sittlichem Ernst durfte sich um dieses Problem nicht mit Halbheiten herumdrükken; seine geistige Tat mußte unbedingt darin bestehen, die Einheit von Denken und Sein entweder im Sinne des Christentums als Weltflucht oder als entschlossene Abwehr gegen diese Lösung in einem weltlich schönen Leben wiederherzustellen.

Meine Feindschaft gegen das Christentum hinderte mich allerdings nicht, sobald der Zwang zum Kirchengehen aufgehört hatte, die Wiener Kirchen auf Kunstwanderungen mit Karl und Julius Mayreder oder auch allein häufig zu besuchen. Zu jener Zeit begann eben der Barockstil wieder zu Ehren zu kommen. Im Verein mit meinen jungen Freunden, beide Studenten der Architektur, genoß ich in vollen Zügen das Glück, alle Schätze des Wiener Barock als persönliche Eroberungen zu entdecken. Kircheninterieurs nahmen dabei eine erste Stelle ein; die Pracht und Lebensfülle der barocken katholischen Kunststätten bildeten eine sehr wesentliche Verschönerung der diesseitigen Welt in meinen Augen.

Aber auch die hochgestimmte Feierlichkeit der Gotik in der Stefanskirche stellte für mich nicht die Verneinung der diesseitigen Welt dar, sondern nur die Verbindung von Einst und Jetzt zu einer zeitlosen Erscheinung von entrückender Stimmungsgewalt. In die Stefanskirche flüchtete ich mich, wenn ich mit der gemeinen Wirklichkeit so unsanft zusammenstieß, daß die Kraft, sie auszuhalten, nicht mehr hinreichen wollte. Es ging ein schwermütiges Befremden von allen diesen Betenden aus, die ihre Kümmernisse einem fiktiven höchsten Wesen anvertrauten, um die Zuversicht in seine väterliche Fürsorge durch Andacht in sich zu bestärken. Auch die Geistlichen, die in schimmernden Gewändern nach dem Schnitt einer jahrtausendalten Mode an den Altären hantierten, erweckten die Vorstellung der zeitlosen Ferne; ihre Worte und Gebärden gehörten einer mir völlig fremdgewordenen Sphäre des Lebens an, und das verlieh ihnen etwas Unwirkliches, Mythisches. Wenn nun vollends die Orgel mit schwellendem Erbrausen die Wölbungen füllte oder aus der Dämmerung des Chors eine Litanei wie eine eintönig endlose Klage scholl, so war der Zauber dieser Stimmung, obwohl ich mich nur ästhetisch daran beteiligte, stärker, als er durch irgendeine künstlerische Darbietung erreicht werden konnte.

Nicht weniger liebte ich die Statuen der Heiligen und die alten «Marterln», die auf den ländlichen Wegen in der Umgebung Wiens herumstanden, die Prozessionen, die zu Ostern oder am Fronleichnamstag das langweilig gewöhnliche Straßenbild mit bebänderten Fahnen, goldstrotzenden Baldachinen und weißgekleideten Mädchen so festlich verschönten; am meisten aber den Glockenklang, der von der Höhe der Türme dahergeweht kam wie die tönend gewordene Luft selbst. Eine Welt ohne Glockengeläute wäre mir traurig erschienen, wie ein Mensch ohne Sprache. Aber dieser ästhetische Genuß an dem äußeren Apparat hatte mit dem, was ich unter Christentum verstand, nichts gemein; denn gerade dieser Apparat mit seiner formgebundenen Lebensbeherrschung gehörte in das apollinische Reich des Diesseits und strafte das dem Jenseits weltverachtend zugewandte Christentum im Grunde Lügen.

Der Versuch, durch Wagners eigene Autorität den Streit zu schlichten, war mißglückt. Immer mehr nahm zwischen Julius und mir eine grollende Entfremdung überhand. Vielleicht hatte dazu auch meine törichte Verschlossenheit beigetragen – ein Umstand, der mir freilich erst sehr spät zum Bewußtsein kam. Denn Julius bemerkte wohl, was sich zwischen seinem Bruder und mir entspann, und es kränkte ihn tief, daß wir ihn aus unserem Vertrauen ausschlossen. Allein, wenn auf der einen Seite die Verwirrung des Gefühls noch zu groß war, um mir eine Berührung dieses auch aus äußeren Gründen einstweilen streng zu verheimlichenden Verhältnisses zu gestatten, so war auf der anderen die geistige Verwirrung und die damit einhergehende Erbitterung ein noch viel stärker wirkendes Hindernis vertrauender Mitteilung. Der mir so hartnäckig den schmählichsten Irrtum über die höchsten Fragen meiner geistigen Welt vorwarf, wie hätte er an dem großen Ereignis meines Gefühlslebens teilhaben können, indem ich tastend und schwankend einem mir selbst noch unbegreiflichen Zustand entgegenging.

Eines Tages brachte Julius endlich denjenigen zur mir, von dem er, wie sich herausstellte, alle die neuen Aufschlüsse über Richard Wagner und die Welterlösung übernommen hatte.[11] Er war nicht älter als Julius, besaß aber in seinem ruhevoll gemessenen Auftreten, in einer Art unstörbarer Nachdenklichkeit und Zurückhaltung, die über seinem Wesen lag, etwas Achtunggebietendes, Ansehenerweckendes, das dem Brausekopf Julius gänzlich abging. Nicht wenig trug dazu der Umstand bei, daß er zu Fuß nach Bayreuth gepilgert und mit vielen Persönlichkeiten des engeren Wagner-Kreises in Berührung getreten war. Auch seine Erscheinung hatte das Gepräge des Ungewöhnlichen; eine Art härenes Pilgergewand, das an der Hals- und Ärmelöffnung keine weiße Wäsche sehen ließ, umschloß seine magere Gestalt, und wallende

Locken stark gekrausten Haares rahmten sein Gesicht ein, in dem ein ebenfalls stark gekrauster Bart zu einem Zwicker mit breitem schwarzem Hornrand hinaufwuchs. Mild und abgeklärt blickten hinter den Gläsern seine schwarzen Augen; sie machten den Eindruck, daß sie mehr an der Welt vorbei als in sie hineinsähen. Als ihm beim Abendessen die Bratenschüssel angeboten wurde, wies er sie mit Widerwillen zurück und nährte sich nur von dem sie begleitenden Kartoffelsalat; auf meine erstaunte Frage nach dem Grunde bekannte er sich als Vegetarier.

Julius stand völlig in seinem Bann; voll Bewunderung hingen seine hellblauen Augen an den Lippen seines Freundes, und nach jedem gewichtigen Ausspruch über eines der Lebensprobleme, die er vielseitig beherrschte, gingen sie in die Runde, um den Eindruck dieser geistigen Überlegenheit aus den Mienen der Zuhörer einzuheimsen. Von Zeit zu Zeit machte er seinem Empfinden Luft, indem er mir triumphierend zurief: «Nun? Ist das nicht ein Kerl?»

Von diesem noch nicht zwanzigjährigen Weisen erfuhr ich im weiteren Verlaufe, was Julius mir nicht hatte klarmachen können. Aber auch aus seinen Reden, so wohlgesetzt und besonnen sie klangen, konnte ich nicht klug werden. Richard Wagners gegenwärtige Stellung zum Christentum bedeute keine innere Wandlung, keinen Bruch mit früheren Anschauungen, sondern nur ein inneres Wachstum, eine höhere Entfaltung durch neuere Erkenntnisse und Gesichtspunkte; er sei kein Renegat, der sein ursprüngliches Bekenntnis verleugne und widerrufe – er sei ein Menschheitslehrer, der alle Stadien der geistigen Entwicklung in sich erlebt habe und sie der Welt durch sein Kunstwerk der Zukunft offenbare. Seine theoretischen Ausführungen seien nur Mittel zu diesem Zweck; die Bedeutung, die ich ihnen beimesse, hätte sie nach Wagners Absichten durchaus nicht.

Bei der steifen Gradlinigkeit meines Denkens und Empfindens, dem noch alle außerhalb meiner persönlichen Kämpfe liegenden Konflikte unbekannt waren, konnte ich diese Auslegung nicht begreifen; sie erschien mir sophistisch, willkürlich, ja unehrlich. Aber ich war nicht imstande, meine Auffassung entsprechend zu formulieren. Denn jetzt wurde meine philosophische Unbildung sehr peinlich fühlbar. Ich hatte zwar außer dem «Symposion» die ersten Seiten von Kants «Kritik der reinen Vernunft» gelesen und wußte zur Not, was unter der Idealität von Raum und Zeit zu verstehen sei; damit glaubte ich das Auslangen zu finden. Was ich nun im Kampfe gegen die von Julius gepredigte Weltverneinung vorbrachte, war so unbeholfen und dilettantisch, daß dem philosophisch geschulten Bayreuth-Pilger meine Blößen nicht lange verborgen blieben. Freundlich ernst ermahnend sagte er: «Sie müssen eben Schopenhauer lesen, liebes Fräulein». Schopenhauer! Ein Name wie ein Keulenschlag! Und unangenehm wie die Lehre, die von ihm ausging! Das innere Widerstreben, mich mit einer meiner bisherigen Richtung entgegengesetzten Weltanschauung zu beschäftigen, war so groß, daß erst ein stärkerer Einfluß wirksam werden mußte, bevor ich es überwinden konnte.

Und noch einen anderen Umstand kann ich anführen, der entschuldigt, warum ich nicht sogleich die Stimmung fand, mich an die Lektüre Schopenhauers zu machen. Wenige Wochen vor meiner Hochzeit, an der Schwelle der nach einem vierjährig-endlosen Brautstand endlich herannahenden geistigen und sinnlichen Befreiung, sollte ich mich mit einer Lebensauffassung befreunden, die den Sinn alles sittlichen Bemühens in die Brechung des Willens, in die Verneinung des Lebens setzt und die geschlechtliche Erfüllung als das verwerfliche Mittel zur Fortsetzung eines verruchten Daseins betrachtet. Alle meine Anstrengungen hatten bisher auf die Herstellung der Einheit zwischen Geist und Sinnen gezielt; dem elementaren Chaos, als welches das Leben dem Menschen gegeben war, Schönheit und Form durch Überordnung des Geistigen zu verleihen, die Sinnlichkeit zu bändigen, um sie in Gestalt der Liebe auf den höchsten Rang zu erheben, also Askese zum Zweck der Bejahung, war das Ziel meines heißesten Bemühens gewesen, dessen Verwirklichung nun die Ehe bringen sollte. Askese zum Zweck der Verneinung, wie Schopenhauser sie nach den Aussagen seines Jüngers predigte, war aber eine völlig andere Lebensrichtung – eben jene, die mir das Christentum als die Lehre, die das wirkliche Leben durch alle Jahrhunderte seiner Herrschaft unerlöst gelassen, es herabgewürdigt und zur Heuchelei verurteilt hatte, hassenswert und feindlich erscheinen ließ.

Einstweilen schleppte mein neuer Freund wenigstens die Bayreuther Blätter herbei, in denen nach seiner Meinung der Neophyt alles, was not tat, leichtfaßlich dargestellt fand. Auch die letzten Offenbarungen des Meisters waren darin enthalten. Aber weder der Meister noch auch sein Schüler Wolzogen, den ich in einem Vortrag hörte, noch irgendein anderer des Wagnerschen Kreises berührte die Frage, die mir auf der Seele brannte. Ich hörte den Vortrag Wolzogens mit so trostloser Miene an, daß Julius, trotz seiner bereits sehr starken Erkaltung mir gegenüber, beim Fortgehen lachend sagte: «Nimm dir's doch nicht so zu Herzen!»

Im letzten Grunde lautete jene Frage: Wie verträgt sich Weltverneinung mit Wagners Leben und Schaffen? Daß die Kunst Weltbejahung und die christliche Lebensauffassung Weltverneinung bedeutete, hatte Richard Wagner in anderer Formulierung unwiderleglich und unzweideutig dargetan, und da er selbst nach wie vor als schaffender Künstler tätig war, im Genusse aller guten Gaben des Lebens, ja sogar glücklicher Gatte einer Frau, die er einem Freunde entrissen hatte – gab es da noch eine Einheit von Denken und Sein in seinem Leben? Beging er nicht selbst jene folgenschwere Inkonsequenz, die nach seiner früheren Auffassung dem Kulturleben der christlichen Völker zum Unglück gereicht hatte, die Unredlichkeit, die jede schöne, harmonische und freimütige Lebensbetätigung auf christlicher Grundlage vergiftete? Erneuerte er nicht, was er dem Christentum vorgeworfen hatte – daß es die europäische Kultur zwischen Gewissen und Lebenstrieb, Einbildung und Wirklichkeit unheilbar und unversöhnbar gespalten hatte? Daß das Christentum die menschliche Natur verleugnet und sich damit einen Feind erschaffen hat, der es notwendig einst soweit vernichten muß, als es ihm nicht Raum gewährt? Unfaßlich, unausdenkbar, bis in die tiefste Seele empörend erschien es mir, daß ein Geist, der so klar und deutlich die Gründe dargelegt hatte, warum das Christentum keine Kultur schaffen konnte, die der wahren Natur des Menschen entsprach, nunmehr die Mängel der europäischen Kultur daraus erklären wollte, daß das Christentum eben nicht voll erblüht war! Es konnte doch nach seinen eigenen Ausführungen nie und nimmer voll erblühen, weil es mit der unabänderlichen Beschaffenheit des Menschen nicht übereinstimmte, weil es durch die supranaturalistische Verbannung dieser Beschaffenheit einen unlösbaren Konflikt heraufbeschworen hatte. Und irrte nicht nach Wagners eigenem Wort «der Mensch von da an, wo er die Ursache der Wirkungen der Natur außerhalb des Wesens der Natur selbst setzte?» («Fundamentalartikel 2»).

Mehr noch als der abgründliche Gegensatz, der zwischen Wagners früheren und seinen späteren Anschauungen über das Christentum bestand, empörte es mich aber, daß seine Anhänger, die geschworenen Wagnerianer, diesen Gegensatz gar nicht bemerkten oder daß sie ihn mit sophistischen Ausflüchten verschleiern und beschönigen wollten. Das war das ganz Unerträgliche: die Unredlichkeit des Denkens, die fanatische Verblendung, mit der in diesem Kreise jeder Versuch, über die Widersprüche in Wagners Denken und Sein Klarheit zu gewinnen, als tempelschänderische Häresie zurückgewiesen wurde. Die Autorität des Meisters war so über allen Zweifel erhaben, daß alles, was er je gesagt hatte, ohne Kritik als Offenbarung einer höheren Welteinsicht hingenommen werden mußte, ganz wie es in der religiösen Orthodoxie gefordert wurde. Wenn ein unlösbarer Widerspruch zu bestehen schien, so lag die Schuld nur in der mangelhaften Auffassung des Jüngers, dessen intellektuelle Fähigkeit eben nicht an das volle Verständnis heranreichte. Eine eigene Meinung zu haben, die von der des Meisters abwich oder sich kritisch ihr gegenüberstellte, war Abfall vom rechten Glauben. Aber wenn schon – welches Bekenntnis war denn das rechte, das jetzige des Meisters oder sein früheres?

So bewegten wir uns in einem circulus vitiosus wie in einem Höllenkreise, von Leidenschaft und Zorn im Kampf um die vermeintlich heiligsten geistigen Güter gepeitscht – die orthodoxen Anhänger um den Glauben an den Meister, ich um die geistige Unabhängigkeit des Denkens. Allerdings hatte mich dieser Kampf um die geistige Unabhängigkeit unvermerkt wirklich zum Abfall von demjenigen gebracht, der bis dahin der Leitstern meines Lebens war.

Ich konnte schon nichts mehr, was von Wagner kam oder mit ihm zusammenhing, mit dem Gefühl reiner Entzückung aufnehmen, wie es mir vorher gegeben war. Die polemische Stimmung drückte immer mehr auch den Genuß an den künstlerischen Werken des Meisters; und als ich durch den Bayreuth-Pilger mit dem Text des «Parsifal» bekannt gemacht wurde, der eben erschienen war, stieg vollends eine unübersteigliche Schranke zwischen Wagner und mir auf. Das Seelenleben, das hier dargestellt und verherrlicht wurde, war mir fremd bis zur Unverständlichkeit; die Werte, die hier die Herrschaft führten – demütige Bußfertigkeit, reumütige Zerknirschung, weltverneinende Entsagung in Gestalt der reinen Torheit – vertrugen sich auf keine Weise mit der Richtung meines eigenen geistigen Lebens. Wohl stellte ich das Widerstehenkönnen gegenüber den Anfechtungen der gemeinen Sinnlichkeit auf den ersten Rang, aber doch nur, weil es die Bedingung für die freie Hingebung an die schöne Sinnlichkeit der Liebe war; daß hingegen Parsifal in der Geschlechtlichkeit, auch wo sie in Gestalt der Liebe an ihn herantritt, einen Fallstrick des Bösen wittert und die herrlichen Worte «Bekenntnis wird Schuld und Reue enden, Erkenntnis in Sinn die Torheit wenden» als Versuchung eines verruchten Weibes empfindet – dagegen lehnte sich etwas in mir mit leidenschaftlicher Empörung auf. Weit getrennt war ich hinfort von der Welt, in der Richard Wagner waltete; es gab keine Brücke mehr von mir zu ihm.

Und doch konnte ich den Gedanken, daß ich diesen Gott verloren haben sollte, nicht ertragen. Meine erste große Tat, als ich durch die Ehe meine volle Handlungsfreiheit gewonnen zu haben glaubte, war, daß ich mir ein Herz faßte und mich mit einem umfangreichen Brief an des Meisters eigene Person wandte. Auch von diesem Brief hat sich in meiner Erinnerung kaum etwas erhalten; ich weiß nur noch, daß ich mich in mehr umständlichen als verständlichen Klagen über die Gemeinde erging, von der er umgeben sei, und daß ich meine eigene Geistesverfassung, die nach dem Verlust einer so begeisterten Hingebung dem Nihilismus zu verfallen Gefahr laufe, in den düstersten Farben schilderte. Da ich damals noch ganz von dem Ehrgeiz der Männlichkeit besessen war, verbarg ich, welchem Geschlecht ich angehörte, und unterzeichnete mich nur als R. M.

Wirklich erhielt ich alsbald eine Antwort von Richard Wagners Hand! Es erfüllte mich mit Befriedigung, daß sie an Herrn R. Mayreder adressiert war. Richard Wagner schrieb am 20. Mai 1882:

«Geehrter Herr!

Nur noch ein paar Jahre Geduld; schlagen Sie sich dabei alles aus dem Kopf, was Sie jetzt an mir und von mir beängstigt: bearbeiten Sie in dieser Zeit irgend das Feld, welches Ihnen zur Erfüllung Ihrer inneren oder äußeren Lebenspflichten vorliegt. Reifen Sie! Dann – besuchen Sie mich einmal, und alles wird in Ordnung kommen. Schon jetzt sage ich Ihnen aber zu Ihrer Beruhigung, daß weder eine Bayreuther noch eine christliche Gemeinde um mich vorhanden ist. Ergebenst, Richard Wagner.»

Ich befand mich damals nicht in der Lage, zu beurteilen, wie gütig diese Antwort war; was ich so ungestüm verlangte: Aufklärung der Widersprüche, ein authentisches Ja oder Nein über die Wandlung in Richard Wagners Anschauungen gegenüber dem Christentum enthielt sie nicht, und deshalb konnte mich auch die ehrenvolle Einladung zu einer späteren persönlichen Aussprache nicht erfreuen. So kurz wie vorher weitschweifig schrieb ich ein Wort des Dankes zurück, mit dem ich das Versprechen verband, den erhaltenen Rat zu beherzigen. Diesmal unterzeichnete ich mich aber als Rosa Mayreder.

Es blieb mir nun nichts übrig, als mich selbst davon zu überzeugen, was «unser Philosoph» in seinen Schriften lehrte; darin erblickte ich die Aufgabe, die mir der Meister stellte. Freilich befolgte ich seinen Rat nicht freudigen Herzens, nicht mit der willigen Unterordnung, die man einem geliebten Lehrer entgegenbringt. Wie anders war mein Verhältnis zu Schopenhauer als zu dem Richard Wagner der ersten Jahre! Keine beseligende Übereinstimmung, keine Erleuchtung, in der das eigene Wesen aufging, wie von der Sonne beschienen! Ein widerhaariges Verstehen, eine notgedrungene Unterwerfung unter die unerbittliche Folgerichtigkeit dieser Ausführungen, die in der hellen Durchsichtigkeit ihrer Sprache keine dunklen Winkel duldeten, wohin sich der Widerstand flüchten konnte.

Aber wenn ich auch die Schopenhauersche Weltanschauung wie eine geistige Zwangsjacke empfand, in die ich gestellt wurde, ohne mich ihrer erwehren zu können, so war doch die geistige Schulung, die ich durch sie erfuhr, unvergleichlich wertvoll. Wie er der Philosoph der Laiendenker geworden ist, weil er es versteht, schwierige Probleme leichtfaßlich darzustellen und sie durch eine anziehende literarische Fassung zugänglich zu machen, so wurde er auch für mich der Führer zur geistigen Klarheit, der mir den

Weg in jene Regionen des Denkens ebnete, von denen ich durch meine Unbildung bis dahin ausgeschlossen war.

Ich erkannte das mit lebhafter Dankbarkeit an. Das hinderte aber nicht, daß ich seine Welt, ähnlich wie die christliche, als eine feindliche empfand, auf der sich eine harmonische Kultur des Diesseits nicht errichten ließ. Auch er gab dem Zwiespalt von Denken und Sein, dem Grundübel der christlichen Welt, nur neue Nahrung. Im Lichte seiner Auffassung war das Diesseits unheilbar verrucht und verworfen; und besaß der Mensch in seinem Erkennen wirklich das Mittel, den Willen zur Umkehr zu bewegen und das Erdensein zu vernichten, dann war er ohne Frage dazu verpflichtet.

Allein – nicht einmal Schopenhauer selbst nahm es ernst mit dieser Verpflichtung. In mir erweckte weder das logische Raisonnement noch auch das Leiden, das nun mit ganz anderer Härte als in meinen ersten Jugendjahren mein Leben gestreift hatte, die geringste Neigung zur Weltverneinung. Ich lebte im Reich des hellsten Liebesglücks – und doch erfuhr ich sogleich, daß die völlige Hingebung an die Liebe als höchster Lebensmacht die Quelle der schmerzlichsten Konflikte und Versuchungen werden kann. Ich hielt mich in meiner Gesundheit und Lebenskraft für ein bevorzugtes Geschöpf der Natur – und doch verriet mich die Natur in der schmählichsten Weise, als ich ein Kind zur Welt bringen sollte, indem sie meinen Organismus bei der Geburt acht Tage lang mit nutzlosen Anstrengungen peinigte, die das Leben des Kindes zerstörten und für mich ein jahrelanges Siechtum zur Folge hatten.

In diese seelischen und körperlichen Nöte warf die Lehre Schopenhauers wohl ihre Schatten; oft klang mir jenes indische Wort, das ihr Grundmotiv ist, als letzter Trost in der Seele: «Vorüber gehen die Leiden und die Freuden: geh an der Welt vorüber, sie ist nichts.» Aber immer bäumte sich ein unzerbrechlicher Lebenswille gegen das auf, was mir nur als Schwäche und Entmutigung erschien; und wenn ich auch nicht die intellektuelle Kraft hatte, aus eigenen Mitteln das Joch der Schopenhauerschen Weltinterpretation zu sprengen – der Widerstand dagegen wurde weder auf dem logischen noch auf dem empirischen Wege aufgehoben.

Trotz der wunderbaren Geschlossenheit, mit der diese Weltanschauung nach allen Seiten hin ausgebaut und befestigt war, gab es Einwände, die in sie Breschen zu schlagen schienen. Wenn die Vielheit nur der Erscheinungswelt, dem trügerischen Reich der Maya angehörte und jenseits ihrer der Wille ein Ungeteiltes, eine Einheit war, mußte er durch das Individuum, das ihn in sich doch zerbrach und dadurch in das Transzendente hinüberwirkte, doch wohl als Ganzes und nicht bloß als winziger Bruchteil, wie das Individuum, seine Aufhebung erfahren. Da nun diese ungeheure Tat der Willensbrechung nach Schopenhauers eigener Annahme schon durch die buddhistischen wie die christlichen Heiligen reichlich oft vollbracht worden war, wie kam es, daß die Welt noch immer existierte? Ja, daß alle diese partiellen Aufhebungen nicht die geringste Spur an dem Weltwillen hinterlassen hatten und er nach wie vor mit ungeschwächter Wucht tobte? Hatte aber die individuelle Willensaufhebung nur eine erlösende Macht für das Individuum selbst, dann konnte das principium individuationis nicht bloß der Erscheinungswelt angehören. Ich war zu unsicher, um meine Einwände zu formulieren; aber die Beschäftigung mit allen diesen Fragen führte mich dazu, ihnen in der Form von «Fabeleien» Gestalt zu geben. So kleidete ich meine Einwände gegen die metaphysische Moral Schopenhauers in die Fabelei «Drachentöter» wie meinen unerschütterlichen Glauben an den kommenden synthetischen Gott in die Fabelei «Der Auferstandene». Aber auch in dieser Gestalt hielt ich sie viele Jahre lang verborgen.

Nach wie vor konnte ich mir trotz der Bewegungsfreiheit, die ich mit der Ehe gewonnen hatte, bei niemandem Rat holen. Mein geselliger Verkehr bewegte sich in Maler- und Architektenkreisen. Dort fanden nur Fragen der bildenden Kunst und allenfalls musikalische Darbietungen Interesse; die Unterhaltung stand im übrigen wie in allen Schichten der Wiener Gesellschaft auf einem recht niedrigen Niveau und schöpfte hauptsächlich aus der Erzählung von Anekdoten ihren Stoff, so daß ich mich hüten mußte, mit meinen eigenen geistigen Angelegenheiten hervorzutreten, um das Fremdheitsgefühl nicht durch Zusammenstöße bis zum Unerträglichen zu steigern. Mit heftigem Unbehagen bemerkte ich, daß die Freiheit der verheirateten Frau in der Gesellschaft ganz anders, als ich sie mir vorgestellt hatte, aufgefaßt wurde; als ich eines Abends einen gemein lasziven Witz, den mir einer der anwesenden Herren erzählte, unwirsch ablehnte, versetzte dieser sehr entrüstet: «Sie verkennen Ihre gesellschaftliche Stellung, gnädige Frau; als verheiratete Frau haben Sie kein Recht zu einer solchen Prüderie». Mit Julius traf ich nurmehr in der Familie zusammen. Sein Auftreten gegen mich war eine Zeitlang beinahe feindselig. Hingegen näherte sich mir der Bayreuthpilger immer mehr. In ihm fand ich jetzt einen geistigen Berater, ohne daß wir uns freilich im wesentlichen einigen konnten. Da er mir jedoch Einblicke in ganz neue Gebiete öffnete, stellte ich meine eigenen Meinungen zurück, um mir vorerst nur Kenntnissse zu erwerben.

Er war mittlerweile gleichfalls von Richard Wagner abgefallen. Die Gründe, die ihn dazu bewogen, waren ganz anderer Art als die meinigen. Jedenfalls lagen sie nicht in der Wandlung Wagners zum Christen, da er ja nur den Wagner der späteren Zeit, den künstlerischen Verkünder der Schopenhauerschen Weltanschauung verehrt hatte. In dem Maße, als seine geistige Entwicklung ihn darüber hinausführte, entfernte er sich auch vom Parsifal-Christentum. Wie mir schien, begannen andere Einflüsse, von Personen oder Schriften her, Macht über ihn zu gewinnen. Aber da ein Mensch, der in einer Wandlung begriffen ist, über deren letzte Ursachen nicht Auskunft geben will oder kann, erfuhr ich nur die Tatsache und begnügte mich damit. Nach seinen Äußerungen schloß ich, daß gewisse Strömungen im Wagner-Verein, dessen überzeugtes und werktätiges Mitglied er jahrelang gewesen war, viel zu seiner Abwendung beitrugen. Immer mehr wurde dort das germanische Urflegeltum, mit dem ein unduldsamer Antisemitismus Hand in Hand ging, zum Vorbild erhoben. Auf dem Wege der geistigen Falschmünzerei, die unter den Wagnerianern durch die Methode der Verschleierung und Verklebung innerer Widersprüche fruchtbaren Boden fand, war es nicht schwer, germanisches Urflegeltum und nazarenischen Parsifalismus unter einen Hut zu bringen. Beliebte man doch die jüdische Abkunft Jesu Christi zu verleugnen, indem man sich darauf berief, daß er zu den von den reinrassigen Juden wegen ihrer Blutmischung mißachteten Galiläern gehörte, deren Name gallische Einschläge vermuten läßt. Auf diese Weise glaubte man, Jesus dem Ariertum gewonnen zu haben. Da der Bayreuthpilger Jude war, sagte er sich aus Stolz von diesem Kreise los. Und es mag wohl sein, daß mit dem Mantel zugleich der Herzog fiel.

Schopenhauer aber genoß noch unumschränkte Geltung, umsomehr, als er seine Weltanschauung aus jener Quelle geschöpft hatte, die jetzt das Leben seines Anhängers überflutete, aus der indischen Philosophie. Der Bayreuthpilger war Präsident einer theosophischen Gesellschaft geworden und hatte Beziehungen mit den leitenden Personen dieser Bewegung angeknüpft, wie Madame Blavatsky, der Familie Gebhardt und anderen. Der höhere Mensch mußte nun okkulte Erlebnisse haben, das erriet ich hinter seinen zurückhaltenden Andeutungen. Und wieder sollte ich mit meinem Erkenntniskult, der alle Lösungen von der klaren Tageshelle des Geistes erwartete, auf dem Holzweg sein! Eine Art des Erkennens, für die ich leider nicht die geringste Eignung besaß, führe zur wahren Erleuchtung, aus der allein Aufschlüsse über die tieferen Zusammenhänge der Welt zu gewinnen seien. Was in Europa von der modernen Wissenschaft gelehrt und geglaubt wurde, die ganze induktive Methode der Beweisführung, war im Lichte der Theosophie das «kleine Wissen»; nur durch die indische Geheimwissenschaft gelange man zu dem «großen Wissen», das die Mahatmas besaßen und hüteten. Diese verborgenen Weisen lenkten den Lauf der Welt; wenn jetzt Kunde von ihnen nach Europa drang, so bedeutete das, daß eine neue geistige Entfaltung ihr Wunsch und Werk sei.

Im Gefühl meiner Unwissenheit wagte ich nur schüchterne Einwendungen; gehörte doch alles, worauf ich meine Weltanschauung gründete, die moderne Naturwissenschaft inbegriffen, in das Gebiet des «kleinen Wissens»! Zwar erschien mir diese Auffassung als eine arge geistige Überhebung der unbekannten indischen Weisen. Denn hatte nicht Darwin eben das Rätsel der menschlichen Gattung endgültig gelöst –?

Ließen sich nicht aus seiner Theorie die herrlichsten Perspektiven ableiten? Wenn man sie in die Zukunft fortsetzte, durfte man hoffen, daß im weiteren Verlauf der Evolution ein Wesen auf Erden entstehen würde, das über den gegenwärtigen Menschen so weit hinausgewachsen sein würde, wie er selbst den Affen, seinen Stammvater überragte. War dadurch nicht der Sinn all der Anstrengungen, die den Weg der Menschheit bezeichnen, offenbar gemacht? Nicht mehr das Werk eines in Willkür schaltenden Gottes, sondern selbst sein eigener Schöpfer, sollte der Mensch durch die Arbeit unzähliger Generationen aus den Banden der Tierheit einem Zustand gottähnlicher Vollendung entgegengeführt werden, der Herr der Erde, der das blinde Walten der Elemente durch die Macht seiner Erkenntnis bezwang.

Es war das innerste Geheimnis meines Glaubens, das ich nicht ohne Herzklopfen anzudeuten wagte. Ich besaß es noch nicht lange, erst seit dem Tage, als ich bei meinen Entdeckungsausflügen durch Wien in das naturhistorische Museum geraten war. Dort steht in voller grauenhafter Lebendigkeit mit fletschenden Zähnen und wutergrimmten Augen, an einem Baumstamm riesig aufgerichtet, ein ausgestopfter Gorilla. Schreckgebannt versank ich vor diesem Anblick in Nachdenken. So also sieht der Stammvater aus, guter Gott! Und wieviel von dem, was aus dieser Erscheinung spricht, verbirgt sich noch im Wesen seiner späteren Nachkommen? Aber Mut! Von dieser scheußlichen Bestie bis zu den Menschen der Geschichte läuft eine Linie solcher Vervollkommnung, daß kaum mehr eine Spur von Verwandtschaft zu entdecken ist. Warum sollte die Bahn der Entwicklung nunmehr abgebrochen sein? Es galt nur, den gräßlichen Unhold richtig zu verstehen. Und da verwandelte sich das Bild des Stammvaters in eine eindringliche Ermahnung; sein aufgerissener Rachen schien zu schreien: Überwindet mein Erbe in euch, damit auf Erden Raum werde für ein neues Wesen.

Allein, nun mußt ich's mit schmerzlichen Staunen sehen, daß das, was mich mit der Gewalt religiöser Ergriffenheit bewegte, meinen Mahaguru ganz kalt ließ. Diese evolutionischen Zukunftsträume, von denen Darwin selbst sich ganz freigehalten habe, seien in Hinsicht auf die persönliche Weltstellung des Einzelnen und noch mehr in Ansehung des Trostes, den sie gewähren sollten, wertlos. Gerade die Naturwissenschaft zeige, daß die Entstehung und Umwandlung der Arten unermeßliche Zeiträume beanspruche; ob in einer Million Jahren das Menschengeschlecht von einer anderen höheren Gattung abgelöst sein werde, sei für den Menschen der Gegenwart in den Nöten und Leiden, die seine gattungsmäßige Beschaffenheit ihm bereite, ebenso gleichgültig wie ein besseres Jenseits, an das er nicht mehr glaube. Auch als Ziel seines eigenen Daseins und Strebens sei diese Perspektive nicht geeignet. Nur Wirkungen, deren Richtung wir beherrschen, deren Folgen wir ermessen können, bieten etwas Beglückendes; von der Art und Wesenheit eines solchen Zukunftsmenschen aber hätten wir so wenig eine Vorstellung, wie etwa der Neandertalmensch sie von den modernen Kulturmenschen besaß. Allerdings sei jeder Mensch mit seinem Schicksal sein eigenes Werk, aber in einem viel tieferen Sinn, als es durch solche hoffnungslos an der Oberfläche klebenden, naturwissenschaftlich gefärbte Phantasien erklärt werden könne. Um das zu verstehen, müsse man Esoteriker sein. Schon meine Polemik gegen das Christentum zeige, daß mir die esoterische Bedeutung dieser Dinge völlig unbekannt sei.

Somit gab es nichts als Schweigen und Zuhören. Ich wollte mich nicht gläubig unterordnen, doch auch nicht aburteilen. Gemäß Richard Wagners Weisung hatte ich beschlossen, zu reifen, ehe ich wieder voreilig das Wort ergriff. Und als ich durch meinen Esoteriker, der sich auch viel mit antiken Geheimlehren beschäftigte, gelegentlich erfuhr, daß den Jüngern des Pythagoras auferlegt wurde, sieben Jahre zu schweigen, fiel es mir nach den seelischen Erschütterungen, die über mich gekommen waren, nicht schwer, mich der gleichen Erprobung zu unterziehen.

Was mir die Theosophie als nächsten Gewinn brachte, waren nicht Erkenntnisse, sondern Menschen. Den Mittelpunkt des geselligen Kreises, in dem der Bayreuthpilger lebte, bildete eine Frau in meinem Alter, auf der Höhe ihrer Schönheit und eigenartigen Begabung. Mit ihrer glühenden Phantasie, die aus Träumen und Symbolen Aufschlüsse schöpfte, ihrem überströmenden Gefühlsleben, das keine Hemmungen durch Vernunftsgründe kannte – einer ihrer Freunde charakterisierte sie einmal, indem er sagte: «Sie hat die Intelligenz der Völker auf der mythenbildenden Stufe» –, war sie der äußerste Gegensatz zu meiner eigenen Wesensart![12] Aber sie bestrickte mich durch die Wärme und Unmittelbarkeit ihres Empfindens so sehr, daß ich mich in einer Art Bezauberung ihr ganz zu eigen gab.

Ein solches Verhältnis kann naturgemäß nicht von Dauer sein oder gar die Belastung durch ein gemeinsames Auftreten vor der Öffentlichkeit, zu dem ich mich später überreden ließ, tragen. Solange jedoch die Anziehung der Gegensätze deren Abstoßung überwiegt, ist die Bereicherung, die man aus der Offenbarung einer fremdartig neuen Psyche vermöge gegenseitiger Liebe empfängt, unermeßlich. Zum ersten Male in meinem Leben widerfuhr mir das Glück, eine Freundin zu besitzen.

Die Theosophin wohnte im Sommer mit ihrem Mann und zwei Kindern sowie dem Bayreuthpilger und Julius auf dem Schlößchen Bellevue oberhalb Grinzing, in der geliebten Gegend meiner Jugendjahre. Dort oben, wenn die Stadt wie ein zweiter Sternenhimmel mit zahllosen Lichtern zu unseren Füßen flimmerte, indes der Mond rot und schwer aus ihrem Dunst aufging, lauschte ich hingerissen der sonoren Stimme, die das Leben in so poetische, so farbenprächtige, so verheißungsvolle Mysterien tauchte. Da vermählte sich die Märchenwelt des deutschen Waldes den Geheimnissen des Orients, die von berufenen Hütern über Zeiten und Völker hinweg treulich weitergegeben wurden; das Christentum, bis zum Überdruß profaniert durch den Handlangerdienst im Alltag, erhielt eine neue weihevolle Gestalt, indem es sich in die Priestergewänder von Samothrake und Eleusis hüllte und wieder hinunterstieg in die Königsgrüfte der ägyptischen Pyramiden, wo es seine tiefsten Symbole empfangen hatte; ein geheiligter Geheimbund, von dem der Ungeweihte durch unverbrüchliche Zeichen fern gehalten wurde, umschloß dieses phantastische Reich tellurisch-kosmischen Erkennens, in dem der Mensch eine höhere Weihe durch die geheiligte Einheit von Natur und Geist gewann, jene Einheit, die über Raum und Zeit hinweg auch das mystische Gesetz Karma verbürgte, kraft dessen das Schicksal des Einzelnen in der Kette seiner Inkarnationen zum Werk seiner eigenen Handlungen wurde.

Und durch die schlummernde Landschaft glitt unhörbar und unsichtbar die astrale Gestalt des Mahatma, dem eine überschwengliche Seele die Mission verlieh, die dürre Gegenwart in eine Verbindung mit höheren Mächten zu erheben. Wie oft mag sie im stillen mit klopfendem Herzen gewartet haben, ob nicht auch vor ihr, die so gläubig alle Wunder bejahte, einer jener mysteriösen blauen Briefe niederfallen möchte, mit denen die Mahatma den Erwählten ihre Befehle zu erteilen pflegten!

Die Vorstellung, unbewußt Werkzeug einer höheren Macht zu sein, hatte für sie etwas Erhebendes, ja Berauschendes; ich konnte ihr auf keine Weise verständlich machen, warum diese Vorstellung auf mich abstoßend und verletzend wirkte. Wenn es mein

Stolz und mein Ehrgeiz war, durch die Macht des eigenen Denkens Gewalt über das dunkle irre Treiben des Lebens zu gewinnen, hinabzuleuchten in dessen unergründliche Finsternis und durch Wissen Herr darüber zu werden, fühlte sie sich wie die ganze Welt durch ewige, unwandelbare Gesetze gebunden, denen gegenüber alles menschliche Erkennen nichtig und ohnmächtig war.

So entschieden ich der Vorstellung der Willensfreiheit ergeben war, weil ich allein durch sie das Menschentum gegenüber dem Elementaren gerechtfertigt fand, so leidenschaftlich bekannte sie sich zum unbedingten Determinismus. Einen Gegensatz zwischen Mensch und Natur anzuerkennen, erschien ihr als Unheil und als Frevel, nur in der völligen Einheit mit der Natur, gerade um der Notwendigkeit willen, die in ihr herrschte, konnte sich ihr Selbstbewußtsein genugtun. Und auch das Gesetz Karma vollzog sich unerbittlich, ohne daß es für das Individuum etwas anderes gab als unbedingte Unterwerfung unter die Notwendigkeit. Erst nach zahllosen Inkarnationen wird vor jedem das Buch seiner Lebensläufe aufgeschlagen liegen und der tiefere Zusammenhang aller Schicksale offenkundig sein. Aber die modernen Wissenschaftsmethoden waren nicht der Weg, auf dem man dahin gelangte. So ganz war sie von der Verwerflichkeit dieser Methoden durchdrungen, daß sie eines Tages, als ich die Ungründlichkeit beklagte, zu der ich durch den Mangel an regelrechter wissenschaftlicher Schulung des Denkens verurteilt sei, mir weinend um den Hals fiel und ausrief: «O Rosa, wie sehr bist du mit diesem Streben nach Gründlichkeit noch in den Klauen des Teufels!»

Eine sehr bedeutsame Bereicherung erfuhr mein Leben durch diesen Kreis, indem ich in Beziehung zu Hugo Wolf gesetzt wurde. Vorerst war es wohl keine persönliche; aber die Idee, daß ich einen Text für ihn verfassen könnte, ging von hier aus. Ich wehrte mich anfänglich dagegen im Gefühl meiner Unerfahrenheit auf dem Boden des Theaters und schrieb nur mit innerem Widerstreben den ersten Akt zur Probe.

Als mir daraufhin die Theosophin nach ihrer überschwenglichen Art mit einem Kniefall und einem Lorbeerzweig ihre Zustimmung darbrachte, faßte ich den Mut, die Arbeit fertigzumachen. Aber wie alle meine literarischen Schritte stand auch dieser trotz des theosophischen Lorbeerzweiges unter einem ungünstigen Stern, der erst nach fünf Jahren unverhofft einer besseren Konstellation wich.

Indessen trat eine andere Persönlichkeit, die mir der theosophische Kreis schenkte, in den Vordergrund meines Erlebens. Es war jener Mann, der, selbst Literat von Beruf, zuerst meine literarische Begabung anerkannte.[13] Als er hörte, daß ich nicht bloß Malerin sei, sondern auch Novellen geschrieben habe, ruhte er nicht, bis ich sie ihm zeigte. Und er faßte sein Urteil in die Worte: «Sie begehen eine Sünde, wenn Sie Ihrer schriftstellerischen Begabung auch nur eine Minute durch die Malerei entziehen.»

Damit war zum ersten Male die Stimme des inneren Berufes durch eine äußere Autorität bestätigt. Freilich behandelte er meine Manuskripte nicht gerade als Kostbarkeiten; drei davon gerieten durch ihn auf Nimmerwiedersehen in Verlust.

Er gewann keine geringe Bedeutung für mich; denn er war ein Denker von außergewöhnlichen Gaben und verstand es, mir auch jene philosophischen Probleme, die von Schopenhauer nur als Scharlatanerie und Windbeutelei abgetan wurden, zugänglich zu machen.

Da ich ihn für einen überzeugten Theosophen hielt, vermied ich anfänglich, das Gespräch auf diesen Punkt zu lenken; allmählich aber stellte sich heraus, daß er seinerseits dasselbe von mir glaubte und aus demselben Grunde der Theosophie im Gespräch mit mir ausgewichen war. Auch er hatte sich in diesem Kreise nur mit dieser geistigen Richtung näher bekannt machen wollen, stand ihr aber viel entschiedener feindlich gegenüber als ich. Mir war die Theosophie ein Gebiet, auf dem ich mich nicht heimisch fühlte, weil ich keine geistige Eignung für die Art des Erkennens besaß, die da gefordert wurde; er hingegen erklärte sie rundweg als eine Schwachgeistigkeit und ermahnte mich dringend, mich gründlich von ihr abzuwenden, da sie immerhin Gefahren für die geistige Entwicklung mit sich bringe. Seine Anschauungen über die Freiheit der Persönlichkeit stimmten völlig mit dem überein, was ich erstrebte, und er war es, der mir in seinen ersten philosophischen Schriften zu völliger Klarheit darüber verhalf.

Leider konnte ich auch ihn auf dem Platz in meinem Pantheon, den er durch diese Schriften erwarb, nicht dauernd halten; denn nach einer Reihe vergeblicher Versuche, im profanen Leben seine

Begabung zur Geltung zu bringen, schloß er sich selbst der theosophischen Bewegung an, wurde Adlatus der Annie Besant und schließlich Haupt einer Sekte, die sich vom Mutterstamm unter seiner Führung ablöste.[14]

Ungefähr zu der Zeit, als ich ihn kennenlernte, hatte sich ein großes Ereignis in meinem geistigen Leben zugetragen. Eines Tages brachte mir der Bayreuthpilger mit Triumph eine Broschüre. Er hatte mittlerweile wieder eine Wandlung durchgemacht. War schon früher an die Stelle des härenen Gewandes ein schwarzer Gehrock mit weißen Manschetten getreten, deren er allerdings so wenig gewohnt war, daß er sie bei seinen Besuchen gewöhnlich auf nicht ganz erklärbare Weise im Vorzimmer stehen ließ, so nahm er jetzt völlig eine Wandlung zum Eleganten, trug sehr verschiedene Krawatten, Lackstiefeletten und kurzgeschorenes Haar. Auch seine vegetarische Lebensweise gab er auf unter gleichzeitiger Ankündigung, daß seine Enthaltsamkeit in geschlechtlicher Hinsicht, die den Beweggrund für dieses Regime bildete, ein Ende haben werde.

Der Übergang vom härenen Gewand zum Gehrock als Ausdruck der damit verbundenen Wandlung in der Weltanschauung hatte meinen Beifall gefunden – der Übergang von der Erscheinung des Denkers zu der des Elegants als Symptom befremdete und bekümmerte mich. Nicht weniger die Broschüre, die dem Bayreuthpilger so große Befriedigung gewährte. Auf dem Titelblatt stand: «Der Fall Wagner. Ein Musikanten-Problem. Von Friedrich Nietzsche.»

Wenn etwas vermocht hätte, mich zu Richard Wagner zurückzuführen, so wäre es die Art gewesen, wie er hier behandelt wurde. Und doch war ich so gänzlich erkaltet ihm gegenüber, daß mir sein Tod, der mich der Möglichkeit beraubte, die Einladung zu einer persönlichen Begegnung nach angemessener Frist zu verwirklichen, nicht nahe gegangen war. Richard Wagner, der Christ, besaß in meinem Leben so wenig Bedeutung wie das Christentum selbst; was man wirklich überwinden wollte, durfte man nicht durch Polemik immer neu beleben; man mußte sich endgültig davon abwenden, solange die Gefahr bestand, es durch eigene Ungerechtigkeit wieder ins Recht zu setzen.

Die Broschüre beging nach meinem Empfinden eine solche Ungerechtigkeit. Und dazu der selbstgefällige Zynismus, das Witzigseinwollen, die lächelnde Überlegenheitspose – lauter abstoßende Dinge, die mich zu heftiger Abwehr reizten. Zwar als Motto war der Schrift vorangestellt: Ridendo dicere severum; aber für dieses Lachen in ernster Sache fehlte mir jedes Verständnis.

Das war nach der Ansicht des Bayreuthpilgers, auf den sich mein Unmut entlud, ein Mangel meiner persönlichen Kultur. Er gab mir zu verstehen, daß der pathetische Ernst den Umgang mit mir recht beschwerlich mache. Um jenes göttliche Lachen oder, mit anderen Worten, die Heiterkeit der vollen geistigen Freiheit zu lernen, könne man keinen besseren Führer wählen als Friedrich Nietzsche.

Also gab es noch andere Schriften von ihm? Und ob! Nur gleich in die Buchhandlung darum schicken!

Die dämonische Anziehung, die von dem abstoßenden Autor ausging, war so groß, daß ich mir ungesäumt alles kommen ließ, was von ihm auf dem Büchermarkt zu haben war.

Und noch einmal erlebte ich das große Unvergleichliche: Eine neue Welt des Geistes tat sich vor mir auf. Mit unvergleichlicher Pracht hatte darin vieles Gestalt gewonnen, was ich dunkel empfand, ohne es ausdrücken zu können; im Grunde die Bedingung für jede starke Wirkung zwischen dem Autor und seinem Leser. Auch jener Gedanke, den ich lange als letzten und höchsten Glaubensartikel meiner Weltanschauung mit mir herumgetragen hatte, trat mir blendend in der Gestalt des Übermenschen entgegen, die Zarathustra zu lehren kam.

Aber seltsam! Die Absicht, den Sinn der Erde in Gestalt eines fernen Entwicklungszieles mit dem Pathos religiöser Formulierung in die Seele des Lesers zu prägen, wirkte erkaltend statt befeuernd. Vielleicht sind religiöse Wirkungen auf dem Wege des Buchdruckes überhaupt nicht zu erreichen, weil sie ganz in einer geheimnisvollen Kraft der Persönlichkeit ruhen. Vielleicht aber fiel der Schatten jenes Einwandes, den der Esoteriker vorgebracht hatte, daß wir von solchen fernen Entwicklungsstufen nichts wissen und nicht auf sie hinwirken können, allzu stark auch auf Zarathustras Zukunftsgebilde. Befürchtete er doch selbst, daß die Menschen der Gegenwart seinen Übermenschen – Teufel heißen möchten! Pfeil der Sehnsucht nach einem Teufel zu sein, das war für den Menschen der Gegenwart kaum weniger eine unerfüllbare und widerspruchsvolle Zumutung als die christliche Weltüberwindung. Und so erlosch mitten in dem Glanz, mit dem der hinreißende Zauber der Sprache und die Kunst der Darstellung es umgab, abermals ein Idol meiner Jugend.

Trotzdem mußte ich dem Bayreuthpilger recht geben. Friedrich Nietzsche lehrte über alles Gegenständliche hinaus die Heiterkeit der vollen geistigen Freiheit. Es war nicht der Weg der unbedingten Hingebung, den man an seiner Hand ging; dafür aber war es der Weg der freien Besinnung auch in den höchsten geistigen Problemen, auf dem man nicht durch gläubige Nachfolge, sondern durch Selbstbehauptung zum Ziele gelangte: «Denn wer nur geht auf seiner eigenen Bahn, trägt auch mein Licht zu höher'm Glanz hinan.»

Und die Schopenhauersche Weltanschauung, die wie ein Alp auf mir lag, ohne daß ich sie trotz allen inneren Widerstandes abschütteln konnte, fiel in dem Augenblick von selbst ab, als die Perspektive durch einen veränderten Standpunkt wechselte. Wie Archimedes sich vermaß, die Erde aus den Angeln zu heben, wenn man ihm nur einen Fußbreit Raum außerhalb der Erde gäbe, so hob Nietzsche das Schopenhauersche System und alle ihm verwandten Geistesrichtungen aus den Angeln, indem er diesen Fußbreit außerhalb gewonnen. Da er jedoch alles Denken als perspektivisch bestimmt betrachtete, da er ein Experimentator des Denkens war, statuierte er keine ewigen Wahrheiten mehr; gegen seine eigenen Einseitigkeiten, Widersprüche, Wandlungen brauchte man nicht zu polemisieren, denn er gestand sie selbst freimütig ein. Das Ziel müsse jeder sich selber setzen, aus der inneren Notwendigkeit, zu der er geboren war. Über allen ewigen Wahrheiten stand als höherer Wert die subjektive Redlichkeit des Denkens – das war, wenn schon keine Erlösung aus den heillosen Wirrsalen der Geisteswelt, so doch eine Befreiung von ihren Zwangsjacken.

Auch Friedrich Nietzsche kam von Richard Wagner her; auch er war von enthusiastischem Anhängertum zur erbitterten Gegnerschaft gekommen. Die Gründe seines Abfalls schienen auf dem künstlerischen Gebiet zu liegen; verhöhnte er doch im «Fall

Wagner» eigentlich den Musiker Wagner. Aber alles, was ich selbst erlebt hatte, zugleich mit der überwältigenden Gewißheit, daß mein isoliertes geistiges Erlebnis dennoch in große Zusammenhänge eingebunden war, faßte er in einen Satz zusammen, den ich erst spät in jener kleinen Bekenntnisschrift «Nietzsche contra Wagner» fand: «Richard Wagner, scheinbar der Siegreichste, in Wahrheit ein morsch gewordener verzweifelnder décadent, sank plötzlich hilflos und zerbrochen vor dem christlichen Kreuze nieder. Hat denn kein Deutscher für dies schauerliche Schauspiel damals Augen im Kopfe, Mitgefühl in seinem Gewissen gehabt? War ich der Einzige, der an ihm litt?»

Die Zeit des siebenjährigen Schweigens war verflossen, ich hatte mein dreißigstes Jahr längst überschritten – jetzt durfte ich mir zutrauen, aus meiner Verborgenheit hervorzutreten, um zu sagen, was die Natur mir aufgetragen hatte. Allerdings noch immer nicht in der Form, die mir die gemäßeste war, des literarischen Wirkens, vor dem die Gestalt des Verlegers so abschreckend stand, als hätte ich voraus gewußt, welche Summe von Verdruß sie in mein Leben bringen würde. Aber als der Ruf an mich ging, mich dem Vorstand des eben gegründeten Allgemeinen Österreichischen Frauenvereins – des radikalen Flügels der Wiener Frauenbewegung – anzuschließen, öffnete sich mir ein Weg zur Allgemeinheit. Es war der Bayreuthpilger, der eine der Führerinnen auf mich aufmerksam machte, obwohl er selbst, damals schon aller geistigen Kämpfe wie des Umgangs mit höheren Menschen überdrüssig, in das Studium der Diebssprache und der mächtigen Großstadtwelt vertieft, sich weit von mir entfernt hatte.

Die erste Aufgabe, die in dieser neuen Gemeinschaft an mich heran trat, betraf jenes unterirdische Lebensgebiet, dessen erste ferne Berührung in meinem Leben Georgs Erzählung von Emil war. Immer düsterer, immer drohender hatte es sich im Laufe der Jahre vor mich gestellt, durch mancherlei Erlebnisse in seiner ganzen unheilvollen Gestalt meinen Augen enthüllt. Schweigend und ratlos verzweifelt war ich ihm gegenüber gestanden; jetzt aber sprang ich mit einem Salto mortale aus der scheuen Verschlossenheit in die praktische Verfolgung des Problems: mein erstes öffentliches Auftreten in einer Versammlung des Allgemeinen Österreichischen Frauenvereins hatte die Begründung einer Petition gegen die geplante Errichtung von Bordellen in Wien zum Gegenstand. Auguste Fickert, die Vorsitzende und Führerin des Vereins, wie immer heroisch entschlossen, die Sache, die sie für recht erkannt hatte, ohne Ansehung der Schwierigkeiten zu verfechten, gab mir den Auftrag wie ein Feldherr seinem Adjudanten, und ich führte ihn mit der gleichen Disziplin aus. Es war das erste Mal, daß in Wien Frauen diese Seite des Lebens öffentlich zu besprechen unternahmen. Das Vorurteil dagegen war so groß, daß dieser Schritt von meinen Angehörigen als grobe Verletzung des weiblichen Anstandes wie eine persönliche Beleidigung und Herabsetzung aufgefaßt und mit einigen bitteren Anspielungen totgeschwiegen wurde. Ja, mein ältester Bruder antwortete im Kaffeehaus vor einem meiner jüngeren Brüder, als er von einem Bekannten gefragt wurde, ob die Frau Mayreder, die nach dem Zeitungsbericht dieses skandalöse Referat gehalten habe, nicht eine Verwandte von ihm sei, kaltblütig: «Nein, ich kenne sie gar nicht.» Und nicht viel anders verhielt sich die Familie allen meinen geistigen Bestrebungen gegenüber – für sie war und blieb ich als Persönlichkeit unbekannt.

Fünfzehn Jahre nach dem Empfang des Wagner-Briefes machte ich auch meinen Besuch in Bayreuth – bei dem Meister, der unter dem efeuumsponnenen Grabstein im Garten Wahnfrieds schlief, und bei dem Werk, das für mich das verhaßte Denkmal seiner Umkehr zum Christentum war. Noch einmal stieg, während in dem verdunkelten Raum über die fremde, theatermäßig gestimmte Menge hinweg die ersten Klänge aus dem unsichtbaren Orchester erschollen, das hohe Jugenderleben, das Richard Wagner hieß, vor mir auf; und in dem Gefühl des unermeßlichen Verlustes, den meine Abwendung von ihm für meine innere Welt bedeutete, vergoß ich heimlich heiße Tränen. Die Rührung schwand jedoch, sobald der Vorhang aufging; das dargestellte Werk mit dem ganzen Aufbau von musikalischen Verführungskünsten erweckte nicht weniger Widerstand in mir als seinerzeit der bloße Text. Ja, diese Vermischung von Kultusakt und Theaterstück, die alles Unechte der Bühnenkunst doppelt grell hervortreten ließ, wirkte so unerträglich auf mich, daß ich nur mit äußerster Überwindung bis zum Schluß ausharren konnte.

Von neuem war das alte Problem lebendig geworden; ich

konnte nicht darüber hinauskommen, ehe ich es mir nicht in irgendeiner Form von der Seele geschrieben hatte. Unter der Nachwirkung Bayreuths verfaßte ich eine Abhandlung: «Richard Wagner, der Heide, Richard Wagner, der Christ», die mein literarischer Freund aus dem Theosophenkreise im «Magazin für Literatur» veröffentlichte. Auch in dieser Arbeit gelang es mir nicht, mich über die subjektive Revolte zu erheben. Der Einfluß, den Richard Wagner als geistiger Führer, als Menschheitslehrer auf mich ausgeübt hatte, war noch immer zu stark, als daß ich sein Christentum bloß als ein Künstlererlebnis hätte begreifen können. Zudem wußte ich damals noch nicht, daß es in Wagners Leben wirklich eine Epoche der Aufopferung und Entsagung gegeben hatte. Erst als ich seine Briefe an Mathilde Wesendonk zu Gesicht bekam, löste sich die letzte polemische Bitterkeit von mir; ich begann einzusehen, daß man den Künstler nicht mit dem Lineal der logischen Konsequenz, wie ich es eigensinnig handhabte, messen dürfe. Und dann erst verstand ich auch, was Hugo Wolf meinte, als er mir sagte: «Ich begreife nicht, warum Sie es Wagner so sehr verübeln, daß er die christliche Stimmung im Parsifal verherrlicht; ich habe doch auch religiöse Lieder komponiert, ohne ein gläubiger Christ zu sein. Kann man denn das Schöne der christlichen Stimmung nicht auch ohne den Glauben empfinden?»

Freilich wollte Hugo Wolf mit seinen frommen Liedern keine religiöse Propaganda machen. Aber wie immer man sich zu Richard Wagner stellen mag, zuletzt bleibt er doch ein großes Ereignis der Kulturgeschichte, in dem sich das Ringen der Weltanschauungen gleich einem Naturprozeß darstellt. Das Christentum – nicht der größte Schandfleck der Menschheit, wie Nietzsche in bewußt fanatischer Abwehr meinte, sondern eine notwendige Entwicklungsstufe auf dem Wege des Menschen vom Tierwesen zum Geistwesen – wurde wieder Herr über ihn, weil der Zustand der Zeit im Genius Gestalt annimmt. Aus demselben Grunde war Nietzsche zum Antichristen geworden; und die Wandlung von hoher Freundschaft zu grimmer Feindschaft zwischen beiden, das erschütterndste Schauspiel in der Geistesgeschichte des neunzehnten Jahrhunderts, spiegelt nur den Kampf der Mächte, die in der Menschheit lebendig sind.

In diese Auffassung rettete ich mich schließlich von der Nötigung, Partei zu ergreifen. Der Haß, den ich selbst gegen das Christentum hegte, schwand allmählich in dem Maße, als seine Forderungen aufhörten, Zwangsmaßregeln für mich zu sein, und ich mir eingestand, daß ein so vielfältiger und verwickelter Geistesprozeß, wie er unter dem Namen des Christentums durch die Geschichte geht, nicht mit einer Bezeichnung abzutun ist. Auch auf mich hat dies wunderbare und einzigartige Gewebe von poetischen, realistischen und mystischen Elementen, das sich als Legende um Geburt und Tod eines göttlichen Menschen flicht, seine Anziehung nicht verfehlt, sobald ich darin keinen Fallstrick religiöser Unterwerfung mehr erblicken mußte. Wenn ich nach meinem eigenen Erleben schließen darf, wird die Kraft dieser Legende die Macht des christlichen Dogmas bei weitem überdauern, denn in ihr hat das Unvergängliche des höchsten Menschentumes Gestalt angenommen.

In einer gottverlassenen Zeit sucht das religiöse Bedürfnis auf vielerlei Wegen Ausdruck. Richard Wagner hat ihm die Kunst dienstbar gemacht, Schopenhauer die Philosophie, Nietzsche die sprachliche Gewalt literarischer Darstellung.

Aber der alte Gott ist tot, und der neue verbirgt sich noch unerkennbar im Dunkel einer fernen Zukunft. Wer wird uns durch das Chaos dieser untergehenden Welt ihm entgegenführen? Wir wandern einsam im Finstern; es gibt keine Brücke vom einen zum andern, denn es gibt keine Überlieferung. Jeder muß aus der Not seiner eigenen Seele nach einem Gott ringen, um seinem Dasein Sinn zu verleihen. So hab ich den synthetischen Gott erwählt, der den Zwiespalt zwischen dem Leiden der Welt und ihren Freuden, zwischen ihrem Grauen und ihrer Schönheit überwindet. Ihm bin ich in allen Schicksalen treu geblieben; möchte es mir vergönnt sein, ihm Ehre zu erweisen bis ans Ende meiner Tage!

Rosa Mayreder

Anmerkungen

1 Werkelmann = österr. Ausdruck für Drehorgelspieler.

2 Christoph von Schmid (1768–1854), kath. Theologe, Schulinspektor, Pfarrer, Domherr zu Augsburg und Verfasser von Kinder- und Jugenderzählungen mit gemütvoll moralisierender Tendenz (Biblische Geschichte für Kinder; Lesebücher; erbauliche Schriften).

3 Dieser Teil des Buches wurde fast unverändert in Teil I der Jugenderinnerungen «Das Haus in der Landskrongasse» abgedruckt.

4 Duenja = Herrin, Erzieherin, Anstandsdame (von span. Dueña).

5 In der Erzählung «In der Nacht», erschienen im «Magazin für Litteratur» 1897, führt Rosa Mayreder das Motiv der Handlinien als Schicksalslinien in mehr ironischer Weise aus, indem sie zeigt, wie in fatalistischer und unfreier Weise damit umgegangen und damit Unheil erst heraufbeschworen wird.

6 Emilie Flygare-Carlèn (1807–1892), Autorin realistischer Romane über das Leben der Bürger und Bauern Schwedens: «Die Rose von Tistelön», 99-bändiges Werk, 1868–1870 ins Deutsche übersetzt.

7 Edward George Bulwer Lytton (1803–1873), engl. Politiker und Schriftsteller, vor allem bekannt durch die historischen Romane «Die letzten Tage von Pompeji»; «Rienzi, der letzte Tribun»; «Zanoni»; auch Autor von Gesellschaftsromanen: «Meine Novelle»; «Kenelm Chillingly»; «Was wird er damit machen?» und von «Vril – oder Eine Menschheit der Zukunft».

8 Eugène Sue (1804–1857), franz. Schriftsteller. Als Schiffsarzt Reisen nach Asien, Afrika und Amerika. Als Abgeordneter 1848 Vertreter der Ideen Fouriers und Proudhons, 1851 verbannt, starb im Exil im (ital.) Savoyen. Seeromane: «Plick und Plock»; «Atar-Gull»; «Der Salamander». Zeitungsromane mit sozialer Tendenz: «Der ewige Jude»; «Die sieben Todsünden»; «Die Geheimnisse des Volkes».

9 Charles Paul de Kock (1793–1871), franz. Schriftsteller niederländischer Abkunft, schilderte in seinen außerordentlich populären und zahlreichen Romanen die Welt des Pariser Kleinbürgertums: «Gustav oder der Bruder Liederlich»; «Monsieur Dupont»; «Die Jungfrau von Belleville»; «Pariser Sitten».

10 Wahrscheinlich eine Anspielung auf das Pech mit Verlagen, das Grillparzer ebenso verfolgte wie Rosa Mayreder. Nach einigen Niederlagen schrieb dieser nur noch für die Schublade – ein Trost für Rosa Mayreder, die mit keinem Buch außer «Zur Kritik der Weiblichkeit» einen wirklichen Erfolg hatte.

11 Bei dem auf den folgenden Seiten «Bayreuthpilger» Genannten handelt es sich um Friedrich Eckstein (1861–1939). Siehe dazu auch: Rudolf Steiner, «Mein Lebensgang», Kap. XXIX, GA 28. – Rudolf Steiner, «Briefe I 1881–1890», GA 38, und «Briefe II 1890–1925», GA 39. Ebenso: Friedrich Ecksteins Selbstbiographie

«Alte unnennbare Tage», Wien 1936, S. 184f. (Neuausgabe in Vorbereitung im Rudolf Geering Verlag, Dornach).

12 Marie Lang (1858–1934), Vertreterin des radikalen Flügels der österr. Frauenbewegung. Gemeinsam mit ihrem Mann, Dr. Edmund Laube, war sie Mittelpunkt eines freisinnigen und fortschrittlichen Wiener Kreises, der sich sozialen und künstlerischen Aufgaben widmete. Als Mitbegründerin und Vorstandsmitglied des Allgemeinen Österreichischen Frauenvereins setzte sie sich für die Verbesserung der rechtlichen Stellung der Frau und der unehelichen Kinder sowie die Abschaffung der Zölibatsklausel ein. Sie war Mitherausgeberin der Monatsschrift «Dokumente der Frauen». – Siehe auch: Rudolf Steiner, «Mein Lebensgang», Kap. IX, GA 28, sowie die Angaben in Anm. 11.

13 Es handelt sich um Rudolf Steiner.

14 Vgl. Rudolf Steiners eigene Schilderung dieser Zusammenhänge in «Mein Lebensgang», Kap. IX, GA 28, ebenso seinen Aufsatz «Rosa Mayreder» in GA 32 («Gesammelte Aufsätze zur Literatur 1884 bis 1902») und die in GA 38 und GA 39 («Briefe I» und «Briefe II») wiedergegebenen Briefe.
Die im Vorwort erwähnten «Tagebücher» Rosa Mayreders erschienen im Insel Verlag, Frankfurt a. M. 1988. (Rosa Mayreder, Tagebücher 1873–1937. Hrsg. Harriet Anderson).

ANHANG

1 Rosa Obermayer (Mayreder), um 1875

2 Der Vater, Franz Obermayer

3 Die Mutter, Marie Engel

4 Das Geburtshaus Rosa Mayreders

5 «Haus zum Winter» (Winterbierhaus)

6 Blick auf die Landskrongasse 5

7 Das Landhaus auf der Hohen Warte

8 Rosa und Karl Mayreder, um 1900

9 Karl Mayreder, um 1895

10 Rosa Mayreder, um 1905

11 Friedrich Eckstein, um 1896 («der Bayreuthpilger»)

12 Marie Lang, («die Theosophin»)

13 Rudolf Steiner, um 1889 («ein Denker von außergewöhnlichen Gaben»)

14 Hugo Wolf, um 1896

15 Rosa Mayreder, Altersbildnis

Lebenstafel

1858 30. November, Rosa Obermayer (Mayreder) in Wien geboren; schon die Zwölfjährige klagt über die unzureichende Jungmädchenbildung und beneidet ihren Lieblingsbruder um den Privatunterricht in den alten Sprachen, deren Studium sie für sich durchsetzt. Daneben studiert sie bei Hugo Darnaut und Tina Blau Landschafts- und Blumenmalerei, wofür sie große Begabung zeigte. Gleichzeitig schrieb sie die ersten Novellen.

1881 heiratet Rosa Obermayer den Architekten Karl Mayreder.

1893 Im Vorstand des österreichischen Frauenvereins, gemeinsam mit Auguste Fickert und Marie Lang.

1896 Verfaßt Textbuch zu Hugo Wolfs «Corregidor».

1899 Mitherausgeberin der ersten Zeitschrift für Frauenbewegung in Österreich, «Dokumente der Frauen». Beschäftigt sich seit dem Ersten Weltkrieg intensiv mit der Friedensfrage und dem Pazifismus.

1928 erschienen ihre Hauptschriften zu diesem Thema: «Mensch und Menschlichkeit» und «Die Frau und der Internationalismus». Sie wird Präsidentin der Mayreder-Gruppe innerhalb der Frauenliga für Frieden und Freiheit.

1938 19. Jänner stirbt Rosa Mayreder hochbetagt und hochverehrt in Wien.

Käthe Braun-Prager

(Abgedruckt in «Das Haus in der Landskrongasse», dem 1. Teil von Rosa Mayreders «Erinnerungen», hrsg. von Käthe Braun-Prager, Wien 1948.)

Verzeichnis der Abbildungen

Abb. 1, 4, 5, 6, 10 und 15 mit freundlicher Abdruckgenehmigung der Österreichischen Nationalbibliothek.